国家自然科学基金项目"信息获取、信息提供与我国农民的农药施用行为研究：以水稻生产为例"（71803010）

北京理工大学"北理智库"推进计划应急专项"新发展理念下农业低碳转型和保障粮食安全协同推进研究"（2023CX13034）

国家重点研发计划项目"化肥农药减施增效技术应用及评估研究"（2016YFD0201300）

农业绿色低碳转型

信息传递、信息获取与农药施用

张　超◎著

中国财经出版传媒集团

经济科学出版社
Economic Science Press

·北　京·

图书在版编目（CIP）数据

农业绿色低碳转型：信息传递、信息获取与农药施
用/张超著 . -- 北京：经济科学出版社，2023.10
ISBN 978 - 7 - 5218 - 5333 - 9

Ⅰ.①农…　Ⅱ.①张…　Ⅲ.①绿色农业 - 农业技术 -
农药施用 - 研究　Ⅳ.①F303.4②S48

中国国家版本馆 CIP 数据核字（2023）第 207721 号

责任编辑：孙丽丽　撒晓宇
责任校对：靳玉环
责任印制：范　艳

农业绿色低碳转型：信息传递、信息获取与农药施用

张　超　著

经济科学出版社出版、发行　新华书店经销
社址：北京市海淀区阜成路甲 28 号　邮编：100142
总编部电话：010 - 88191217　发行部电话：010 - 88191522
网址：www. esp. com. cn
电子邮箱：esp@ esp. com. cn
天猫网店：经济科学出版社旗舰店
网址：http：//jjkxcbs. tmall. com
北京季蜂印刷有限公司印装
710 × 1000　16 开　21.5 印张　350000 字
2023 年 10 月第 1 版　2023 年 10 月第 1 次印刷
ISBN 978 - 7 - 5218 - 5333 - 9　定价：86.00 元
（图书出现印装问题，本社负责调换。电话：010 - 88191545）
（版权所有　侵权必究　打击盗版　举报热线：010 - 88191661
QQ：2242791300　营销中心电话：010 - 88191537
电子邮箱：dbts@ esp. com. cn）

前　言

党的十八大以来，党中央对生态文明建设给予了前所未有的重视。在推进经济高质量发展的背景下，农业绿色低碳转型是生态文明建设的重要组成部分，也是贯彻落实习近平生态文明思想的具体体现。长期以来，农药过量和泛滥施用造成了严重的生态和环境破坏、食品安全隐患、农户健康风险以及农业生产成本上升等问题。2015年以来，我国农药施用量和单位面积施用量出现下降趋势，但是持续推进农药减量增效仍然面临诸多挑战。在探索有效的农药减量增效方法和路径过程中，农户的农药施用行为形成机制及其决定因素亟待更加深入的科学研究。

深入挖掘农户农药施用的决定因素是设计有效的农药减量增效方法和路径的关键基础。学术界围绕农户的农药施用进行了多维度研究，基于此提出的政策建议对于有效促进农药减量增效做出了重要贡献。但是，农户农药施用的研究有待进一步深化。其中，一个亟待考察的问题是信息传递和信息获取对农户农药施用的影响机制。新中国成立以来，我国建立了规模庞大的政府农技推广体系，向农户提供了大量有用的农业技术信息，对于促进我国农业发展进步发挥了重要作用。改革开放初期，规模庞大的政府农技推广体系造成了严重的地方财政负担。在此背景下，我国在20世纪80年代末期启动了政府农技推广体系的商业化改革。这次改革一定程度上有效缓解了地方财政负担，但也造成了基层农技推广体系"网破、线断、人散"的局面。尽管2006年以来的新一轮政府农技推广体系改革即逆商业化改革取得了积极效果，然而政府农技推广服务职能明显减弱。以农药零售店为代表的农业社会化服务组织也开始向农户提供越来越多的农药施用技术信息，同时随着现代通信技术的快速发展和普及，采用互联网获取农药施用技术信息的农户日益增多。面对农药减量增效的多元化和个性化需求日益凸显的特点，系统科学揭示不同渠道的农药施用技术信息传递、农户的农药施用技术信息获取以及两者对农户农药施用的影响机制具有重要理论、实践和政策价值。

自 2012 年以来，笔者及所在研究团队对农户的农药施用、不同因素对农户农药施用的影响以及农药减量增效的技术推广模式等问题开展了比较系统的研究。近年来，笔者在多个科研项目特别是国家自然科学基金青年项目的资助下进一步分析了农业绿色低碳转型背景下信息传递、信息获取以及两者对农户农药施用的影响机制，并结合多年农户调查数据开展了一系列有价值的实证分析。

本书系统梳理和汇报了笔者在农业绿色低碳转型背景下农药施用技术信息传递、信息获取和农户农药施用的内在关系以及信息传递和信息获取视角下农药减量增效政策等方面的研究成果，共包含 5 篇 12 章。第一篇为绪论，共分为 4 章。第 1 章为引言，主要阐述和介绍了本书的研究背景、研究意义、研究目标、研究内容和研究方法以及可能的创新。第 2 章是理论基础和文献回顾，主要回顾和总结了与本书研究内容相关的主要理论，并从农户农药施用行为及决定因素、农户的农业信息获取、农业技术信息传递主题和渠道等方面进行了文献综述。第 3 章为宏微观视角下农药施用现状，分别利用宏观层面数据和微观农户调查数据分析了我国宏观视角下农药施用变化、比较和影响因素，以及微观视角下农户的农药施用特点。第 4 章为信息获取成本的影响因素及对农药施用的影响，主要给出了农户信息获取成本的定义及测度方法，分析了我国农户信息获取成本的测度结果，探讨了信息获取成本的影响因素及其对农户农药施用行为影响的作用机制。第二篇为政府农技推广篇，共分为 2 章。第 5 章为政府农技推广体系，主要介绍了农技推广的基本概念和内涵、政府农技推广体系的发展和作用，考察了我国政府农技推广体系逆商业化改革效果和存在的问题。第 6 章为政府农技推广服务对农户农药施用的影响，主要比较了参加政府农技推广培训和不参加培训农户的农药施用差异，并建立计量经济模型进一步考察了政府农技推广培训对农户农药施用的影响。第三篇为农业社会化服务篇，共分为 2 章。第 7 章为农业社会化服务体系，主要阐释了农业社会化服务的基本概念和内涵，回顾了我国农业社会化服务体系的发展历程和政策演变，并进一步介绍了不同农业社会化服务组织的农业技术信息传递作用。第 8 章为农药零售店的技术信息推荐对农户农药施用的影响，主要分析了农药零售店的经营现状、技术信息获取和技术信息推荐行为，考察了农药零售店的技术信息推荐对农户农药施用的影响。第9章为邻里信息交流对农户农药施用的影响，在对文献进行回顾的基础上，分析了邻里信息交流对农户农药施用的影响机制，基于农户调查数据实证分析了邻里信息交流对农户农药施用的影响程度。第四篇为现代通信技术篇，共分为2章。第10章为现代通信技术，主要介绍了现代通信技术基本概念、发展历程和政策演变及其与农业转型的关系，考察了现代通信技术的信息传递作用。第11章为互联网技术信息获取对农户农药施用的影响，主要分析了互联网技术信息获取影响农户农药施用的理论机制，并在此基础上建立计量经济模型定量考察了互联网技术信息获取对农户农药施用的影响。第五篇为结语即第12章，总结了本书的主要研究结论，在此基础上提出了未来有关农药减量增效的政策展望。

　　总体而言，本书比较全面系统地解析了我国农户的农药施用行为特征，采用跨学科思维和方法考察了农户农药施用行为的复杂性，主要研究结果对进一步深入分析我国农户的农药施用行为的形成机制乃至绿色低碳生产行为的转型路径奠定了比较扎实的理论和实证方法基础。本书的研究结果可以对制定促进我国农药减量增效、推动农业绿色低碳转型、加速农业现代化的政策提供重要的科学依据。更为重要的是，研究过程中积累的丰富研究数据，为未来进一步的研究提供了基础性数据资源。

目　　录

第一篇　绪　　论

第二篇　政府农技推广篇

第三篇　农业社会化服务篇

第四篇　现代通信技术篇

第五篇 结 语

第一篇

绪论

第1章

引　　言

我国正处于农业绿色低碳发展的关键时期，推动农药减量增效势在必行。农户是施用农药的关键主体，而技术信息是影响农户农药施用行为的关键因素。本书从农户视角系统研究农业绿色低碳发展背景下信息传递、信息获取与农药施用之间的关系，在此基础上提出促进农药减量增效的政策建议。本章的主要内容是从农业绿色低碳发展的紧迫性、农药减量增效的必要性以及信息传递和获取的重要性三个方面阐述本书研究的主要背景和研究意义，明确本书的主要目标和研究内容、介绍本书的主要研究方法，最后说明本书可能的创新之处。

1.1　研究背景和研究意义

1.1.1　农业绿色低碳发展的紧迫性

农业绿色发展是我国生态文明建设的重要组成部分，也是践行新发展理念、推进农业供给侧结构性改革和建设农业强国的必然要求，更是贯彻习近平生态文明思想的具体体现。新中国成立以来，我国农业发展取得了举世瞩目的进步，尤其是党的十八大以来我国农业农村发展取得历史性成就、发生历史性变革。我国耕地面积占世界的9%，淡水资源不足世界的7%，却成功地解决了世界近20%人口的吃饭问题（黄季焜，2018；黄季焜和史鹏飞，

2021）。党的十八大以来，我国粮食总产量稳中有增，连续稳定在 6 亿吨以上（国家统计局，2020）。但是，我国农业发展也面临不少困难和挑战，农业绿色发展还处于初始阶段。一方面，绿色发展理念认识不到位，农业生产尚未完全从过去的产量导向转变为数量质量并重。另一方面，农业生产方式粗放型特征未能根本扭转，农业生产导致的环境污染问题仍然突出。党的十八大以来，党中央、国务院要求"把农业绿色发展摆在生态文明建设全局的突出位置"，旨在实现资源利用更加节约高效、产地环境更加清洁、生态系统更加稳定以及绿色供给能力明显提升四个方面的重要目标。因此，加快我国农业绿色转型和发展具有现实与时代紧迫性。

1.1.2 农药减量增效的必要性

推进农药减量增效是农业绿色转型和发展的重要内容。农户过量施用农药及其导致的严重负面影响是长期以来我国政府和社会关注的热点（黄慈渊，2005；周曙东和张宗毅，2013；朱淀等，2014；金书秦和方菁，2016）。消费者食用残留农药的农产品引起的中毒事件似乎成为社会治理的难点。高强度的农药暴露对农户健康的损害及急性中毒死亡事件引起广泛担忧（阿拉瓦尼亚等，2004；张超等，2016）。农药过度施用造成的严重生态失衡和环境污染问题层出不穷（于彩虹等，2015；赵玲等，2017）。为了解决农药过量施用导致的严重问题，农业部于 2015 年颁布了《到 2020 年农药使用量零增长行动方案》，要求到 2020 年全国实现农药施用总量零增长。可喜的是，2021 年我国农药施用量（折百量）为 24.8 万吨，比 2015 年减少 16.8%。但是，我国单位面积农药施用量仍然处于较高水平。在加速农业绿色低碳转型和发展的背景下，大力推进农药减量增效是积极探索产出高效、产品安全、资源节约、环境友好的现代农业发展之路的关键环节。

1.1.3 信息传递和获取的重要性

农户是农药施用行为的关键主体，而技术信息传递和获取是影响农户农药施用行为的关键因素。近年来，我国农户的技术信息来源多元化特征不断强化，这和农业技术信息传递主体类型日益丰富存在紧密的关系。因此，不同类型主体的信息传递及其行为特征不可避免会深刻影响农户的农药施用行为。长期以来，我国农户以受教育程度和农业生产知识偏低的小农户为主，其农药施用行为决策依赖个人经验和外来信息（金书秦等，2015）。但是，农户与不同类型信息传递主体之间都存在不同程度的信息不对称问题（金季涛等，2003；魏启文等，2013），这对农药施用技术信息传递主体的信息传递行为可能产生重要影响。例如，我国政府农技推广体系历经多次改革，但是到目前为止仍然存在严重的行政化趋势、激励机制缺失及专业不对口等问题，导致基层农技员缺乏应有的农业技术专业知识、农技推广服务热情和积极性（胡瑞法和孙艺夺，2018）。更为重要的是，信息不对称使得农技员向农户提供的技术信息与农户的实际信息需求存在不同程度的严重脱节情况（胡瑞法和孙艺夺，2018）。事实上，以往部分研究认为，作为重要的农药技术信息传递主体，农药零售商在自身经济利益驱使下可能倾向于把利润附加值高的农药种类推荐给广大农户，或者诱导农户提高农药施用量（张超等，2015）。

农户的技术信息获取是影响其农药施用行为的重要因素（黄季焜等，2008）。我国政府农技推广体系曾经是广大农户获取和采用技术信息的主要来源（胡瑞法等，2006）。但是，20 世纪 80 年代末开始的商业化改革允许基层政府农技员直接从事农药和其他农资销售等经营创收活动，从而推动了农药施用量大幅度提高（黄季焜等，2001）。尽管 2006 年以来政府农技推广体系的逆商业化改革不再允许基层政府农技员从事经营创收活动，但是农技推广和服务职能严重弱化的趋势实际上未能得到有效改善，因此广大农户仍然难以从政府农技推广部门获得正确、及时和有效的农药施用技术信息（胡瑞法和孙艺夺，2018）。近年来，农药零售店日益成为农户的农药技术信息的重要来源（金书秦等，2015），而农民合作社和互联网等农业社会化服务组织和新媒介也逐渐成为农户获取农药施用技术信息的重要选择（胡瑞法和孙艺夺，2018）。值得关注的是，我国农户在获取和采用农药施用技术信息时面临着一系列问题。农药市场以及农药施用技术信息的高度复杂性给各种不同类型农户获取和采用农药施用技术信息造成了不同程度的难度和障碍（金书秦和方菁，2016）。因此，农药施用技术信息传递和获取对农户农药施用行为的影响机制亟待厘清。

1.1.4　研究意义

截至目前，学界对我国微观农户农药施用行为取得了大量有价值的研究结果。但是，信息传递、信息获取和农户农药施用行为关系的研究仍然有待进一步深化和系统化。我国农药施用技术信息传递主体类型不断丰富、数量不断增多，不同类型的信息传递主体向农户传递了怎样的技术信息？在农户的农药施用技术信息传递主体日益多元化的背景下，农户的技术信息获取行为具有什么特征、受到哪些因素影响、对农户的农药施用造成了怎样的影响？在上述背景下，不同类型信息传递主体的信息传递行为以及农户的农药施用技术信息获取行为对农户的农药施用行为产生了怎样的影响？科学准确地回答上述问题，不仅对于厘清信息传递、信息获取和农户农药施用行为的内在关系以及揭示我国农户不合理农药施用行为的形成机理具有重要的理论意义，而且对于有效促进农药减量增效以及农业绿色低碳转型和发展具有重要的政策与现实意义。

1.2　研究目标和研究内容

本书从宏观和微观视角对我国农药施用及其主要特征进行剖析，深入研究我国不同农药施用技术信息传递主体的信息传递特征、农户的信息获取行为以及两者对农户农药施用行为的影响，进而提出有效促进农药减量增效和农业绿色低碳转型和发展的政策建议。

本书系统研究了农业绿色低碳转型和发展背景下农药施用技术信息传递、信息获取和农户农药施用行为的内在关系，在此基础上提出信息传递和获取视角下农药减量增效的政策举措。结合文献调研和前期调查数据表明，我国农户的农药施用技术信息传递主体主要是政府农技推广体系和农业社会化服务体系，同时近年来现代通信技术也日益成为农户获取农药技术信息的关键渠道。因此，本书单独设置篇章对上述三类信息传递主体或渠道进行分析和研究。本书一共包含5篇12章。具体研究内容和篇章安排如下：

第一篇：绪论，共分4章。第1章为引言，主要阐述和介绍本书的研究背景和研究意义、研究目标和研究内容、研究思路和研究方法以及主要创新和不足。第2章是理论基础和文献综述，主要回顾和总结与本书研究内容相关的主要理论，并从农户的农药施用行为、不同信息传递主体的信息传递和农户的技术信息获取等方面对相关文献进行综述。第3章为宏微观视角下农药施用现状，分别利用宏观层面数据和微观农户调查数据分析我国农业生产中的农药施用趋势和现状以及农户的农药施用基本特征。鉴于信息获取成本对信息传递主体的信息传递行为、农户的信息获取行为的关键影响，第4章为信息获取成本的影响因素及对农药施用的影响，基于微观农户的调查数据测度了我国农户的信息获取成本，在此基础上考察了农户信息获取成本的影响因素及其对农户农药施用的影响。

第二篇：政府农技推广篇，共分2章。第5章为政府农技推广体系，主要介绍农技推广的基本概念和内涵，回顾我国政府农技推广体系的发展和改革历程、职能演变、运行机制和方式特点，在此基础上采用微观农户、基层政府农技部门和农技员的调查数据评估了政府农技体系逆商业化改革的效果、存在的问题以及进一步改革的对策。第6章为政府农技推广服务对农户农药施用的影响，主要比较接受过政府农技推广服务和未接受过政府农技推广服务农户的农药施用行为差异，建立计量经济模型实证考察政府农技推广服务对农户农药施用的影响。

第三篇：农业社会化服务篇，共分3章。第7章为农业社会化服务体系，主要阐释农业社会化服务的基本概念和内涵，回顾我国农业社会化服务体系的发展历程和政策演变，进一步分析农业社会化体系的信息传递作用。第8章为农药零售店的技术信息推荐对农户农药施用的影响，基于不同地区农药零售店的微观调查数据，分析农药零售店的经营现状、农药施用技术信息获取及其对农户的农药施用技术信息推荐，建立计量经济模型考察农药零售店的技术信息推荐对农户农药施用的影响。第9章为邻里信息交流对农户农药施用的影响，从理论角度阐述了邻里信息交流对农户农药施用的影响机制，采用微观调查数据实证考察邻里信息交流对农户农药施用影响的程度。

第四篇：现代通信技术篇，共分2章。第10章为现代通信技术，主要介绍了现代通信技术的基本概念、发展历程和我国农村现代通信技术应用的政策演变，从农业精准化和农业智能化两个层面阐释现代通信技术对农业转型的促进作用，进一步从我国现代通信技术的基础设施建设和设备拥有、信息传递形式、信息传递机制和存在的问题等不同角度分析现代通信技术的信息传递作用。第 11 章为互联网技术信息获取对农户农药施用的影响，主要分析互联网技术信息获取影响农户农药施用的理论机制，基于微观农户调查数据建立计量经济模型实证考察互联网技术信息获取对农户农药施用的影响。

第五篇：结语，即第 12 章。这一章概括本书的主要研究结论，展望未来我国农药减量增效的政策导向和可行性举措。

1.3　研究方法和技术路线

本书研究内容丰富，各项内容的研究范式和研究方法具有不同程度的差异。总体来说，本书采用了以下研究方法：

（1）文献研究法。文献是论文的论文，是深入开展学术研究的重要基础。本书研究以信息传递、信息获取和农户的农药施用为主要对象，主要研究创新需要借助以往相关研究文献进行提炼和总结。以往文献围绕上述问题开展了多方面有价值的深入研究，对于本书研究奠定了扎实的理论和方法基础。因此，本书研究过程中通过对爱思唯尔（Elsevier）、斯普林格（Springer）等英文文献数据库和中国知网、万方等中文文献数据库进行了系统的文献检索、搜集和阅读，为本书的理论分析、实证分析和政策分析提供了关键的文献参考。

（2）随机抽样调查。实证分析是本书研究内容的主体，而问卷调查法是实证分析的重要组成部分。本书研究的大部分研究数据都来自国家自然科学基金项目、国家重点研发计划专项课题资助下开展的多轮次微观调查。为了获取满足研究的数据，每次正式调查前进行了至少一轮预调查对问卷存在的问题进行了有效改进，同时对调查人员进行集中统一的调查技能培训。调查结束后，对调查数据进行了多轮次电话回访和数据勘误。

（3）统计学和计量经济学方法。采用计量经济模型定量是本书实证研究的主要特色。例如，在研究农户信息获取成本的影响因素时，由于农户的信息获取成本指标为计数变量和二值变量，因此本书采用泊松回归和二值选择模型。在考察政府农技推广服务和互联网信息获取对农户农药施用的影响时，本书采用处理效应模型解决可能存在的样本自选择问题，从而得到政府农技推广服务和互联网信息获取对农户农药施用影响的无偏估计。在分析农药零售店的信息传递对农户农药施用时，本书采用普通最小二乘法。在邻里信息交流对农户农药施用影响的实证研究部分，本书采用工具变量法以解决存在的内生性问题。

本书的技术路线如图 1－1 所示。

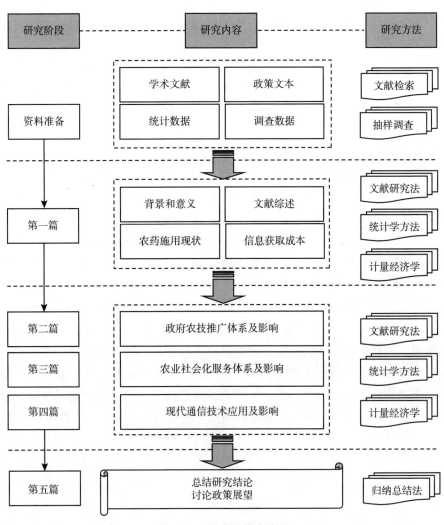

图 1－1　本书的技术路线

1.4　可能的创新

本书的主要创新体现在三个方面：

第一，紧扣国家发展需求。农业绿色低碳发展既是从根本上改变农业发展依靠资源消耗和粗放经营方式的必然途径，也是经济可持续发展的根本目的。在农业绿色低碳发展的整体架构中，有效持续推动农药减量增效成为遏制生态退化、缓解面源污染、提高农产品质量和改善人们健康状况的必然要求。在当前我国大力推动乡村振兴和农业强国战略落地实施以及深化农业供给侧结构性改革的战略背景下，科学分析农户不合理施用农药行为的形成机理，揭示信息传递和获取对农户农药施用行为的影响机制具有十分重要的理论和政策意义。本书研究以此为切入点，系统全面地分析了我国农户的农药施用技术信息传递和获取以及两者对农户农药施用行为的影响，可以为制定有效可行的农药减量增效政策措施提供科学依据，直接呼应国家发展政策的迫切需求。

第二，系统研究了农药施用技术信息传递、信息获取和农户农药施用之间的关系，研究视角和内容具有较好创新性。围绕着农户的农药施用问题，国内外学者开展了大量有价值的科学研究。但是，系统地分析农药施用技术信息传递、信息获取和农户农药施用行为三者关系的研究仍然不足。需要指出，技术信息是影响农户生产特别是农药施用行为的重要因素。以往研究结果表明，农户难以获取农药施用技术信息是导致其不合理施用农药的关键原因（黄季焜等，2008；李昊等，2017）。在我国农业生产技术信息传递主体多元化趋势愈发明显的背景下，不同类型的农药施用技术信息传递主体如何向农户提供技术信息？农户的农药施用技术信息具体来自哪些信息传递主体？影响农户获取农药施用技术信息的关键因素是什么？不同农药施用技术信息传递主体的信息传递行为以及农户的农药施用技术信息获取行为对农户的农药施用行为产生了怎样的影响？系统性回答上述一系列问题对厘清我国农户的农药施用技术信息获取行为及其对农药施用的影响机制具有重要理论价值，同时对促进农药减量增效、农业绿色低碳转型和发展也将产生一定的政策和实践价值。

　　第三，综合应用定性和定量方法全面分析了农药施用技术信息传递和获取以及两者对农户农药施用的影响，研究方法设计具有一定创新。本书采用文献研究法系统回顾了与农药施用相关的部分成熟理论成果，包括农户行为理论、外部性理论、信息不对称理论、交易费用理论、诱致性技术变迁理论以及公共物品理论等，并以此为基础在不同研究内容中科学分析了不同农药施用技术信息传递主体的信息传递以及农户的农药施用技术信息获取对农户农药施用的影响机制。同时，本书也在以往学术和政策文献的基础上，系统梳理了我国政府农技推广体系、农业社会化服务体系以及现代通信技术等不同的农药施用技术信息传递主体或渠道的发展历程、作用角色及其与农户农药施用行为的关系。此外，本书采用统计学和计量经济学方法定量考察了农户的农药施用技术信息获取行为以及信息传递和获取对农户农药施用的影响方向和程度。通过上述定性和定量方法的综合引用，有效规避了单一研究方法的不足和缺陷，可以更全面科学地回答本书试图解答的科学问题。

第2章

理论基础和文献回顾

本章是理论基础和文献回顾。在理论基础方面，本书主要回顾了农户行为理论、外部性理论、信息不对称理论、交易费用理论、诱致性技术变迁理论以及公共物品理论的基本假设和理论内涵。与此同时，本书也围绕农药施用行为研究、农药施用的影响因素研究、农户的农业信息获取研究以及农业技术信息传递主体和渠道研究等不同方面对以往的实证文献进行了比较全面的回顾和总结。

2.1 理论基础

2.1.1 农户行为理论

农户进行农业生产主要以家庭为生产单位，即农户。农户是经济学意义的概念，其进行农业生产的主要目的是获取经济利益。在农业生产中，农户施用农药和投入其他要素并没有本质区别，都是一种要素投入行为。概括而言，经济学文献中关于农户行为的代表性理论主要包括恰亚·诺夫的劳动消费均衡理论（恰亚·诺夫，1996）、西奥多·舒尔茨的理性小农理论（舒尔茨，1964）以及黄宗智的"拐杖"学说（黄宗智，1986）。

1. 劳动消费均衡理论

劳动消费均衡理论肇始于苏联经济学家恰亚·诺夫，其主要理论基础包括边际效用论和家庭生命周期理论。劳动消费均衡理论的主要假设和观点集中地体现在恰亚·诺夫的《农民经济组织》一书中。在该书中，恰亚·诺夫认为农户并不是理性经济人，即不追求利益最大化，农户的家庭生产行为是为了满足家庭成员的消费。造成农户不符合理性经济人假设的原因体现在三个方面。第一，小农家庭相比于资本主义大农场，其劳动力主要是家庭成员而非雇佣劳动力。第二，小农家庭经营规模很小，农业生产投入产出无法做到彻底分离，而且家庭生产获得的收入主要为了满足家庭生活消费，其劳动成本无法做到完全细致的核算。第三，小农家庭为了追求家庭消费得到满足，不会根据利润最大化原则来指导生产和劳动投入。在这种情况下，农户决定劳动和要素投入时，并不考虑投入的边际成本和边际收益。

根据劳动消费均衡理论，农户进行生产决策的主要依据是比较劳动的辛苦程度（劳动负效应）和消费的满足程度（收入正效应）。换言之，当农户认为其劳动的辛苦程度大于消费的满足程度时，农户会减少劳动投入；相反，当农户认为劳动的辛苦程度小于消费的满足程度时会增加劳动投入。当农户认为劳动的辛苦程度和消费的满足程度达到均衡状态时，家庭的经济活动量则趋于稳定，不再增加也不再减少劳动投入。恰亚·诺夫认为，随着农户家庭收入不断增加，消费的满足程度会逐渐减少，而劳动的辛苦程度会逐渐增加，最终两者会达到某种均衡。需要说明的是，农户对于劳动的辛苦程度和消费的满足程度都是农户主观评估的结果。这种主观评估受到农户家庭收入水平的影响，使得劳动的辛苦程度和消费的满足程度的边际效用均衡点偏离实际，从而造成非理性的家庭生产决策。

与基于理性经济人假设的经济学说不同的是，恰亚·诺夫认为小农家庭具有保守、落后和低效的特征，农户很可能为了规避短期风险而放弃高效的资源配置方式。在恰亚·诺夫提出该观点以后，匈牙利政治经济学家卡尔·波兰尼于 1957 年借鉴恰亚·诺夫的研究观点，并进一步指出小农的非理性生产决策行为主要受制于特殊的社会制度和经济关系（波兰尼，1957）。此后，美国经济学家詹姆斯·斯科特进一步提出了"道义经济"，指出农户为了保证家庭生存，追求的不是利润最大化而是较低的分配风险和较高的生存保障（斯科特，1976）。

2. 理性小农理论

理性小农理论由美国经济学家西奥金·舒尔茨所提出（舒尔茨，1964），其后山姆·波普金于 1979 年对该理论进行了拓展（波普金，1979）。不同于劳动消费均衡理论，理性小农理论的基本假设是，农户都是经济理性的，其生产的主要目的是追求最大化的利益。在《改造传统农业》中，西奥多·舒尔茨认为，农户和资本主义企业家都是经济理性的，其对所有生产要素的配置遵循帕累托最优原则（舒尔茨，1964）。农户在进行要素投入决策时是通过比较要素投入的边际成本和边际收益来实现的。换言之，农户作为市场微观组织，在自身偏好和生产可能性边界约束下，通过提高农业效率来追求农业效益最大化，而使得效益最大化的条件是要素投入的边际成本等于其边际收益。在这一点上，理性小农理论和劳动消费均衡理论的基本观点是不同的，前者认为小农在传统农业范畴内通过合理配置要素资源来追求利润最大化，尽管可能保持贫穷甚至无法满足家庭消费需要，但却是有效率的；而后者认为小农的生产决策目标是保证满足家庭消费需求，而不是追求利润最大化。

山姆·波普金于 1979 年在《理性的小农》一书中进一步论述和扩展了西奥多·舒尔茨的观点（波普金，1979）。他认为，小农农场和资本主义经济中的"公司"没有本质区别，其生产行动的目的就是追求利润最大化。因此，农户是为了实现个人或家庭福利最大化的微观经济组织。该理论认为，在传统农业时期农户会利用有限的要素最大化投资收益，而传统农业发展缓慢或停止的根本原因是要素资源边际收益递减，而不是农户对于利润追求的缺少。因此，改造传统农业以持续不断地推动其向前发展，从根本上应该加强现代技术要素投入，保障价格低廉的现代生产要素的充分供给。

3. "拐杖"学说

如果说劳动消费均衡理论和理性小农理论是在两种比较极端假设下的逻辑推理，那么历史社会学家黄宗智提出的"拐杖"学说则是融合了上述两种理论（黄宗智，1986）。该学说认为，农户一方面追求生产利益最大化，另一方面也追求家庭效用最大化。换言之，"拐杖"学说认为我国农户既不完全是恰亚·诺夫假设的追求劳动消费均衡的生产小农，也不完全是西奥多·舒尔茨假设的追求利益最大化的理性小农。在《华北的小农经济与社会变迁》一书中，黄宗智指出，我国华北地区农户面临着耕地较少从而劳动力无法充分就业的困境，因此尽管劳动边际报酬处于很低的水平，农户仍然会选择增加劳动投入来提高产出水平。在这种情况下，虽然农户存在剩余劳动力，但是也无法减少农业生产中的劳动投入，从而导致农业经营处于"过密化"阶段。换言之，此时的农业生产无法形成有效的劳动雇佣。与此同时，为了提高农户家庭效用水平，农户还会把剩余劳动力配置到非农生产当中，以此赚取非农就业收入作为家庭收入的有效补充，而非农就业收入就是所谓的农业收入的"拐杖"。农户只有依靠非农就业收入这支"拐杖"，才有可能在农业生产"过密化"的条件下维持家庭生活需要。

2.1.2　外部性理论

在西方经济学中，外部性概念十分重要。从经济历史的角度看，外部性概念最早由剑桥学派的亨利·西季威克和阿尔弗雷德·马歇尔提出。例如，阿尔弗雷德·马歇尔于 1890 年在《经济学原理》一书中从工业企业间分工的角度阐释了"外部经济"的概念，把外部经济界定为外部因素变化导致企业内部或外部生产费用产生变化的现象（马歇尔，2010）。阿瑟·塞西尔·庇古在此基础上基于边际理论和资源最优配置原则进一步完善了外部性理论，明确提出了"内部"和"外部"不经济的概念，丰富了阿尔弗雷德·马歇尔关于"外部经济"的说法，也将主体延展至企业和居民（庇古，1920）。简而言之，如果某企业的经济行为给其他企业或社会造成了损失而不用为此付出代价，则被称为"外部不经济"。这个时候，市场无法解决类似的失灵问题，政府可以对边际私人成本小于边际社会成本的企业或个人征税，同时对边际私人收益小于边际社会收益进行补贴的形式进行干预。这种做法一般被认为是"庇古税"的思想，即通过这样的政府干预将外部性进行内部化。

不难看出，尽管在阿尔弗雷德·马歇尔、阿瑟·塞西尔·庇古提出"外部经济"概念以后学术界并未对"外部性"赋予明确的概念定义，但是从经济学角度可以把外部性概括为某经济主体（例如企业）的经济活动对其他经济主体或社会福利产生了影响，这种影响也就是某经济主体对其他经济主体的外部影响，这种外部影响既可能是积极的也可能是消极的。例如，在农业生产过程中，某农户使用化肥农药等要素投入一方面可以促进自身的农业生产，也会在一定程度上造成生态失衡和环境污染。这种对生态和环境的不利影响会给其他农户或社会带来利益或福利损失，因此可以称为"负外部性"。

实际上，制度经济学也有一些关于外部性问题的讨论。罗纳德·哈里·

科斯在《社会成本问题》一书从交易费用角度对外部性问题进行了阐述，其对庇古税的分析以及对外部性理论的观点基本上是对庇古理论的反驳（科斯，1994）。一方面，他认为外部效应一般情况下并不是单向而是双向的；另一方面，他也指出，外部性问题的解决受到交易费用大小的影响。当交易费用处于极低水平或者接近于零的时候，市场经济中的利益双方可以通过资源的协商解决外部性问题，这就意味着开展庇古税式的政策干预毫无必要；当交易费用处于较高水平时，则采用政策手段干预市场行为变得必要，但是这并不意味着庇古税是有效的。这些观点也就是著名的科斯定理的主要内容，其对外部性问题的阐述明显区别于新古典经济学派。

2.1.3　信息不对称理论

信息不对称，是指在交易过程中，交易双方掌握的信息不同。换言之，交易的一方掌握的信息比较充分因而处于有利地位，而交易的另一方信息相对匮乏因而处于不利地位。在这种情况下，掌握更多信息的交易一方可以凭借其信息优势在市场交易过程中处于优势地位从而可以获得更多利益。早在20世纪20年代，美国新自由主义经济学家弗兰克·奈特开始进行信息不对称理论方面的研究，并指出信息是市场经济的主要商品，因此许多公共资金和资本投资会流入信息研究活动中（奈特，1921）。在此以后，美国经济学家乔治·阿克洛夫于1970年出版的《柠檬市场》对信息不对称理论进行了更加深入的论述（阿克洛夫，1970）。他提出，当市场交易当中的买方与卖方存在信息不对称时，将会造成逆向选择或道德风险问题，即信息优势的一方会引导信息劣势的一方签订不平等契约，通过隐瞒实际成本收益对劣势一方的收益不负责以及从事使其自身效用最大化的高风险活动，而信息劣势的一方由于缺少信息来源从而难以有效监督信息优势一方的行动，从而造成信息劣势一方的利益受损。迈克尔·罗斯柴尔德、约瑟夫·斯蒂格利茨建立的理论模型表明，信息不对称的存在将使得消费者购买的商品无法发挥最大效用，从而最终造成劣质品充斥市场而优质品无法以相称的价格出售或者甚至退出市场的负面效应，即"劣币驱逐良币"（罗斯柴尔德和斯蒂格利茨，1976）。

2.1.4　交易费用理论

交易费用，是指在市场交易过程中达成协议的费用，包括时间成本和货币成本等。罗纳德·哈里·科斯在《企业的性质》一书中首次提出了交易费用的概念，指出"市场交易中，使用价格机制是有成本的"，其中交易费用包括获取市场信息和进一步处理信息的费用、双方为签订合约进行谈判并最终签约的费用以及因为市场中不确定性因素所产生的其他费用（科斯，1937）。在《社会成本问题》一书中，罗纳德·哈里·科斯对交易费用的概念进行了拓展性阐述，指出在市场交易中人们应该表达交易意愿并获得他人交易意愿和适合交易的条件，进而开始谈判、还价、签订合同，并采用监督机制监督，因此交易费用应该还包括发现交易对象和达成交易价格的费用（科斯，1960）。自罗纳德·哈里·科斯阐释的交易费用概念广泛应用于经济学研究的各个方面。肯尼斯·约瑟夫·阿罗、张五常提出，交易费用是经济运营的制度成本（阿罗，1969；张五常，1999）。约拉姆·巴泽尔则将交易费用理论拓展至制度层面，并运用比较制度分析方法对经济组织制度进行了分析（巴泽尔，1997）。奥利弗·伊顿·威廉姆森从"契约人"的角度分析了交易费用，指出交易费用包括资产专用性、交易频率和不确定性三个特征（威廉姆森，1985）。

2.1.5　诱致性技术变迁理论

诱致性技术变迁理论是由速水佑次郎、弗农·拉坦在其合著《农业发展的国际分析》一书建立的（速水佑和拉坦，1985）。这一重要理论主要解释了农业技术变迁的诱导因素，将技术变迁作为经济制度的内生变量，认为技术变迁是对要素价格变动条件下资源禀赋变化和需求增长的动态反映。在劳动和资本两种生产要素条件下，技术变迁分为两种类型。一个是"劳动节约型"技术，这类技术的应用可以促进其他要素对劳动力这一稀缺要素的替代；另一个是"土地节约型"技术，这类技术会促进其他要素对土地这一稀缺要素的替代。诱致性技术变迁理论认为，技术变迁本身虽然并不能成为稀缺要素的替代品，但其可以促进其他要素替代资源禀赋制约。不同国家和地区可以根据自身的要素禀赋状态选择技术变迁方式和途径：在农业发展受到无弹性的土地供给制约即土地资源稀缺的地区，可以通过生物技术或化学技术创新作为应对方式，这意味着机械设备的广泛应用以及相关技术变迁更多地受到劳动成本减少的诱导，最终实现劳动生产率的提高；而在农业发展受到无弹性的劳动力供给制约即劳动力资源相对匮乏的地区，则可以选择促进机械技术进步来节约劳动力，说明生物技术或化学技术进步的诱导因素主要是提高单位面积产量的需求。

2.1.6　公共物品理论

美国经济学家保罗·萨缪尔森认为，如果每个人对某种物品的消费不会减少其他人对该物品的消费，则该物品即为公共物品（萨缪尔森，1954）。不难看出，公共物品区别于私人物品的重要特征取决于其非竞争性。理查德·阿贝尔·马斯格雷夫在此基础上，进一步把"非排他性"纳入公共物品的概念框架（马斯格雷夫，1959）。在得到普遍接受的公共物品理论中，公共物品不同于私人物品，具有消费的非竞争性和受益的非排他性。其中，消费的非竞争性是指增加消费者不会减少其他任何人对该物品的消费数量和质量，因此其他人消费该物品的额外成本为零，即增加消费者的边际成本为零；受益的非排他性是指在技术上不能拒绝其他为该物品支付费用的个人或企业受益，即公共物品不能因为个人或企业拒绝付费而停止提供效用。

与此同时，公共物品理论将纯公共物品和纯私人物品以及介于两者之间的准公共物品进行了更为细致的划分。其中，纯公共物品同时具有非竞争性和非排他性，而且排他成本很高，因此纯公共物品一般由国家预算提供，并通过强制性税收进行筹资，如国防、公共治安等。纯私人物品则是既具有竞争性，也具有排他性，或者说排他成本较低，这类物品更多地由个人或企业生产且通过市场分配，如食物、衣服等。介于纯公共物品和纯私人物品之间的物品为准公共物品。这类产品又可以进一步被分为两类。一是具有非竞争性但不具有非排他性的物品，这类物品的特点是产品的利益由集体消费，但会因为拥挤而受到制约，多由个人、企业或由公共部门生产，由市场或公共部门分配，如公共公园、公共游泳池等。二是具有竞争性但不具有排他性的物品，这类物品具有外在性或自然垄断性质，由个人或企业生产，通过含有补贴或税收的市场进行分配，如有线电视、高尔夫球俱乐部等。

2.2　农药施用行为研究

2.2.1　经济学视角下农药过量施用理论模型

从经济学视角研究农户的农药过量施用行为是过去 30 年来的一个热点问题。在经济学视角下，判断农户是否过量施用农药的重要标准是农药的边际收益是否大于其边际成本。换言之，如果额外施用一个单位农药带来的农作物生产收益大于其成本，则此时施用额外的农药在利润最大化原则下是可取的；但是，如果额外施用一个单位农药的成本高于其带来的农作物生产收益，则额外施用农药在经济学上并不划算，这种情况被定义为农药过量施用（张超等，2015）。由于农药的边际成本一般即为其市场价格，因此从经济学视角判断农户是否过量施用农药的基础是科学准确地测算农药的边际生产率或边际市场收益。

不同于种子、水资源、化肥、土地等生产性要素对农作物产量的直接影响，农药对于农作物产量增长的贡献是间接的。相比而言，在没有病虫害的条件下，农药并不能进一步增加农作物产量，只能在病虫害发生的条件下起到降低产量损失的作用，因此被称为损失控制要素（利希滕贝格和西尔伯曼，1986）。因此，采用普通生产函数模型（例如柯布·道格拉斯生产函数）可能造成农药边际生产率或边际生产收益估计结果的偏差。为了解决这个问题，利希滕贝格和西尔伯曼（1986）率先构建了损失控制生产函数模型（damage control production function model，或 damage abatement production function model），巴布科克等（1992）、布莱克威尔和帕古拉托斯（1992）、卡拉斯科—陶伯和莫菲特（1992）、福克斯和韦尔辛克（1995）、卡彭蒂尔和韦弗（1997）、轩尼诗（1997）、萨哈等（1997）、兰辛克和卡彭蒂尔（2001）、关正飞等（2005）、库奥斯曼恩等（2006）和钱伯斯等（2010）等不断拓展和改进了损失控制生产函数模型。同时，国内外诸多学者采用损失控制生产函数模型对农药的边际生产率以及过量施用问题进行了实证研究（卡伊姆和德·杨弗利，2005；尚卡尔和达度，2005；格罗夫曼等，2013；周曙东和张宗毅，2013；库泽和卡伊姆，2014；朱淀等，2014；张超等，2015；姜健等，2017；李昊等，2017；郭利京和王颖，2018；孙生阳等，2020；展进涛等，2020；蔡金阳等，2021）。

本书主要借鉴代表性文献介绍损失控制生产函数模型的基本情况。利希滕贝格和西尔伯曼（1986）构建损失控制生产函数，并指出损失控制要素即农药不能像生产性要素一样直接增加农作物产量。考虑损失控制要素的条件下，农作物实际产量是潜在产量和产量损失的组合，因此可以表达为生产性要素和损失控制要素的函数如下：

$$Q = F[Z, G(X)] \tag{2.1}$$

其中，Q 表示农作物产量；Z 表示一组生产性要素，例如种子、水资源、化肥、土地等；X 表示损失控制要素，例如农药；$G(X)$ 表示损失控制函数。利希滕贝格和西尔伯曼（1986）给出了式（2.1）的一个具体形式，如下所示：

$$Q = \alpha Z^{\beta} [G(X)]^{\omega} \tag{2.2}$$

假设生产性要素和损失控制要素之间不存在交互作用，为了实证研究方便，通常假设 ω 等于1。在这种条件下，式（2.2）中损失控制要素的边际产出可以表示为：

$$\frac{\partial Q(Z, X)}{\partial X} = \alpha Z^{\beta} \frac{\partial G(X)}{\partial X} \tag{2.3}$$

因为 $G(X)$ 是一个 X 的递增函数，当 X 等于零时，$G(X)$ 等于零；当 X 趋近于无限大时，$G(X)$ 趋近于1。因此，上述模型明确地区分了生产性要素 Z 和损失控制要素 X 的主要差异。在实证研究文献中，$G(\cdot)$ 通常以韦伯形式（Weilbull specification）和指数形式（exponential specification）嵌入生产函数模型：

韦伯形式：$G(X) = 1 - e^{-X^c} \tag{2.4}$

指数形式：$G(X) = 1 - e^{-\lambda X} \tag{2.5}$

从经济学视角而言，损失控制要素的最优施用量是指使得生产利润达到最大的施用量，即损失控制要素的边际收益等于其边际成本。对于农药这一损失控制要素而言，其边际收益等于其边际产出和产出价格之积，而边际成本一般为农药的价格。因此，可以把利润最大化原则下的损失控制要素最优化条件表达如下：

$$\frac{\partial Q(Z,\ X)}{\partial X} \cdot p_y = p_x \tag{2.6}$$

其中，p_x 和 p_y 分别是损失控制要素价格和产出价格。在此基础上，韦伯形式和指数形式损失控制生产函数模型的损失控制要素最优施用量可以分别表示为：

$$X^* = \left[\frac{cp_y(\alpha Z^{*\beta} - Q^*)}{p_x}\right]^{\frac{1}{1-c}} \tag{2.7}$$

$$X^* = \frac{1}{\lambda}\left[\ln\left(\frac{\lambda p_y}{p_x}\right) + \ln(\alpha Z^*)\right] \tag{2.8}$$

农药过量施用程度可以定义为实际农药施用量和经济学视角下农药最优施用量之差。换言之，当农户的实际农药施用量大于经济学视角下的农药最优施用量，则被定义为农药过量施用；当农户的实际农药施用量小于或等于经济学视角下的农药最优施用量，则被定义为农药非过量施用。因此，农药过量施用程度可以表示如下：

$$X^O = X - X^* \tag{2.9}$$

其中，X^O、X 和 X^* 分别表示农药的过量、实际和经济学最优施用量。结合式（2.7）和式（2.8），可以得到韦伯形式和指数形式下的农药过量施用程度分别为：

$$X^O = X - X^* = F(\cdot) - \left[\frac{cp_y(\alpha Z^{*\beta} - Q^*)}{p_x}\right]^{\frac{1}{1-c}} \tag{2.10}$$

$$X^O = X - X^* = F(\cdot) - \frac{1}{\lambda}\left[\ln\left(\frac{\lambda p_y}{p_x}\right) + \ln(\alpha Z^*)\right] \tag{2.11}$$

2.2.2 经济学视角下农户的农药过量施用

鉴于农药对于农业生产的重要性以及农药过量施用对生态、环境和健康的负面影响，国内外学者对于农户的农药施用行为给予了持续的关注，并从经济学视角重点测算了农户的农药过量施用行为。

国外方面，卡伊姆和德·杨弗利（2005）、尚卡尔和达度（2005）以及库泽和卡伊姆（2014）对阿根廷、南非和巴基斯坦常规棉和转基因抗虫棉种植户农药施用的研究表明，在不考虑环境和人体健康等社会成本时，除了阿根廷转基因抗虫棉种植户过量施用农药外，三个国家的常规棉种植户以及南非和巴基斯坦转基因抗虫棉种植户均未过量施用农药。但是，考虑环境和人体健康成本后，常规棉和转基因抗虫棉种植户施用的农药均过量（库泽和卡伊姆，2014）。格罗夫曼等（2013）对泰国265个叶菜种植户和188个大棚蔬菜种植户的研究表明，尽管农户施用的农药仍然对蔬菜产值具有显著的促进作用，但是实际施用的农药中80%是过量的。

国内方面，部分学者利用宏观层面数据分析了我国主要粮食作物生产中的农药边际生产率和过量施用问题。例如，郭利京和王颖（2018）分别考虑了农药施用的社会成本和私人成本，基于1990~2016年各省（自治区、直辖市）水稻生产面板数据和损失控制生产函数模型的估计结果表明，2016年农药社会最优施用量和私人最优施用量分别为155.5元/公顷和184.0元/公顷，从社会利益最大化角度看，从2000年开始农药实际施用成本超过社会利益最大化的农药施用成本，而考虑私人利益最大化的农药过量施用从2005年开始。张谋贵（2019）采用柯布—道格拉斯生产函数计算了我国水稻、小麦和玉米三大质量的农药边际效益，实证研究结果表明三大主粮生产过程中农药的边际效益较高。但是，该研究并未把农药当作损失控制要素投入，研究结果可能高估农药的实际边际效益。孙生阳等（2020）基于1985~2016年我国各省水稻、小麦和玉米生产的面板数据分析了农药的边际生产率及农药过量施用问题，相比于小麦和玉米，水稻生产中的农药过量施用问题更加严重。

与此同时，也有部分学者利用微观调查数据对我国粮食生产中的农药过量问题开展了类似研究。其中，黄季焜等（2001）最早引入损失控制生产函数模型研究了我国水稻生产过程中的农药过量施用，结果表明我国水稻种植户实际施用的农药是经济学视角下最优施用量的1.4倍，其中中稻和晚稻生产过程中的农药过量施用更为严重。周曙东和张宗毅（2013）基于396个江苏省水稻种植户调查数据，采用损失控制生产函数模型的实证研究结果发现38.4%的农户处于过量施用农药状态，而把农药施用效率考虑在内对上述模型进行改进后的估计结果则发现过量施用农药的农户比例为32.3%。朱淀等（2014）利用江苏省南部648个水稻种植户的调查数据研究了农药边际生产率，结果发现农药边际生产率接近于零，表明该地区水稻种植户存在严重的农药过量施用行为。张超等（2015）在 2012 年和 2013 年对我国水稻、玉米和棉花生产过程中的农药过量问题，结果表明农药对于上述三种农作物的生产率仍然具有显著促进作用，但是由于产出弹性偏低，而农户在水稻、玉米和棉花生产过程中实际施用的 57%、17% 和 64% 的农药在经济学视角下都是过量的。黄炎忠等（2020）基于我国长江流域 836 个水稻种植户调查数据进行了农药施用边际生产率的实证研究，结果发现 36.1% 的被调查农户在水稻生产过程中存在农药过量施用行为。秦诗乐和吕新业（2020）基于湖北、湖南、江苏、江西和四川 5 个省份 731 个水稻种植户的调查数据，采用损失控制生产函数模型估计了农药施用的边际生产率，结果表明农户每增加 1 元农药投入会使得水稻生产收益减少 0.2 元，其中 23% 的农户单次农药施用剂量超过农药标签的规定用量。

　　除了粮食作物以外，主要经济作物生产过程中的农药过量施用问题也是国内学者关注的热点。其中，基于我国棉花种植户微观调查数据的研究发现，我国常规棉和转基因抗虫棉种植户存在明显农药过量施用（黄季焜等，2002；张超等，2015）。王常伟和顾海英（2013）利用江苏、安徽和山东 3 个省份 643 个蔬菜种植户调查数据估计了农户的农药边际生产率，同时发现 25% 的农户存在明确的农药过量施用现象。姜健等（2017）采用辽宁省 396 个蔬菜种植户的调查数据和损失控制生产函数模型考察了农药的边际生产率，计量经济估计结果也表明农户施用农药的边际生产率趋近零，表明在经济学意义上也存在着严重的农药过量施用行为。李昊等（2017）基于山东、山西、陕西和甘肃四省经济作物种植户的调查数据和损失控制生产函数模型估计了水果、反季节蔬菜和顺季节蔬菜生产过程中的农药过量施用水平，发现经济作物生产过程中存在普遍的农药过量施用现象，其中 68% 的被调查农户在生产过程中存在经济学意义上的农药过量施用。杨曼莎等（2019）利用我国山东省寿光市和青州市 571 个蔬菜种植户的调查数据，结果发现 34% 的农户在蔬菜生产过程中施用的农药量超过了科学推荐量。郑纪刚和张日新（2022）利用山东省 892 个蔬菜种植户的调查数据估算了农户在经济学意义上的农药过量施用行为，结果表明将近 1/4 的被调查农户存在农药过量施用现象。除了棉花和蔬菜外，展进涛等（2020）利用全国 85 个县 524 个桃种植户的调查数据和损失控制生产函数模型估计了农药投入的边际生产率，发现 75% 以上的样本农户存在农药的过量施用。蔡金阳等（2021）利用我国陕西和山东 452

个苹果种植户调查数据的实证研究发现，70.6%的农户在苹果生产过程中过量施用了农药。

2.2.3　技术视角下农药施用行为判定方法

近年来部分学者也开始从技术视角研究农药施用行为。两者的不同在于分析农药施用行为的切入点存在明显差异。经济学视角下的农药施用行为研究是以农作物生长周期内全部农药施用是否符合利润最大化原则为主要依据的，而技术视角下的农药施用行为研究是以单次病虫害防治过程中农药施用行为特点。由于每一种农药都有相对固定的防治对象，而且具有给定的科学推荐量，因此从这个角度可以定义农药过量、适量、不足和错误施用等状况。需要说明的是，如果单次病虫害防治过程中实际农药施用量高于科学推荐量上限，则可以定义为农药过量施用；如果实际农药施用量处于科学推荐量上下限之间，则可以定义为农药适量施用；而如果实际农药施用量低于科学推荐量的下限，则可以定义为农药不足施用（张超等，2015）。同时，如果农户实际施用的农药无法有效防治目标病虫害，则可以定义为农药错误施用（孙生阳等，2019）。本书以张超等（2015）和孙生阳等（2019）为基础介绍技术视角下农药施用行为测算方法。

一般而言，农户往往在单次病虫害防治过程中同时施用多种农药防治一种或多种目标病虫害，这种情况被定义为"农药混用"或"农药鸡尾酒"（pesticide cocktail）。在这种情况下，由于不同农药的有效性以及科学推荐量都相对悬殊，简单地把单次病虫害防治时不同农药的施用量相加并不可行。因此，张超等（2015）提出了一种准比例指数量法（quasi-proportional index amount approach）。该方法的基本原则是把单次病虫害防治时不同农药的施用量换算为基准农药的指数量。其中，基准农药可以是防治某种农作物病虫害的最常用农药。需要说明的是，指数量法的一个基本前提假设是指数量相同的不同农药对于某种农作物病虫害具有相同的防治效果。

不失一般性，假设农药在某次病虫害防治时施用了 P_1 和 P_2 两种农药防治目标病虫害，其中选择农药 P_1 作为基准农药。农药 P_1 的科学推荐量为 $[L_1, U_1]$，而农药 P_2 的科学推荐量为 $[L_2, U_2]$。农药 P_1 和农药 P_2 的实际施用量分别为 q_1 和 q_2。由于农药 P_1 是基准农药，因此其实际施用量也就是

指数量 q_1^{index}。同时，需要把农药 P_2 的实际施用量换算为农药 P_1 的指数量 q_2^{index}，具体存在三种不同情形（张超等，2015）：

第一种情形，农药 P_2 的实际施用量低于其科学推荐量的下限，即 $q_2 < L_2$。此时存在以下关系：

$$\frac{q_2}{L_2} = \frac{q_2^{index}}{L_1} \tag{2.12}$$

通过将式（2.12）等号两边进行调整，可以得到：

$$q_2^{index} = \frac{q_2 L_1}{L_2} \tag{2.13}$$

第二种情形，农药 P_2 的实际施用量处于其科学推荐量范围内，即 $L_2 \leqslant q_2 \leqslant U_2$。此时存在以下关系：

$$\frac{q_2 - L_2}{U_2 - q_2} = \frac{q_2^{index} - L_1}{U_1 - q_2^{index}} \tag{2.14}$$

通过将式（2.14）等号两边进行调整，可以得到：

$$q_2^{index} = \frac{q_2(U_1 - L_1) + (L_1 U_2 - L_2 U_1)}{U_2 - L_2} \tag{2.15}$$

第三种情形，农药 P_2 的实际施用量高于其科学推荐量的上限，即 $q_2 > U_2$。此时存在以下关系：

$$\frac{q_2}{U_2} = \frac{q_2^{index}}{U_1} \tag{2.16}$$

通过将式（2.16）等号两边进行调整，可以得到：

$$q_2^{index} = \frac{q_2 U_1}{U_2} \tag{2.17}$$

通过上述农药施用量换算，可以把农药 P_1 和农药 P_2 的指数量相加，具体如下：

$$q^{index} = q_1^{index} + q_2^{index} \tag{2.18}$$

在此基础上，通过比较加总后的农药施用指数量 q^{index} 和基准农药即农药 P_1 的科学推荐量 $[L_1, U_1]$ 可以得到单次病虫害防治时农药施用行为的判定结果：

$$农药施用行为 = \begin{cases} 过量施用，q^{index} > U_1 \\ 适量施用，L_1 \leqslant q^{index} \leqslant U_1 \\ 不足施用，q^{index} < L_1 \end{cases} \tag{2.19}$$

除了判断单次病虫害防治时农户是否过量、适量还是不足施用农药，孙生阳等（2019）指出，应该从农户是否施用了正确的农药来防治目标病虫害。从这个角度而言，存在三种不同的情形。第一，农户可以说出施用农药的名称，而且施用农药的登记防治范围包含目标病虫害，则为"农药正确施用"。第二，农户可以说出施用农药的名称，但是施用农药的登记防治范围不包含目标病虫害，则为"农药错误施用"。第三，农户无法说出施用农药的名称，从而无法判定农药是否正确或错误施用。

农户经常在单次病虫害防治时采用农药混用即"农药鸡尾酒"行为，即同时施用多种农药防治一种或多种农作物病虫害（张超等，2015；孙生阳等，2019）。为了定义农药正确或错误施用，本书给出"病虫害防治观测"的概念，病虫害防治观测数量等于单次病虫害防治时目标病虫害种数。例如，农户在某次病虫害防治时试图同时防治两种病虫害，则该次病虫害防治可以产生两个病虫害防治观测。不失一般性，假设农户在一个病虫害防治观测中施用三种农药，根据农户是否可以说出农药名称以及农药的登记防治范围是否包含目标病虫害，可以产生 10 种不同情形，如表 2 - 1 所示。

表 2 - 1 　　　　　　单次病虫害防治中农药正确和错误施用行为判断

情形编号	农药 P_1	农药 P_2	农药 P_3	第一套标准	第二套标准
1	包含	包含	包含	正确施用	正确施用
2	包含	包含	不包含	正确施用	错误施用
3	包含	包含	未知	正确施用	无法确定
4	包含	不包含	不包含	正确施用	错误施用
5	包含	不包含	未知	正确施用	错误施用
6	包含	未知	未知	正确施用	无法确定
7	不包含	不包含	不包含	错误施用	错误施用
8	不包含	不包含	未知	无法确定	错误施用
9	不包含	未知	未知	无法确定	错误施用
10	未知	未知	未知	无法确定	无法确定

注：包含是指农药的登记防治范围包含目标病虫害，不包含是指农药的登记防治范围不包含目标病虫害，未知是指农户无法说出农药名称。

本书采用两套标准来判定农户是否正确或错误施用农药，具体如下：

第一套标准（严格标准）：在一个病虫害防治观测中，如果农户说出至少一种农药名称，而且说出名称的至少一种农药的登记防治范围包含目标病虫害，则为农药正确施用；如果农户说出全部农药名称，但是任何一种农药的登记防治范围都不包含目标病虫害，则为农药错误施用；如果农户无法说出至少一种农药名称，而且农户说出名称的任何一种农药的登记防治范围都不包含目标病虫害，则无法确定农药正确或错误施用；如果农户无法说出任何一种农药名称，则无法确定农药正确或错误施用。

第二套标准（放松标准）：在一个病虫害防治观测中，如果农户说出全部农药名称，而且任何一种农药的登记防治范围都包含目标病虫害，则为农药正确施用；如果农户说出至少一种农药名称，但是农户说出名称的至少一种农药的登记防治范围不包含目标病虫害，则为农药错误施用；如果农户无法说出至少一种农药名称，而且农户说出名称的全部农药的登记防治范围都包含目标病虫害，则无法确定农药正确或错误施用；如果农户无法说出任何一种农药名称，则无法确定农药正确或错误施用。

2.2.4　技术视角下农户的农药施用行为

从技术视角分析农户农药施用行为的研究仍然不多见。张超等（2015）首次提出了指数量法把防治同一种病虫害的不同农药施用量进行换算加总。张超等（2015）对河北、江西和广东三省 246 个农户的跟踪调查发现，农户采用了 107 种不同有效成分的农药防治水稻、玉米、小麦和棉花生产过程中 54 种不同类型病虫害，而基于指数量法的研究结果表明从单次病虫害防治角度看，农户的农药过量施用和不足施用行为并存。其中，仅在九种农作物病虫害防治过程中，农药过量施用的病虫害防治观测占 50% 以上；相比而言，农药不足施用和零施用的病虫害防治观测占比较高，其中 44 种病虫害防治过程中，农药不足施用和零施用的病虫害防治观测占比超过了 50%。

孙生阳等（2019）采用 2016 年 2 084 个农户的调查数据考察了水稻、苹果、茶叶和大棚蔬菜生产过程中的农药错误施用行为，结果表明农药错误施用在我国农作物生产过程中非常普遍。相比而言，水稻生产过程中的农药错误施用概率和比例比苹果、茶叶和大棚蔬菜生产过程中的农药错误施用概率和比例略低。同时，次要病虫害防治时的农药错误施用比主要病虫害防治时的农药错误施用更加严重。

除了张超等（2015）和孙生阳等（2019）的研究外，部分其他研究也从技术视角简单地分析了农药过量施用问题。例如，姜健等（2017）采用辽宁省396个蔬菜种植户的调查数据的研究结果发现，在蔬菜生产过程中38.4%的农户实际施用的农药量超过了说明书规定的推荐量。秦诗乐和吕新业（2020）基于湖北、湖南、江苏、江西和四川5个省份731个水稻种植户的调查数据发现，23%的农户单次农药施用剂量超过农药标签的规定用量。

2.3　农药施用的影响因素研究

围绕农药施用的影响因素，国内外学者进行了大量有价值的研究。总体而言，农药施用主要受到个体因素、技术因素、经济因素、制度和政策因素以及自然和社会环境因素等影响（黄季焜等，2008；刘美辰和黄季焜，2013；王常伟和顾海英，2013；黄祖辉等，2016）。因此，本书从以上五个方面对以往农药施用影响因素的研究进行回顾。

2.3.1　个体因素

农户的个人和家庭特征、种植特征、风险认知和偏好、知识禀赋以及非农就业等个体因素是影响其农药施用的重要因素，但是不同研究的结论也存在一定差异，这种差异可能是由研究样本和方法差异导致的。

（1）个人和家庭特征。农户的性别、年龄、受教育程度等个人特征可能对农药施用产生重要影响（卡伊姆和德·杨弗利，2005；贝尔特兰等，2013；王常伟和顾海英，2013；卡恩等，2015）。家庭收入和财富水平、劳动力规模与结构、种植规模等家庭特征也会显著影响农户的农药施用（拉赫曼，2003；佩姆索等，2005；黄季焜等，2008；贝尔特兰等，2013）。童霞等（2011）基于江苏省237个分散农户的调查数据和偏最小二乘法的实证研究发现，分散农户的受教育年限和家庭总收入是影响其各阶段农药施用行为的重要因素，而家庭人口、性别和年龄对不同阶段农药施用的影响存在差异。田云等

（2015）采用逻辑斯蒂模型实证研究了农户农业低碳生产行为的影响因素，指出务农年限更长的农户更愿意按照标准或低于标准施用农药，而男性和村干部农户也倾向于选择低于标准或按标准施用农药。黄炎忠等（2020）采用我国长江流域 836 个水稻种植户调查数据研究了农户生产经验对农药过量施用的影响，结果发现农户尤其是小农户的生产经验是导致农药过量的重要原因。王成利和刘同山（2021）研究发现，与不愿意退出农地的农户相比，愿意退出部分农地和全部农地农户的农药施用强度高 97.44 元/亩。

（2）种植特征。农户的农业种植特征也可能影响其农药施用。例如，高晶晶和史清华（2019）的研究结果发现，土地规模扩大显著减少农药施用量，而土地细碎化会削弱土地规模对农药施用量的负向影响。侯玲玲等（2020）采用激励试验数据、农户调查数据和遥感数据考察了农户农药施用决策的影响因素，结果表明土地多样化对农药施用的影响最大，而水稻种植密集程度和土地细碎化会导致农药施用量增加。祝伟和王瑞梅（2021）利用我国农户层面横截面数据以及县级和省级面板数据研究了农地规模对农药施用的影响，结果表明农地规模对农药施用会产生显著的负向影响，农地规模每扩大 1% 会使得单位面积农药施用量降低 0.2%。

（3）风险认知和偏好。风险认知和偏好对农药施用的影响得到较多关注。黄季焜等（2008）以转基因抗虫棉为例实证分析了农户过量施用农药的影响因素，发现技术信息知识会对农户的农药施用产生显著影响。米建伟等（2012）对中国 240 个棉农的研究表明，风险规避程度高的农户农药施用量更多。刘美辰和黄季焜（2013）基于农户调查和人工田间试验数据的研究也发现，风险规避程度越高的农户其农药施用量越大，而损失规避程度越高的农户其农药施用量越小。龚亚珍等（2016）基于田间试验数据研究了农户的风险规避对农药施用的影响，结果表明风险规避显著增加了农户尤其是自给自足农户以及半自给自足农户市场地块的农药施用量，同时风险规避对农药施用量的正向影响随着自给自足农户农地规模扩大而降低。金建君等（2016）认为农户的风险感知越强，农药过量施用的概率显著下降。但是，伽罗等（2017）对科威特 250 个蔬菜种植户的研究发现，风险认知并未对其农药施用实践产生显著的影响。蔡金阳等（2021）采用陕西和山东 452 个苹果种植户的调查数据的实证研究表明，风险规避程度越高的农户过量施用农药的概率更大。杜三峡等（2021）利用鄂、赣两省 704 户稻农的调查数据分析了风险感知对稻农生物农药技术采纳行为的影响，结果发现风险感知增强会导致稻农更倾向于不采用生物农药。

（4）知识禀赋。农户的知识禀赋是影响农药施用的关键因素。农户的病虫害防治知识水平会影响其风险规避倾向（黄季焜等，2008；米建伟等，2012），知识信息的缺乏会增加风险感知的不确定性（费德，1979），而对农药健康毒性的准确认知将较好地避免农药的过量施用（卡恩等，2015）。黄季焜等（2008）采用2006年河南、山东、河北三省农户调查数据的实证研究表明，风险偏好对农户的农药施用具有显著影响。侯玲玲等（2012）基于2010年我国223个木瓜种植户的调查数据，深入分析了农户的转基因技术知识和农药施用的关系，基于广义最小二乘法的估计结果表明农户的转基因木瓜知识显著地影响了其农药施用量。陈瑞剑等（2013）基于华北平原农户调查数据的研究表明农户缺乏病虫害治理的知识和农药过量施用高度相关，改善农户的病虫害防治意识和知识可以显著减少10% ~ 15%的农药。伽罗等（2017）的研究表明，农户不恰当农药知识缺乏会提高农药过量施用的概率。

（5）非农就业。部分学者关注了非农就业和农药施用的关系。例如，纪月清等（2015）指出，外地兼业会显著减少水稻亩均农药施用量，但是本地非农兼业对农户农药施用强度影响不显著。马旺林等（2018）采用我国农户调查数据考察了非农就业对农药支出的影响，解决非农就业内生性的计量经济估计结果表明，非农就业对农药支出具有显著的正向影响。

2.3.2　技术因素

技术因素是影响农药施用的关键。一般而言，缺乏科学的农药施用技术是导致农户不合理施用农药的主要原因。但是，不同研究的视角不尽相同，以往研究主要从农技推广和培训、生物技术采用、数字技术和互联网采用、农业社会化服务等不同角度研究了农药施用的影响因素。

（1）农技推广和培训。童霞等（2011）指出，是否参加政府农业技术培训显著地影响农户的农药施用行为。应瑞瑶和朱勇（2015）采用实验经济学方法分析了不同农业技术培训方式对农药施用的影响，结果表明农业技术培训能够降低农药施用量，而基于培训的技术指导效果更佳。李昊等（2017）的研究也认为，参加培训对我国经济作物种植户的农药过量施用具有显著的负向影响，但是培训效果因种植户基本特征而异。基于我国山东邹城 300 个花生种植户调查数据，周力等（2020）采用空间计量经济模型分析了技术培训以及同伴效应对农户农药施用的影响，结果表明技术培训可以通过重要的同伴效应鼓励农户减少农药施用量、调整农药施用结构以及增加低毒低残留农药施用量。杨钰蓉等（2021）实证研究了绿色技术培训对农户绿色生产行为的影响，结果发现绿色技术培训对农户的生物农药施用行为具有正向促进作用。针对国外农业生产的研究也表明农技推广和培训对农药施用具有显著影响。其中，纳肯罗和阿黛斯娜（2000）的研究认为，农技推广服务显著影响了喀麦隆农户的农药施用。施奈因纳马凯尔等（2016）采用 94 个参加培训农户和 151 个未参加培训农户的调查数据、倾向得分匹配和逆概率加权方法定量研究了孟加拉国西南部技术培训对小农户反季节番茄生产过程中农药施用的影响，结果表明技术培训使得农户的农药施用量显著增加了 56%，从而增加了农药暴露引起的健康风险。伽罗等（2017）的研究认为，参加病虫害综合治理培训、农药安全施用和处理培训以及推广支持的可及性会降低科威特农药过量施用的概率。坦博等（2021）利用 1 474 个卢旺达和赞比亚农户的调查数据考察了植物诊所这一创新型推广模式对于农药施用的影响，结果表明植物诊所参与者具有较高农药施用倾向，但是并没有高强度施用农药。

（2）生物技术采用。以转基因技术为主要代表的生物技术是重要的现代农业技术创新，其对农药施用的影响得到了国内外学者的广泛关注。针对我国的研究发现，转基因抗虫棉和抗虫水稻生产中，农户的农药施用量显著低于非转基因棉花和水稻（黄季焜等，2002；2003；2005；2008；2015）。范存会等（2002）通过对我国主要棉花生产省 1999～2001 年 1 055 个棉农的调查认为，种植转基因抗虫棉比种植非转基因棉使得每公顷农药施用量平均减少 35 千克。黄季焜等（2003）基于 2000 年华北农户的调查数据考察了我国转基因农作物减少农药施用的程度，研究结果表明转基因抗虫棉显著降低了农药施用频次、施用量和农药支出。乔方彬等（2017）基于 1999～2012 年我国七轮调查的面板数据的实证研究发现，防治棉铃虫的农药施用并没有随着时间增加，表明由于大量天然庇护所的存在，棉铃虫的抗药性仍然不是一个主要问题。乔方彬等（2017）进一步指出，转基因抗虫棉种植不仅促使农药施用量均值下降，而且促使农药施用量标准差的下降。类似地，针对国外主要转基因农作物种植国家的研究也认为，生物技术采用有助于显著减少农药施用量（卡伊姆和德·杨弗利，2005；霍夫斯等，2006；库泽和卡伊姆，2014；阿卜杜拉等，2015）。例如，卡伊姆和德·杨弗利（2005）基于农场调查数据分析了阿根廷转基因抗虫棉种植对农药施用的影响，结果发现转基因技术使得农药施用量减少了50%。卡塔内奥等（2006）基于美国亚利桑那州的实证研究表明转基因抗虫棉种植减少了杀虫剂施用量，但是转基因抗虫棉种植和抗除草剂棉花并没有影响杀虫剂施用量。库泽和卡伊姆（2014）采用农户调查数据和损失控制框架分析了巴基斯坦转基因抗虫棉对农药施用的影响，转基因抗虫棉可以显著降低农药施用量及其相关的负外部性。阿卜杜拉等（2015）采用农户调查数据和双异方差随机前沿生产函数框架分析了巴基斯坦转基因抗虫棉对环境效率的影响，转基因抗虫棉种植户的农药施用量更低，从而其环境负面影响更低。佩里等（2016）基于1998~2011年美国玉米和大豆种植户地块层面数据的研究发现，转基因抗草甘膦大豆种植户比非种植户的除草剂施用量多28%，而转基因抗草甘膦玉米种植户比非种植户的除草剂施用量少1.2%；同时，转基因抗虫玉米种植户比非种植户的杀虫剂施用量少11.2%。

（3）数字技术和互联网采用。随着近年来数字技术的不断发展，越来越多的农户开始采用数字技术或互联网获取农药施用技术信息，从而引致对数字技术和互联网采用对农药施用影响的研究。例如，赵秋倩等（2021）采用我国山东和陕西670个蔬菜种植户的调查数据分析了互联网使用对农药施用的影响，认为浅层次和深层次互联网使用会直接显著促进农药减量，而信息获取能力、绿色生产意识和电商销售能力在深层次互联网使用对农药施用的影响中具有显著的正向中介作用，而在浅层次互联网使用对农药施用的影响中，只有绿色生产意识具有显著中介作用。桑贤策和罗小锋（2021）基于湖北和河南两省764户水稻和小麦种植户的实地调查数据，运用内生转换概率模型评估了新媒体在农技推广中的应用对农户生物农药采纳行为的影响效应，发现如果使用新媒体的农户未使用新媒体，其生物农药采纳概率将下降26.5%，而未使用新媒体的农户若使用新媒体，其生物农药采纳概率将提高32.9%。马旺林和郑宏运（2022）采用我国551个小麦种植户调查数据和工具变量分位数回归方法研究了智能手机使用对农药支出的异质性影响，结果发现智能手机使用使得20分位点上的农药支出显著增加了33%，但是在60分位点和80分位点上，智能手机使用使得农药支出显著减少了 36% ~ 39%。

（4）农业社会化服务。近年来，农业社会化服务组织、专业合作社等在提供技术服务方面作用愈加重要，其对农药施用行为的影响研究不断得到报道（孔祥智等，2009）。研究表明，参与苹果专业合作社会引导果农减少农药施用量（蔡荣和韩洪云，2012），但参加蔬菜专业合作社对菜农农药施用的影响不明显，甚至对农药施用有正向激励（王常伟和顾海英，2013）。此外，蔡荣等（2019）利用全国家庭农场监测数据估计了加入合作社对家庭农场农药减量施用概率的平均处理效应，结果表明加入合作社对家庭农场选择环境友好型生产方式能够起到积极效果，与不加入合作社相比，加入合作社能够使家庭农场农药减量施用概率提高 43.7%。秦诗乐和吕新业（2020）认为，稻农选择非专业外包防治显著增加农药过量施用概率，与质量型收购商交易有助于抑制农药过量施用行为，而合作社不会对稻农的农药过量施用行为产生显著影响。杜三峡等（2021）认为农业社会化服务对稻农生物农药技术采纳行为具有显著的正向作用，且能有效缓解风险感知对稻农生物农药技术采纳行为的抑制作用。潘丹等（2021）发现，农药零售店和同伴农户则使得农户的农药支出分别显著减少 18.5% 和 10.1%。孙生阳等（2021）以江苏、浙江、贵州、广东和湖北水稻生产为例分析了技术信息来源对水稻农户过量和不足施用农药行为的影响，结果表明农药零售店提供的技术信息虽然对过量施用农药的概率没有显著影响，但却使农药过量施用程度显著地提高了 16.9%。闫阿倩等（2021）认为，参与社会化服务显著促进了农户的农药减量行为，表现为参与社会化服务程度每提高一个单位，农户农药减量程度提高 11.09%。郑纪刚和张日新（2022）实证检验了外包服务对农户农药过量施用行为的影响，结果指出农药施用环节外包能够显著减少农药过量施用的概率，但通过对比发现，非专业外包服务对减少农药过量施用的效果不显著，只有购买专业外包服务才能够显著降低过量施用农药的概率。部分针对国外农业生产的研究也验证了农业社会化服务和农药施用的紧密关系。其中，伽罗等（2017）针对科威特蔬菜种植户的研究发现，农药零售商的影响会提高农药过量施用的概率。艾达（2018）研究了菲律宾农户农药施用的邻里效应，结果表明农药尤其是除草剂施用具有空间相关性，意味着菲律宾农户在施用农药时会参考其邻居农户的农药施用行为而不是直接对病虫害爆发程度进行响应。

2.3.3 经济因素

农药施用本质上是农户的经济行为，因此考察经济因素对农药施用的影响是国内外学者的研究重点之一。从宏观视角看，杜江和刘渝（2009）基于1997～2005 年我国省级面板数据的研究表明，人均农业总产值与农药投入之间存在倒"U"形曲线关系，城市化水平提高会促使农药投入减少，而收入差距扩大会导致农药投入增加。沈能和王艳（2016）采用空间面板模型考察了我国农业环境库兹涅茨曲线特征，发现农业环境库兹涅茨曲线在中国基本得到支持，但不同区域的库兹涅茨曲线转折点和所处阶段各异。张超等（2019）基于 1995～2016 年我国省级面板数据的分析发现，城乡收入差距对农药施用强度具有显著的正向影响，而农村居民人均收入增长有助于减弱这一正向影响。祝伟等（2022）利用河南省 106 个县 2000～2018 年的面板数据考察了城镇化对农药施用强度的影响，结果表明城镇化对农药施用强度均具有显著负向影响。从微观视角看，较高的农药价格会形成较高的农药施用成本，农户为了降低农业生产成本会减少农药施用量（黄季焜等，2008；侯玲玲等，2012；米建伟等，2012；陈瑞剑等，2013；刘美辰和黄季焜，2013；王常伟和顾海英，2013）。此外，赵莉等（2018）对于我国江苏、山东和安徽的蔬菜种植户的调查发现，市场激励显著影响了农户的农药施用频次。杨曼莎等（2019）对我国山东省农户的调查数据发现，市场因素对农户的农药施用具有显著影响。黄炎忠等（2020）指出，市场信任对农户施用生物农药行为具有显著的促进作用，而市场约束制度对农户施用生物农药的影响更显著，且市场激励与约束制度能有效弥补农户市场信任不足。罗小锋等（2020）发现，激励性市场规制对稻农生物农药施用行为有促进作用。杨钰蓉等（2021）的研究指出，绿色生产补贴对农户生物农药施用行为具有显著正向促进作用，而且绿色生产补贴及其交互项对农户生物农药施用行为的影响均显著为正。

国外部分学者也研究了经济因素对农药施用的影响。例如，拉赫曼（2003）对孟加拉国水稻种植户的研究表明，农药价格与农药施用量负相关，但是化肥价格与农药施用量正相关。贝尔特兰等（2013）对菲律宾稻农的研究表明，除草剂价格越高，除草剂施用量越低。拜拉莫格鲁和查基尔

（2016）对 2006～2009 年法国农场的数据分析表明，油菜价格上涨对农业化学品投入需求具有显著正向影响。莫宁等（2020）分析了法国和瑞士农作物保险和农药施用的关系，结果表明农作物保险和欧洲国家农药施用之间存在显著的正向关系，如果没有农作物保险，农药支出将降低 6%～11%。

2.3.4　制度和政策因素

从制度和政策视角探究农药施用的决定因素也是学者们热衷的一个研究领域。其中，李世杰等（2013）以对海南省冬季瓜菜种植户的调查发现，农药补贴对农户安全农产品生产用药意愿具有重要影响，农户获得农药补贴以后会具有更强的安全农产品生产用药意愿。王常伟和顾海英（2013）的研究表明，蔬菜售前农药残留检测也可有效规范农户农药施用行为。庄天慧等（2021）分析了农业补贴对农户农药施用行为的影响，发现农业补贴对农药施用行为有抑制效应，且在不同种植类型的农户之间具有异质性，对粮食作物具有抑制作用，对于经济作物具有促进作用。黄祖辉等（2016）基于全国986 个农户调查数据的结果表明，强令禁止高毒农药、对违反农产品安全生产进行处罚以及对收购的农产品进行检测等命令控制政策对农户是否过量施用农药的行为具有较强的规范效应，但对农户在施药过程中是否阅读标签说明的规范效果不佳。杨曼莎等（2019）对我国山东省农户的农药过量施用决定因素进行了研究，结果表明政府管制对农户的农药施用具有显著影响。郑淋议等（2021）利用中国农村家庭追踪调查数据研究了新一轮农地确权改革对农药施用的影响，结果表明农地确权通过提升地权稳定性、地权安全性和地权完整性，强化了农户层面的耕地生态保护，使得农户每亩农药投入额减少了 12%，农药施用量减少了 143.14 毫升。

国外学者围绕农业政策、土地所有权、税收等制度或政策因素对农药施用的影响开展了实证研究。其中，西尔伯曼和米洛克（1997）认为，当前农药管理体系不能提供减少农药施用的激励，而且抑制农药施用的财政激励实施难度非常大。雪恩霍姆等（1998）研究了菲律宾政府政策是否会产生促使农户采用病虫害综合治理方法的激励或负激励，结果表明直接价格政策主要通过进口关税对农药施用征税，而汇率高估会补贴农药施用。斯凯瓦斯等（2012）评估了四种经济政策对荷兰经济作物农户农药施用的影响，结果表明高农药税和价格惩罚会小幅度减少农药施用，但是差异化农药税不会导致低毒农药对高毒农药的替代且低毒农药补贴不会影响高毒农药施用，而配额的减施效果明显。古德休等（2010）研究了美国加州生物综合果园系统（biologically integrated orchard systems）项目对杏仁生产者有机磷农药低毒替代的影响，结果发现该项目显著减少了有机磷农药施用量。施奈因纳马凯尔等（2012）采用泰国北部地区农地层面数据分析了公共良好农业操作（public good agricultural practice）标准对果菜种植户农药施用的影响，结果表明参加公共良好农业操作标准果菜种植户的农药施用量更低且更倾向于施用更低毒农药。斯凯瓦斯等（2012）评估了农药税、农药环境溢出效应价格处罚、补贴和配额对荷兰农户农药施用的影响，结果表明高农药税和价格处罚仅仅造成农药施用量小幅降低，而根据毒性制定的差异化农药税没有导致低毒农药对高毒农药的替代，低毒农药补贴未能影响高毒农药的施用，而农药配额在减少农药施用量方面更有效。米盖利（2017）分析了湄公河三角洲土地所有权和农药施用的相关性，结果表明随着农户具有所有权的耕地份额增加，农药施用量也会增加。库夫斯和叙贝维尔（2018）分析了参加农业环境计划（agri-environmental schemes）对葡萄种植户农药施用的影响，结果表明参与农业环境计划的葡萄种植户的除草剂施用量比没有参加农业环境计划时降低了38%～53%。

2.3.5　自然和社会环境因素

除了上述四个方面影响农药施用的因素外，部分研究也发现自然和社会环境因素也会影响农药施用。例如，郭丽丽等（2021）利用2014～2018年我国雾霾原始数据和农户调查数据实证分析了雾霾对水稻种植户农药施用的影响，结果表明细颗粒物浓度较高的雾霾会造成农药施用量增加，细颗粒物浓度每增加100%，单位面积农药施用量会增加7.9%且单位面积平均农药成本会增加2.3%。气候变化也是影响农药施用的重要因素。陈吉仲和麦卡尔（2001）考察了当前气候变化对美国单位面积农药成本的影响，结果发现降雨量增加会导致玉米、棉花、土豆、大豆和小麦生产过程中单位面积农药成本增加，而更热的天气会增加玉米、棉花、土豆和大豆生产过程中的农药成本但减少小麦生产过程中的农药成本。德尔古尔等（2015）指出，气温升高和降水量变化是导致主要病虫害发生的主要原因，而气候变化可以通过法律经济状况和技术发展、农作物栽培、病虫害暴发和农药效率等途径影响农药施用。张宇泉等（2018）采用计量经济方法探讨了气候变化对我国农药施用的影响，结果发现气温和降水量提高会增加农药施用量，根据当前的气候变化预测，农药施用量会在 2040 年增加 1.1%～2.5%，在 2070 年增加 2.4%～9.1%，而在 2100 年增加 2.6%～18.3%。在社会环境因素方面，赵秋倩和夏显力（2020）基于山东、陕西两省 624 户蔬菜种植户调查数据考察社会规范对农户农药减量化施用行为的作用机制，结果发现社会规范可以有效促进农户农药减量化施用，发挥提升生态效益、保障食品安全的重要作用，而道德责任感是社会规范与农户农药减量化施用的中介变量，同时社会经济地位在道德责任感作用于农户农药减量化施用过程中发挥调节效应。

2.4　农户的农业信息获取研究

2.4.1　农户的农业信息来源

以往较多文献从不同角度分析了农户的农药技术信息渠道及获取行为。我国政府农技推广体系在 20 世纪 80 年代末之前在向农户提供农药技术信息及其他农业技术信息方面起到了重要作用，尤其是农业病虫害预测预报系统对于指导农户科学合理进行病虫害防治做出了较大贡献（胡瑞法等，2004；黄季焜等，2009）。但是，20 世纪 80 年代末开始的基层农技推广体系商业化改革极大弱化了农技推广体系的服务职能（黄季焜等，2001；胡瑞法等，2009）。到目前为止，"自上而下"的政府农技推广体系已难以满足不同类型农户的技术服务需求（胡瑞法等，2006；2012；黄季焜等，2009）。在政府农技推广服务不断减弱的同时，以农业社会化服务组织、专业合作社、农药零售店等为代表的非政府技术服务组织及新兴技术传播媒介在提供农药技术信息方面发挥了越来越重要的作用（孔祥智等，2009；蔡荣和韩洪云，2012）。农民专业合作社可以缓解土地分散经营对农业规模效益的不利影响，使得农户在互相信任的环境中通过"干中学"、接受集中培训等方式推广农业生产技术（张三峰和杨德才，2010；蔡荣和韩洪云，2012）。

　　总体而言，我国农户的农业信息来源呈现多元化特点。谭英等（2004；2005；2008），的调查结果表明，农户倾向于从电视和报刊等渠道获取信息，但是其最满意的生计科技信息渠道是农村能人、市场、集市等；农户获取农业政策信息的渠道具有明显的多元化特征，主要包括电视、报纸、广播、政府（村委会）、朋友、能人和邻居，但是其中主要的政策信息渠道按重要性依次为电视、报纸、朋友或邻居以及政府等。满明俊和李同昇（2010）对陕甘宁地区农户的不同属性技术采用行为特征和差异进行了调查，结果发现农户了解技术信息的渠道以自发性和分散性方式为主，专业性和组织化技术信息供给渠道只是起到了辅助作用，其中苹果种植户更倾向于通过电视、广播和书报等公共媒介获得技术信息，小麦种植户和节水灌溉农户主要通过熟人推荐了解农业技术信息。李小丽和王绯（2011）的农户调查表明，电视、报纸、网络是湘鄂渝黔边界欠发达地区农户科技信息获取的主要渠道，其中以电视为科技信息最主要获取渠道的农户比例为64.5%，除此以外政府、能人、相关书籍、收音机、信息中介等也发挥了不可代替的作用，而且示范户的模范带头作用也比较重要，更为重要的是超过30%的农户使用互联网获取科技信息。毛飞和孔祥智（2011）对陕西省5个国家级苹果基地县462个农户的调查发现，农户主要从同村住户或亲戚朋友、农户经纪人、苹果中介商以及运销商和加工商等获取苹果销售信息，也积极运用信息媒介获取苹果销售信息，其中51%、14%、13%的农户分别从电视、报纸、电台获取苹果销售信息。郭淑静等（2012）基于对黑龙江、吉林、河南和山东640个农户的调查数据系统分析了我国农户的技术信息来源渠道，结果发现农户了解品种信息最主要渠道包括先种村民推荐、种子销售店宣传和电视广播媒体介绍，分别占农户获取品种信息来源渠道的26%、26%和15%，此外，11%的农户通过农技站或政府宣传了解品种信息；农户获取品种信息来源渠道主要是种子销售店宣传、电视广播媒体介绍和报纸或传单等商业或媒介宣传，先种村民推荐、一般村民推荐和观察他人种植等民间自发交流，以及政府宣传或农技站推荐、村委会推荐或号召等基层农技推广三大类，分别占农户获取品种信息来源渠道的47%、37%和13%。刘威（2013）针对我国9省552个粮农的调查数据发现，16.7%的粮农使用互联网获取市场信息，但是互联网使用比例仍然偏低，其中65.9%使用互联网的农户仅仅是查询网络信息的初级用户。左两军等（2013）通过对广东省 306 个蔬菜种植户的调查发现，农药零售店是目前农户获取农药信息的主要来源，其中 56% 以上的蔬菜种植户认为农药零售店农药提供的信息最有用，认为个人经验最有用的农户比例略高于 29% 且位居第二程度的农户有差异，但是认为政府农技部门提供的农药信息最有用的农户仅占 6% 左右。焦源等（2015）的调查数据显示，对于小农户而言，选择从邻居或亲朋好友获取农业技术比例为 41%，利用广播、电视和网络等大众传播方式获取农业技术的比例分别为 6.1%、7.6% 和 1.5%，依靠个人经验从事农业生产是小农户较常见的技术获取途径，而选择农资零售店、农技站、专业合作社等作为农业技术信息来源的比例分别为 9.8%、16.6% 和 3.8%；相比而言，专业大户的技术获取途径更加科学性和现代化，从农技站获得技术服务信息的比例为 48.9%，通过互联网获取技术信息的比例达到了 1/4 左右，依靠个人经验从事农业生产的比例为 8.7%，而利用农资零售店和合作社获取技术信息农户比例分别为 3.2% 和 2.1%；家庭农场最常见的技术获取途径是农技站和互联网，其比例分别为 40.7% 和 31.4%，选择合作社和农资零售店的比例分别为 11.6% 和 9.3%，通过个人经验和邻居等获取技术信息的比例仅分别为 4.6% 和 2.3%。张贵兰等（2016）基于对河北省南宫市某村 29 个典型农户的调查发现，农户了解农业技术信息的途径更多倾向于大队广播和电视，而通过上网、报纸和亲友聊天获得信息的农户较少，其中 69% 的农户通过大队广播获取信息，58.6% 的农户通过电视获取信息；93.1% 的农户通过种子零售店了解种子信息，20.7% 的农户通过亲朋好友推荐购买种子，无人通过网络和电视广告了解种子；89.7% 的农户通过粮食收购商了解农产品收购价格，20.7% 的农户向亲朋好友打听粮食价格，而通过网络或电视了解收购价格的农户仅占 3.4%。朱红根和姚莉萍（2016）对鄱阳湖区 1 009 个农户的调查结果表明，农户获取湿地生态功能信息的渠道存在差异性，其中报纸电视、亲戚朋友是农户获取湿地生态功能的主要渠道，其次是政府宣传和保护区的宣传，通过技术培训渠道获取湿地生态功能信息的农户不多。胡瑞法和孙艺夺（2018）对全国 7 省 28 个县 2 293 个农户的调查研究发现，农药零售店和政府农技推广部门是农药技术信息的两个主要来源，其中农药零售店在农药施用量推荐方面起到了更大的作用。杨柠泽等（2018）采用中国社会综合调查 2013 年 11 438 个样本的调查数据分析了农户的信息获取问题，发现农村最主要的信息获取媒介是电视，其次为互联网、报纸、广播、杂志以及手机定制消息，总体来看农户更倾向于通过传统媒介而非现代媒介获取信息。

部分研究指出，政府农技推广体系仍然是我国农户最主要的外部信息来源。张蕾等（2009）采用我国13个粮食主产省411个县调查数据对农户技术信息获取渠道进行了研究，农户的技术信息获取渠道主要包括基层公共农技推广组织、农业龙头企业、农资销售部门、农民合作组织、邻里亲朋、科技示范户以及传播媒介等，并指出农户的第一技术信息渠道是个人摸索和经验积累，第二技术信息渠道是亲戚朋友之间的交流与传播，第三技术信息渠道是农资销售部门，第四技术信息渠道是电视录像，第五技术信息渠道是农技员。相比而言，农业协会、农业龙头企业、示范户、书报杂志、互联网、黑板报等技术信息渠道作用有限。桂学文等（2016）基于全国21省市7 674个农户的调查分析认为，农户的信息获取途径明显，主要包括电视、固定电话和手机以及邻居亲戚交流等大众媒介和人际媒介，但是44.1%的农户偏好的信息服务主体是农技推广部门、41.1%的农户偏好的信息服务主体是村干部及科技带头人，而37.3%的农户偏好的信息服务主体是政府行政部门。陈欢等（2017）利用江西省302个水稻种植户的调研数据分析了农户的农药施用技术信息传递渠道问题，结果表明政府宣传与农资零售店是农户获取农药施用技术信息的主要渠道，其次为邻里交流与农业技术培训。黄泽颖等（2019）对甘肃省定西市362个马铃薯种植户进行了调查，结果表明马铃薯种植户获取马铃薯主粮化市场信息的渠道比较多元，其中政府宣传为主要渠道，其次为新闻媒体渠道、村干部、亲邻朋友、其他渠道，而通过企业、合作社或协会获取信息的农户最少。胡瑞法等（2019）基于我国7省2 293个农户的调查发现，尽管农业社会化服务组织向农户提供了技术培训，但是政府农技推广部门仍然是农业技术服务的最大提供者；对于化肥施用和病虫害防治，农户除了最主要依赖个人经验以外，也以农资零售店与企业、政府农技推广部门获得技术信息，而从生产大户、农民合作组织以及网络新媒体等渠道获取技术信息有限。

2.4.2　农户农业信息获取的影响因素

围绕农户的农业信息获取的影响因素，以往文献开展了一些有价值的研究。总体而言，农户农业信息获取的影响因素并不是单一的，而是多元的。韩军辉和李艳军（2005）的研究认为，基层组织的领导以及种子市场多元化发展过程中出现的假种子现象促使农户更信赖政府或村委会的宣传，同时随着年龄增加，农户积极尝试种子新品种的可能性下降，而且农户类型、农户购买种子考虑的因素个数以及农户获取种子信息渠道个数是影响农户新品种采用行为的因素。谭英等（2008）的研究认为，农户的主要市场信息来源为电视、邻居和集市的原因包括农业信息市场发育不完善、信息供给量少、信息传递渠道不足以及市场运行机制不完善，同时也强调了信息获取成本对农户市场信息获取的影响。张蕾等（2009）的研究发现，户主外出务工显著影响其农业技术信息获取渠道的选择，并且会导致农户家庭对农业技术信息获取渠道的选择更为保守。在户主未外出务工时，外出务工的家庭成员增多会促使农户通过个人摸索、农业协会和村干部等方式或渠道获取农业技术信息，但是经营规模扩大会促使农户向农技员、农业协会和农业企业获取农业技术信息。满明俊和李同昇（2010）的研究指出，农户采用新技术行为符合理性小农假设和技术诱导理论，技术属性差异对农户采用新技术的行为具有显著影响，投入成本、家庭经济水平、技术的风险情况是影响农户技术采用决策的主要因素；同时，苹果种植户的新技术采用决策主要受到家庭劳动力数量影响，小麦种植户的新技术采用决策受到他人选择或收益的影响，而节水灌溉农户的新技术采用决策主要受到政府鼓励措施和技术难易程度的影响。李小丽和王绯（2011）的研究表明，农户对新闻媒体信息量丰富、接受信息方式简单、提供信息服务免费等特点有较高认可，而且随着农村经济发展、生活水平的逐步提高，年轻以及受教育程度较高的农户开始使用通过互联网获取科技信息；同时科技文化程度较低的农户获取科技信息的意愿不高，寻求外部信息的主动性不强，导致其不主动利用大众媒体获取科技信息，获取科技信息渠道单一，而科技文化和生产技术水平较高的农户获取科技信息的渠道较多。

　　近年来，随着农户的农业信息来源的增多以及互联网新技术的不断发展和应用，关于农户农业信息获取影响因素的研究得到了一些新发现。毛飞和孔祥智（2011）的研究指出，受教育程度越高的农户越倾向于采用多元化的苹果销售信息获取渠道来减少信息不完全和信息失真造成的损失，而且更愿意通过手机定制市场信息或互联网获取市场信息，种植规模越大的农户倾向于增加销售信息获取来源，而果农协会成员户相对于非成员户更加重视市场信息获取的重要性。刘威（2013）的分析发现，设施设备数量、互联网使用习惯、地区虚变量是显著影响互联网使用行为和应用深度的共同因素，性别、资金借款、种粮总收入、粮价满意程度、议价能力和粮食销售渠道等对互联网使用行为具有显著影响，而种植面积、单位种粮收入和互联网普及状况等对互联网应用深度具有显著影响。张蕾（2013）的研究表明，年龄越大的牧民更加倾向于通过个人经验获取畜牧业技术信息，而31～40岁和41～50岁的牧民更愿意从畜牧业协会、畜牧业技术推广人员以及电视、书籍和报纸等媒体渠道获取技术信息；同时，受教育程度提高使得通过个人经验获取技术的牧民比例下降，经营规模越小使得农户更依赖个人经验、科技示范户和亲戚朋友的信息共享，家庭年收入越高使得牧民的畜牧业技术获取渠道以畜牧业协会和畜牧业技术推广人员为主。焦源等（2015）的分析认为，小规模农户以来个人经验和人际传媒技术获取途径和其本身素质和能力普遍不高、获取技术信息方式单一、空间活动范围有限以及风险规避意识强烈有关；区域农技推广资源分配不均、公益性农技推广机构倾向于指导专业大户、家庭农场等新型经营主体使得农技站成为专业大户获取信息的首选途径，而专业大户对互联网传播技术途径的依赖度较高得益于其知识水平相对较高以及计算机及网络设备购置能力较强。张贵兰等（2016）基于对河北省南宫市某村29个典型农户的调查研究指出，农户获取农业信息的影响因素主要分为外在影响因素和内在影响因素两类，其中外在影响因素包括信息获取的便利性、信息的可靠性，而内在影响因素包括农户个人的认知水平以及偏好。佟大建和黄武（2018）对安徽、湖北、湖南、江苏、江西、四川和浙江477个水稻种植户的调查发现，农户的社会经济地位、户主受教育程度、经营规模、家中有人担任村干部、家中有人认识县农委负责人以及家中有人担任合作社带头人等因素对农户政府农技推广服务获取有显著正向影响。黄泽颖等（2019）的研究认为，农户的受教育程度对其马铃薯主粮化市场信息获取渠道数量有显著正向影响，即受教育程度越高的农户掌握的信息渠道数量越多，而担任村干部、加入产业组织、对马铃薯营养价值和功能了解程度高、所在村网络通信良好也有助于他们从更多渠道获取市场信息。

2.5 农业技术信息传递主体和渠道研究

2.5.1 政府农技推广体系

农技推广是采用培训、指导、咨询、示范和试验等各种方式把农业生产技术向广大农业生产者传播的技术活动的总称。新中国成立后，中国迅速建立了世界上规模最大的政府农技推广体系（胡瑞法和黄季焜，2001）。改革开放之后，我国政府农技推广体系得以较快恢复并得到长足发展。但是，规模巨大的农技推广队伍给地方财政造成了极大压力。伴随市场经济理念不断深入人心，20 世纪 80 年代后期开始政府农技推广体系也开始了商业化改革以减轻地方财政压力（黄季焜等，2009）。2006 年，政府农业技术推广体系的商业化改革结束，农技推广服务组织和人员不再被允许参与经营活动（胡瑞法和孙艺夺，2018；孙生阳等，2018）。从历史角度看，尽管政府农技推广体系的职能因不同阶段改革发生了深刻变化，但是仍然是我国广大农户获取农业生产技术信息的重要来源之一。因此，学者围绕我国政府农技推广体系改革、农技推广模式和机制创新、农技员行为以及政府农技推广的效率和作用等重要问题开展了大量研究。

（1）政府农技推广体系改革。过去 20 年来，诸多学者围绕我国政府农技推广体系改革进行了大量调查和研究。其中，高启杰（2002）利用长期调查数据和资料，从宏观和微观角度对我国农技推广投资的总量、结构、效益和影响情况进行了分析，提出应适当增加政府农技推广投资总量和改善投资结构、完善项目经费投入机制、逐步形成多元化农技推广组织和投融资机制、鼓励和引导农技推广组织兴办实体经济、改进推广方式和完善农业技术市场以及建立国家级农技推广和技术创新协调机构等政策建议。李艳军（2004）也针对我国政府农技推广效率不高提出引入市场机制，推动政府农技推广国家投资与市场化营运有效对接。王甲云和陈诗波（2013）指出，湖北省"以钱养事"的基层农技推广体系改革符合农技推广服务体系多元化改革的方向，同时提出应该理顺政府与乡镇农技推广服务中心之间的关系，建立良性发展机制。但是，部分学者通过调查研究认为政府农技推广体系商业化改革的效果不佳。例如，胡瑞法等（2004）通过对全国 1 245 位政府农业技术推广人员的调查发现，政府农技推广体系存在投资不足、体制不合理、推广方式落后、知识断层与老化等问题。胡瑞法等（2009）基于调查数据的计量经济分析发现，政府农技推广体系商业化改革显著减少了农技员下乡开展技术推广服务的时间。对于 2006 年后去商业化改革，胡瑞法和孙艺夺（2018）、孙生阳等（2018）对全国 7 省 28 县政府农技推广体系的调查发现，去商业化改革显著提高了推广单位经费收入、增加了农技员下乡服务时间以及解决了农技员知识老化和人才断层问题，但是政府农技推广行政化、公共信息服务能力弱化、激励机制丧失等问题仍有待解决。对于农技推广体系改革的障碍和关键因素，贾晋（2009）认为科学的激励机制设计是提高政府农技推广体系运转效率的关键，而政策优化的关键是要提高基层农技推广组织的激励水平。陈义媛（2021）从技术政治角度进一步讨论了我国政府农技推广体系变迁的内在逻辑，指出商业化改革使得农业技术从无偿服务向有偿服务转变，从而使得政府农技推广服务出现"去技术化"特点。

（2）农技推广模式和机制创新。经过几十年的持续发展，我国农技推广模式从单一化逐渐走向多元化，而农技推广体系的管理机制也不断创新。胡瑞法等（2006）设计了以农户需求为基础的新型农技推广模式和机制，并在四川省彭州市和内蒙古武川县进行了农户需求型技术推广"责任人"制度机制改革试点示范。胡瑞法等（2012）基于 2005～2007 年试验数据的实证研究表明，基于农户需求的包容性农技推广服务可以显著促进农户获取农业技术信息以及采用新技术。何得桂（2013）提出创新农技推广模式是提升政府农技推广服务能力的关键举措。汪发元和刘在洲（2015）提出由政府农技推广体系、社会力量组成的营利性农技推广组织、农业高等院校和科研院所推广机构组成的多元化农技推广体系，其中不同农技推广参与主体需要明确分工。王宇和左停（2015）对我国政府农技推广体系职能弱化问题进行了研究，结果表明政府农技推广体系职能弱化与产业转型密切相关，原有的技术推广体系难以适应新形势下的运行规则。刘新智和李奕（2016）则认为，政府购买农技推广服务可以有效满足农户的多元化需求，同时可以缓解农技推广服务的财政资金不足问题。陈俊红等（2019）进一步指出，我国农技推广模式和机制不断创新，主要形成了政府主导组织再造、社会化组织有偿服务、政府

购买服务、农科教推协同推广四种模式。对于农技推广服务评价，王建明等
（2011）从农户的视角评价了政府农技员的技术推广行为，建立了技术指导
次数、指导时期、指导内容、指导方法、指导态度和指导技能六方面评价框
架。刁留彦（2013）进一步指出，考核机制是我国政府农技推广体系的重要
内容，通过完善考核机制充分调动技术推广人员积极性是政府农技推广体系
的关键。李俏和李久维（2015）指出，农村意见领袖分别以技术示范、社会
服务、组织引导、人格担保等方式在农技推广过程中扮演了十分重要的角色。
袁伟民和陶佩君（2017）认为，农业技术的公共物品属性及外部性决定了农
技推广服务不宜有偿购买，而农技推广层级部门间缺乏互动、职能模糊不清、
机构设置不合理等弱化了我国农技推广的有效性。

　　（3）农技员行为。农技员是提供农技推广服务的主要执行者，因此决定
了农技推广服务的有效性。学者围绕农技员的行为开展了比较深入的研究。
胡瑞法等（2004）基于全国 1 245 位农技员的调查数据研究了农技员下乡提
供技术推广服务行为的影响因素，结果表明推广经费、事业单位性质、乡镇
农技推广单位的管理方式显著影响农技员的技术服务推广行为，而农技推广
单位改革未能充分调动农技员的积极性，而且农技推广体系的人才断层和知
识老化也不利于农技推广服务。智华勇等（2007）采用计量经济模型的实证
研究发现，我国基层政府农技推广体系难以发挥公益性技术推广服务职能，
而促进基层政府农技推广体系的管理体制改革可以提高农技推广的政府投入
及其效果。李冬梅等（2009）采用四川省 238 个农户的调查数据分析了农技
推广人员推广效率的影响因素，结果表明种植规模、工作态度以及对农户指
导次数对农技推广人员的推广效率具有显著影响。张蕾等（2010）从农作物
产量、知识技能提高以及推广服务满意度三个层面建立了农技员的绩效考核
体系，同时发现基层农技员行为综合得分对于农户水稻产量增加、种稻知识
技能提高以及农技服务满意度评价都具有显著正向影响。申红芳等（2010）
对水稻科技入户示范县基层农技员的研究表明，收入水平低是影响农技推广
绩效的主要因素。申红芳等（2012）进一步指出，农技员对竞争性指标的评
价较低，而对非竞争性指标的评价较高，同时农技员编制、三权管理对管理
机制满意度评价具有显著影响。申红芳等（2012）也认为，科技入户示范县
已经建立农技员的考核激励机制，这对于农技员的行为和绩效具有显著影响。
高启杰和董杲（2016）考察了基层农技员的组织公平感知、主观幸福感对其

组织公民行为的影响，结果表明基层农技员的组织公平感知和主观幸福感对于其组织公民行为具有显著正向影响，而且主观幸福感具有完全中介作用。邓泰安等（2018）研究了分类管理后政府农技员工作积极性的影响因素，结果发现从事农技推广服务年限、单位所在地、待遇满意度、推广机构管理机制、农户评价等因素对其工作积极性具有显著影响。

（4）政府农技推广的效率和作用。评价政府农技推广的效率及其对于农户行为和农业生产的影响具有重要意义。罗华伟等（2012）的实证研究发现，乡镇政府农技推广组织的资源配置效率不高，农业地位、户均耕地面积、农技推广人员满意度、项目费用对于资源配置效率具有正向影响，而人均事业费、农技员工作年限对资源配置效率具有显著负向影响。焦源等（2013）测度了 2012 年我国沿海地区农技推广的生产效率，结果表明当时我国沿海地区农技推广效率尤其是规模效率偏低。佟大建等（2018）基于 994 个水稻种植户调查数据采用倾向得分匹配法考察了基层政府农技推广对农户农业技术采纳的影响，结果表明基层政府农技推广一定程度上提升了农户的技术采纳水平，而且具有一定溢出效应，但是不同经营规模的农户受益程度不同；同时，基层政府农技推广显著提升了示范户测土配方施肥、秸秆还田和病虫害绿色防治技术的采纳水平。陈实等（2019）采用 1996～2014 年湖北省地市级面板数据和空间杜宾模型实证考察了农技推广率、农业机械化对水稻生产的影响，结果显示农技推广率和农业机械化对水稻生产的影响经历了从不显著到显著的变化。刘可等（2020）利用湖北省和江苏省 605 份农户调查数据研究了邻里效应与农技推广对农户稻虾共养技术采纳的影响，结果表明邻里观察性学习和交流感受、农资企业提供的经营性技术推广显著促进农户采纳稻虾共养技术，同时邻里观察性学习、社会规范和农技推广存在一定程度的替代效应，而邻里交流感受和农技推广存在一定程度的替代与互补效应。朱英等（2021）认为"能人效应"是示范效应、公益效应、信息共享效应与磁化效应在农技推广过程中的综合体现。

2.5.2　农业社会化服务体系

我国农业生产以小农户为主，生产标准化水平偏低，产品交易成本较高，同时抵御市场风险和自然风险能力较弱，综合表现为小农户和大市场之间的矛盾突出。随着农村劳动力不断向城镇部门转移，农业劳动力面临老龄化和空心化问题。基于上述两个方面的背景，农业社会化服务成为应对农业劳动力老龄化和空心化、推动我国新型农业经营主体培育、实现农业适度规模经营的必然要求。农业社会化服务是指社会上各类服务组织为农业生产提供的产前、产中、产后各个环节的综合配套服务，主要包括物资供应、生产服务、技术服务、信息服务、金融服务、保险服务，以及农产品包装、运输、加工、贮藏、销售等内容（孔祥智等，2009；高强和孔祥智，2013；仝志辉和侯宏伟，2015）。从构成主体看，农业社会化服务体系主要以公共服务机构为依托、合作经济组织为基础、龙头企业为骨干、其他社会力量为补充，主要特点是公益性服务和经营性服务相结合、专项服务和综合服务相协调。从农业实践角度看，农资零售店和农业合作组织在农业社会化技术服务体系中的重要性日益加强。本书主要回顾了农资零售店和农业合作组织的农业生产技术信息提供问题研究文献。

（1）农资零售店是农户的重要技术信息的重要来源。牛桂芹（2014）指出，在我国农村发展转型期，农资零售店在农村科技传播过程中具有日益重要的补充作用，反映了农村科技传播模式发展新趋向。杨普云等（2008）研究了农民田间学校和课堂讲座培训对我国云南菜农的病虫害防治技术知识的影响，通过比较发现，大多数农户依赖农药零售店的农药施用建议从事病虫害防治管理。张蕾等（2009）研究农户的农业技术信息获取及需求状况指出，农户对生产技术信息的需求侧重于病虫害防治技术，并且农药销售部门是农户的农业技术信息主要提供者。杨晓梅等（2014）评估了不同地区人们对农药施用风险的认知并分析相关影响因素，表明农药零售店的农药施用技术服务影响着农户的农药施用技术行为。大部分的农户采用农药零售店的推荐或建议从事病虫害管理行为决策。张超等（2015）通过对中国的三个省份水稻、棉花、玉米和小麦的农药施用情况的调查数据分析发现，超过1/3的农户从农药零售店获取病虫害防治技术。陈欢等（2017）利用水稻种植户的数据，分析信息传递对农户施用农药行为的影响认为，农药零售店是农户的农药施用技术信息主要来源渠道。农药零售店是农户的农药产品重要提供者，同时以推荐农药施用的方式向农户提供农药技术信息服务。

（2）信息不对称视角下农药零售店的农药施用技术服务。作为农药市场农药产品的买卖双方，农户和农药零售店对农药施用技术信息的占有不同。

受限于农药施用技术知识的不足，农户拥有较少的农药施用信息，处于农药信息占有劣势地位。张超等（2015）指出，农户受到自身农药施用知识水平限制，缺乏关于病虫害防治技术管理技能。孙生阳等（2019）研究农户在农作物生产中农药施用行为时指出，农户的农药滥用的原因可能是由于农户缺乏足够的病虫害管理知识，而受到外界信息误导。相对而言，农药零售店的农药施用技术水平更高，有大量的农药施用信息，处于农药信息占有优势地位。魏启文等（2013）研究我国农药市场监管的成效问题以及对策认为，考虑到农药信息不对称，农药零售店相比农户拥有足够的农药施用技术知识。张蒙萌和李艳军（2014）从社会网络嵌入的视角分析农户被动信任农药零售店的缘由，并指出农药零售店位于乡村农资网络的中心位置，拥有着大量的农药产品资源以及技术信息。另外，农药零售店向农户提供农药施用技术服务，主要在于获取农药产品利润。农药零售店从事农药产品销售的目的在于获取收入，而其向农户提供的农药施用技术信息实为提供更好的销售服务。巴盖里等（2019）研究苹果农场的农户对农药施用的认知态度及对安全行为的影响认为，农药零售店类同企业组织，追求销售利润是其基本属性。

　　（3）农药零售店的技术信息传递显著影响农户的农药施用。蔡书凯和李靖（2011）基于粮食作物农户的调研数据并采用截尾回归（Tobit）模型分析稻农的农药施用强度及影响，研究指出，农药零售店向农户推荐过多的农药用量以获取农药销售利润。蔡键（2014）分析菜农的调查数据发现，追求销售利润是影响农药零售店向农户提供外部农药施用信息失灵的重要原因。阿拉姆和沃尔夫（2016）分析了孟加拉国供给侧和需求侧农药管制对健康技术采用和健康产出的影响，发现农药零售店的信息提高了农户的口罩和手套等防护工具的采用率，并进一步改善了农户的健康水平。伽罗等（2017）研究农户农药施用的风险行为及影响因素表明，农药零售店出于经济利润的考虑可能推荐农户过多地施用农药量。因此，农药零售店向农户提供的技术信息服务，误导了农户的农业生产行为。农药零售店之所以向农户提供误导信息，一方面由于追求利润最大化。蔡键和左两军（2018）基于广东省126个农药零售店访谈数据实证分析了组织特性和市场份额对零售店农药安全认知的影响效应，结果发现农药零售店的农药安全认知程度普遍偏低，而组织特性和市场份额是影响农药零售店农药安全认知的主要因素，同时农药零售店的农药安全认知程度也与经营年限、工作人员数、覆盖村落数、覆盖土地面积、大中客户数和年销售额等因素相关；在所调查的农药零售店中，仅有不到8%的零售店可以全部正确判断出一份禁用农药单的 16 种农药名称。李忠鞠等（2021）基于全国 7 省 293 个化肥农药零售店和 2 293 个农户的调查数据分析了化肥农药零售店的技术服务提供现状，结果表明化肥农药零售店是农户获取化肥农药施用量技术信息的第二大来源，但是相比于其他技术信息来源，化肥农药零售店提供的技术信息显著提高了农户的化肥农药施用量。李忠鞠等（2022）基于我国 242 个农药零售店的调查数据分析了农药零售店的信息提供行为以及政府监管对其信息提供行为的影响，结果表明在 75.6% 的防治观测中农药零售店提供给农户的农药种类选择信息是正确的，但是在57.2% 的防治观测中农药零售店提供的农药施用量超过了科学推荐量的上限，计量经济估计结果发现较高强度的政府监管可以有效地提高农药零售店正确推荐农药种类的概率以及不过量推荐农药施用量的概率。

（4）农业合作社在技术信息提供方面发挥重要作用。胡瑞法和孙艺夺（2018）通过对全国 7 省 28 县的随机抽样调查，研究农户接受农业技术培训情况表明，农民合作组织在为农户提供农业技术服务方面发挥了一定的作用。农业合作社向农户提供的技术信息服务是农户对农业技术服务需求的结果。熊鹰（2020）基于成都 176 个农户的数据调查，并分析农户对农业的社会化服务需求指出，一部分农户获取技术信息服务的渠道来自农业合作组织。由此表明，农业合作社是农户的农业技术信息外在来源之一。金书秦等（2015）研究棉农的信息、信任以及农药过度施用指出，农业合作社拥有信息提供优势，农户可以从合作社成员得到准确的农药施用技术信息。扎贾利等（2014）研究农户的农药施用实践决定因素认为，农业合作社是向农户传播信息和沟通交流的有效方式。因此，农业合作社是农业社会化服务组织技术推广的重要组成部分，是农户农业技术信息传递的重要组织形式。

（5）农业合作社是农户合作生产共同经营的组织，反映了农户联合起来进入市场的客观要求和愿望。苑鹏（2001）在研究中国农村市场化进程中的农民合作组织指出，农民合作组织是在市场经济运行下的产物，是处于竞争劣势地位的弱小生产者在自愿互助的基础上组织起来共同经营以改善自己经济地位的组织。王曙光（2010）基于契约—产权的视角分析中国农民合作组织历史演进指出，农民合作组织是农户提高生产集约化和组织化、提升生产的规模和边际收益以及共同抵御农业系统性风险的重要载体。因此，农业合作社是农户有组织、有管理的经济合作组织形式。研究发现，农业合作社的技术信息服务影响着农户的技术信息需求。郑义等（2012）分析农业合作社参与农技推广的优势认为，农业合作社有利于提高农业生产规模化、组织化的程度，并且农业合作社参与农技推广能够节约交易成本，提高农户理性决策能力。夏蓓和蒋乃华（2016）利用逻辑斯蒂模型分析种粮大户对不同种类的农业社会化服务需求意愿与因素发现，农业决策者参加农业合作社能够显著地正向影响种粮大户对农业技术信息服务的需求。然而，也有研究指出，农业合作社提供的农业技术信息作用有限，对于农技推广服务的作用影响不大。胡瑞法等（2019）研究了不同的社会化服务组织给农户提供的农业技术信息服务，同时指出农民合作组织在农技推广服务方面的作用依然有限。

（6）农户参与合作社的意愿和满意度。郑适等（2012）基于调查数据实证分析了农户参加合作社的决定因素，结果发现农户的受教育程度、风险认知、经营规模、交易成本、地理位置以及农作物类型都是影响农户的合作社认知和参与行为的重要因素。林乐芬和顾庆康（2017）考察了农民专业合作社对农地经营权抵押贷款潜在需求的影响因素，结果发现农民专业合作社对农地经营权抵押贷款的潜在需求受到年龄、受教育程度、固定资产规模、年贷款申请次数、贷款满足率、银行是否提供针对性金融产品、是否享有政策性农业保险、是否享有贴息贷款以及地区等因素的显著影响。张强强等（2017）基于山东、陕西、甘肃果农专业合作社社员的调查数据考察了社员对合作社的技术服务预期、技术服务感知质量、农技服务感知价值等因素对合作社农技服务社员满意度的影响，结果表明技术服务感知价值和技术服务预期对社员满意度具有显著正向影响，而技术服务感知质量具有负向影响。张兰等（2020）考察了农地股份合作社决策机制、激励机制和监督机制对社员收入和满意度的影响，实证分析结果发现社员参与决策、政府扶持、"保底租金＋二次分红"、有效的监事会及财务公开制度的收益分配方式都可以促进增收和提高满意度。顾庆康和林乐芬（2021）基于728户非合作社农户调查数据分析了信息传递、家庭养老保险对非合作社农户入股决策的作用，结果表明家庭养老保险参与、政策信息、合作社成员评价信息传递对非合作社农户入股决策具有显著正向调节作用。王志章和杨志红（2021）研究了劳动力非农就业对农户参与合作社的影响机制，结果认为农户非农就业通过提升农户家庭收入、减少政治参与显著降低了参与合作社的概率。

（7）农业合作社参与农超对接问题。赵佳佳等（2014）基于浙江和河北120 个参与农超对接的农民专业合作社的调查数据分析了农超对接组织效率的影响因素，结果表明参与主体的合作意向、合作能力以及合作的程度对农超对接组织效率具有显著正向影响。郭锦墉和徐磊（2016）采用江西省 242 个农民合作社的调查数据实证考察了农民合作社农超对接参与的影响因素，结果表明产品属性、超市市场支配能力、冷链物流支出、政府相关支持政策、当地经济水平、合作社能力对农民合作社农超对接参与意愿和程度具有显著影响，而理事长企业家精神仅对合作社农超对接参与意愿具有显著影响。张明月等（2017）基于 15 省 580 家合作社的调查数据分析了合作社参与农超对接的满意度及其影响因素，结果发现合作社参与农超对接的满意度总体较高，同时满意度受成员收入、价格优势、销售渠道、标准化程度等因素影响。郭锦墉等（2019）采用参与农超对接的 195 家合作社数据实证分析了政府补贴、生产能力对合作社农超对接存续时间的影响，结果表明政府补贴对合作社农超对接存续时间的影响呈现显著的倒"U"形特点，生产能力对合作社农超对接存续时间具有显著正向影响，而政府补贴与合作社农超对接存续时间存在一定的中介作用。周水平和徐新峰（2019）基于江西省合作社的调研数据分析了合作社禀赋对农超对接参与的影响，结果表明社员文化程度提高、合作社注册资金增加、拥有一村一品特色农产品、合作社供货规模等因素显著提升合作社参与农超对接的意愿和程度，而合作社市场开拓能力会降低农超对接的参与意愿和程度。

（8）农业合作社的技术信息传递影响农户的农药施用量。王建华等（2014）采用倾向得分匹配法衡量农户的农药施用知识技能对农产品安全生产的影响表明，农业合作组织的农药施用技能与知识培训对于减少农户农药施用量具有正向影响效果。蔡荣和韩洪云（2012）基于山东苹果农户的调查数据，采用赫克曼两步法实证研究了合作社对果农的农药施用行为影响机理，结果表明参与苹果合作社组织可以使农户减少农药的施用约 2 235 元/公顷，这是由于合作社实施农药施用控制及残留检测等激励措施。然而，也有研究结果与此不同。王常伟和顾海英（2013）在研究市场还是政府对农户农药施用量的影响时指出，农业合作社没有抑制农户农药过量施用行为，参加合作社对菜农的农药施用量具有正向影响效果。魏欣和李世平（2012）分析蔬菜农户的农药施用行为及影响因素发现，菜农依靠蔬菜农业合作社推荐的农药施用量的比例仅为9%，并且参加蔬菜农业合作社对农户农药施用行为的影响作用非常微弱。这表明，不同作物种植户组成的农业合作社对农户农药施用量影响不同。爱德堡和海尔（2013）研究了埃塞俄比亚农业合作社对农业技术采用的影响，结果发现参加农业合作社对于化肥农药采用具有显著的正向影响。马旺林和阿卜杜莱（2019）考察了农业合作社对农户采用病虫害综合防治技术的影响，结果发现农业合作社可以显著提高农户采用病虫害综合防治技术概率。

（9）农业合作社对农户的其他经济行为和经济绩效的影响。苏群和陈杰（2014）基于江苏省海安县（现为县级海安市）水稻种植户的调查数据研究了水稻种植户加入合作社的增收效果，结果表明合作社可以显著提高水稻种植户的净收益，而且对大农户的增收效果要高于小农户。刘子铭等（2017）采用江苏苏州和扬州的调查数据以及两步控制函数法考察了参加合作社对非农就业的影响，参加合作社总体上未对户主的非农就业产生显著影响。马旺林和阿卜杜莱（2016；2017）考察了农业合作社的经济效应，基于调查数据的实证分析结果表明参加农业合作社可以显著提高苹果种植户的产量水平、苹果价格、净收益、生产利润、家庭收入和投资回报。郝晶辉等（2018）基于我国陕西和山东625个苹果种植户调查数据考察了参加农业合作社对农户市场渠道选择的影响，实证研究结果表明参加农业合作社可以显著提高农户向批发商出售苹果的概率而降低农户向小型零售店出售苹果的概率。马旺林等（2018）考察了农业合作社对我国苹果生产技术效率的影响，结果表明参加农业合作社农户的平均技术效率高于未参加农业合作社农户的平均技术效率，从而表明参加农业合作社可以显著提高苹果生产技术效率。林斌等（2022）采用2014~2018年的调查数据分析了参加合作社对我国水稻生产率的影响，内生转换回归模型估计结果表明参加合作社对于水稻全要素生产率而且对于全要素生产率增长、技术进步和技术效率增长都均有显著正向影响。马旺林等（2022）基于我国626个香蕉种植户的调查数据考察了参加合作社对香蕉产量的影响，结果表明参加合作社可以提高3%的香蕉单产，减少60%的单产方差和114%的单产偏度。关于技术采用，季晨等（2019）基于我国4个生猪主产省810个养殖户的调查数据研究了生猪养殖户参加合作社的决定因素以及参加合作社对养殖户采用安全生产技术的影响，结果表明参加合作社对养殖户采用安全生产技术的概率具有显著的正向影响。曼达等

（2020）采用双重差分模型识别了赞比亚农户参加合作社的影响因素以及参加合作社对农户采用改进小麦品种、无机肥料和农作物轮作的影响，结果表明参加合作社可以提高技术采用概率 11～24 个百分点。

2.5.3　以互联网为代表的现代通信技术

近年来，以互联网为主要代表的现代通信技术在农户获取农业技术信息方面发挥了越来越大的作用。陈昭玖等（2012）对江西 1 077 个种稻大户的调查发现仅 6.78% 的农户通过互联网获取技术信息，而朱晓柯等（2021）对陕西和山东两省 479 个苹果种植户的研究表明 52.4% 的农户依靠互联网获取土肥管理、病虫害防治、果园管理、花期管理等技术信息。郑宏运等（2021）也得到类似的研究结论。

（1）互联网使用定义和测度。不同研究中使用互联网获取农业技术信息的农户比例存在差异的一个关键原因可能与互联网使用行为的定义和测度有关。归纳起来，国内外现有研究关于农户的互联网使用具有四种不同类型的定义和测度方法。第一类定义把是否拥有智能手机或电脑以及使用智能手机和电脑接入互联网作为农户使用互联网的定义，这也是到目前为止最广泛的定义和测度方法（张宏浩和佳斯特，2009；塔迪斯和巴希古瓦，2015；马旺林等，2018，2020；邓鑫等，2019；侯建昀等，2019；冷晨昕等，2020；马旺林和王晓兵，2020；闵师等，2020；帕拉斯卡等，2020；祝仲坤等，2020；闫迪和郑少锋，2021；郑宏运等，2021）。这一类定义的优点是概念明确、易于测度，缺点是可能存在计量经济学意义上的测量误差，从而加大内生性的概率。客观而言，使用智能手机和电脑连接互联网的农户不一定通过互联网获取农业技术信息而是获取新闻娱乐等与农业生产无关的信息。第二类把农户的互联网定义为其互联网开支或使用强度。例如，郭建鑫等（2017）根据农户使用腾讯即时通信软件（QQ）、微博、微信、电子邮件、网络咨询以及浏览 12396 农技服务网和 12316 三农综合服务信息平台的应用种数构建了一个互联网使用强度变量。刘威（2013）利用农户的互联网使用频率构建了一个互联网深度使用变量。这种测度方法不仅可以判断农户是否使用互联网，而且还可以在一定程度上反映不同农户使用互联网的不同程度。第三类是把互联网使用定义为农户是否参与电商（李晓静等，2020；苏岚岚和孔荣，

2020；李晓康等，2021）。这种定义和测度方法主要是以农户如何使用互联网参与市场为依据。近年来，随着农村电商的蓬勃发展，越来越多的研究从理论和实证角度探讨了农户参与电商的行为特征及其对农业农村发展的影响。总体而言，这种定义目前还不多，且研究指向非常明确。第四类定义把农户是否通过互联网获取农业生产技术信息或参与基于互联网的农技推广模式作为农户使用互联网的定义（肖开红，2012；高杨等，2020；朱晓柯等，2021）。需要说明的是，这种定义和测度方法主要是从农户的农业生产技术获取的视角进行的。相比于第一类定义，这种定义和测度方法更为确切，很大程度上弱化了测量误差。在考察农户互联网使用对农业生产影响时，这种定义和测度方法可较大程度避免由测量误差造成的内生性问题。

（2）互联网使用的影响因素。国内外学者从不同视角考察了农户互联网使用的影响因素，为后续相关实证研究奠定了比较扎实的基础。概括起来，可以把农户互联网使用的影响因素划分为个人特征、家庭特征、农业生产特征、社会网络、认知程度以及环境政策等。在农户个人特征方面，年龄越大互联网使用意愿和概率更低，受教育程度和健康程度对互联网使用具有正向影响，而性别和是否担任村干部对互联网使用的影响存在争议（张宏浩和佳斯特，2009；塔迪斯和巴希古瓦，2015；郭建鑫等，2017；邓鑫等，2019；侯建昀等，2019；高杨等，2020；冷晨昕等，2020；马旺林等，2020；马旺林和王晓兵，2020；闵师等，2020；苏岚岚和孔荣，2020；祝仲坤等，2020；李晓康等，2021；闫迪和郑少锋，2021；郑宏运等，2021；朱晓柯等，2021）。农户的家庭特征也是影响其互联网使用的重要因素。其中，家庭规模越大、家庭人均收入越高、家庭老幼抚养率越低、到县城或市中心距离越短，则农户使用互联网的概率更大（张宏浩和佳斯特，2009；塔迪斯和巴希古瓦，2015；马旺林等，2018，2020；邓鑫等，2019；侯建昀等，2019；高杨等，2020；冷晨昕等，2020；李晓静等，2020；马旺林和王晓兵，2020；闵师等，2020；李晓康等，2021；闫迪和郑少锋，2021；郑宏运等，2021）。从农户的农业生产特征角度看，部分研究认为种植经营越大的农户使用互联网的概率也越大（马旺林等，2018，2020；高杨等，2020；闫迪和郑少锋，2021；朱晓柯等，2021），但是也有研究认为两者之间存在负向关系（李晓静等，2020；冷晨昕等，2020）。此外，农地质量和细碎化程度、农业劳动力数量、是否参加合作社和技术培训等也在一定程度上影响农户的互联网使用（马旺林等，2018，2020；高杨等，2020；冷晨昕等，2020；李晓静等，2020；马旺林和王晓兵，2020；苏岚岚和孔荣，2020）。大量研究表明，农户的社会网络对其互联网使用具有显著的正向影响（马旺林等，2020；马旺林和王晓兵，2020；祝仲坤等，2020；朱晓柯等，2021）。例如，邓鑫等（2019）的研究发现，同伴使用互联网对农户互联网使用行为产生显著正向影响。高杨等（2020）则指出，如果农户和村干部关系比较密切，则使用互联网的概率更大。同时，农户对互联网的认知程度也显著影响其使用行为。例如，郭建鑫等（2017）发现如果农户对互联网正向作用认知较强，则其互联网使用概率更大。高杨等（2020）的研究表明，如果农户认为通过互联网获取农业技术信息更方便、更有用，其互联网使用概率也更大。除了上述因素以外，部分环境和政策因素也可能影响农户的互联网使用。当地互联网普及或推广率高，农户的互联网使用概率更大；而信息化推广对互联网使用的影响有限（郭建鑫等，2017；邓鑫等，2019；侯建昀等，2019；闵师等，2020；闫迪和郑少锋，2021；郑宏运等，2021）。

（3）互联网使用对农户农业生产的影响。部分学者针对发展中国家互联网使用对农户农业生产的影响进行了实证研究。其中，奥古图等（2014）考察了基于现代通信技术的市场信息服务对肯尼亚农户的农业投入和生产率的影响，发现该市场信息服务显著提高了种子、化肥、土地投入以及劳动生产率。阿克尔和克索尔（2016）在尼日尔进行的随机干预试验表明，手机使用显著增加了农户的农作物多样性。凯拉和塔普（2019）利用 2008～2012 年越南农村面板数据的研究认为，互联网接入通过改善化肥施用效率使得越南农业总产出显著提高 6.8%。2018 年以来，国内学者关于互联网使用对农户农业生产影响的研究不断增加。部分学者考察了互联网使用对农业要素投入与管理的影响。侯建昀等（2019）发现使用电脑可以扩大农户耕地转入面积且减少劳动投入强度。邓鑫等（2019）进一步指出互联网使用有助于减少 43.2% 的耕地抛荒，但是该影响在农机使用、外出务工和土地转出等方面存在异质性。张景娜和张雪凯（2020）的分析却发现互联网使用通过非农就业、拓宽信息渠道、增强社会互动等渠道可以提高农户的耕地转出概率。赵秋倩等（2021）的研究表明互联网使用对于中国的蔬菜种植户具有显著的农药减施效应，而农户的信息获取能力、绿色生产意识和电商销售能力起到中介作用。部分学者研究了互联网使用对农户技术采用行为的影响。高杨等

（2020）发现农户使用农技推广方面的微信公众号和第三方应用程序（App）显著改善了农户技术采用水平。马旺林和王晓兵（2020）、李晓静等（2020）以及闫贝贝等（2020）的研究进一步表明，互联网使用可以促进农业采用绿色可持续农业技术和农业实践。也有部分学者研究了互联网使用对农业生产效率的影响。朱秋博等（2019）利用农村固定观察点 2004～2016 年数据的研究表明，互联网和信息化发展通过提高农业技术效率促进了农户的农业全要素生产率。闫迪和郑少锋（2021）、郑宏运等（2021）和朱晓柯等（2021）分别以蔬菜、香蕉和苹果种植户为研究对象，发现互联网使用可以显著提高农户技术效率。

（4）互联网使用对农户市场参与的影响。关于互联网使用对农户市场参与的影响，国内外学者都进行了一些有价值的研究。其中，扎内罗（2012）考察了加纳农户使用手机对市场参与的影响，发现通过手机获取市场信息促进了农户尤其是粮食种植户的市场参与。岛本等（2015）的研究表明使用手机有助于柬埔寨农户通过改善市场信息渠道来提高水稻销售价格。塔迪斯和巴希古瓦（2015）则认为手机有利于埃塞俄比亚农户进行营销决策和提高农产品销售价格。对于中国而言，侯建昀等（2019）发现，使用电脑可以显著减少西北农户在农贸市场销售农产品的概率，而马旺林等（2020）则进一步指出，互联网使得农户采用电商意愿的提高了 20%。

（5）互联网使用对农户福利的影响。关于互联网使用对农户福利方面影响的研究主要集中在收入和消费两个方面进行的。总体而言，现有研究比较一致的结论是互联网使用有助于农户提高家庭收入水平（张宏浩和佳斯特，2009；马旺林等，2018；周晓丽等，2020）、调整家庭收入结构（胡伦和陆迁，2019；冷晨昕等，2020；李晓康等，2021），而降低信息成本、拓展市场参与、提升人力资本、劳动替代、创业和非农就业等是主要的中介变量（胡伦和陆迁，2019；李晓康等，2021；周晓丽等，2020）。更为重要的是，互联网使用对农户收入的影响在不同地区、不同农户特征方面具有异质性，到底会导致"信息红利"还是"信息鸿沟"仍有争议（胡伦和陆迁，2019；冷晨昕等，2020；李晓康等，2021；马旺林和王晓兵，2020）。互联网使用改善农户福利的另一重要途径是影响农户的消费行为，这种影响不仅体现在消费水平提升上，也体现在消费结构优化上。侯建昀等（2019）的研究发现使用电脑可以刺激农户在交通、服装、住房和保险等方面的人均消费水平。张永丽和徐腊梅（2019）则认为，互联网使用降低了农户教育成本从而增加了教育支出，且对贫困户消费提升的促进作用大于非贫困户。祝仲坤（2020）发现，掌握互联网技能可以显著提高农户的平均消费倾向和文娱消费倾向，降低恩格尔系数。

（6）互联网使用对非农就业和创业的影响。部分学者把互联网使用对非农就业的影响作为研究主题。例如，马俊龙和宁光杰（2017）的研究表明，互联网使用可以通过提高农户的社会资本、减少家庭劳动时间的方式提高其非农就业概率，而且对高学历人群的影响大于低学历人群。近两年的研究也得到了类似结论。其中，宋林和何洋（2020）指出，互联网使用总体促进了农村壮年劳动力的非农就业，且对女性非农就业的促进作用更明显。朱红根和宋成校（2020）的研究表明，互联网使用降低了家庭农场的务农人数比重，从而提高了劳动力的非农就业概率。张卫东等（2021）发现互联网使用通过降低信息费用、提高人力资本水平、改善市场的性别偏好使得我国农村劳动力非农就业的概率提高了12%左右，但是对东中部、大学学历以下和家庭经济水平较高的人群非农就业概率的提升作用更大。苏岚岚和孔荣（2020）基于陕西、宁夏和山东831个创业农户的调查研究认为，参与互联网采购和销售提高了创业农户的创业业绩，如果创业农户不参与互联网采购和销售其创业业绩分别下降12.8%和4.5%，而未参与互联网采购和销售的农户如果参与互联网采购和销售其创业业绩将分别提高44.2%和14.2%。闵师等（2020）的研究进一步指出，以智能手机为代表的现代通信技术显著促进农村劳动力非农就业、扩大粮食种植规模以及降低农作物多样性，从而推动了农村经济转型。

第 **3** 章

宏微观视角下农药施用现状

本章从宏观和微观视角分析我国农药施用现状。第一，从农药施用时间序列特征、主要农作物农药施用比较、不同区域农药施用比较等方面梳理了宏观视角下我国农药施用状况。第二，基于 1995～2016 年我国 25 个省（自治区、直辖市）（以下称"省份"）的面板数据，采用全面可行广义最小二乘法模型定量估计了政府农技推广、农作物播种总面积、粮食作物播种面积比例、全年平均气温、全年累计降水量、上一年农产品生产价格指数、农村居民人均可支配收入等因素对我国农药施用总量和强度的影响方向和程度。第三，根据微观调查数据分析了我国农户在不同农作物生产过程中的农药施用特别是杀虫剂、杀菌剂和除草剂等不同类型农药施用现状。

3.1　宏观视角下农药施用变化和比较

3.1.1　农药施用的时间序列特征

农药对于降低农产品产量损失做出了重要贡献。随着农产品需求不断增长，农业生产对于农药的依赖性也呈现出较强的依赖性。我国是世界农业大国，农药施用量长期保持在较高水平。1991～2020 年国家统计局的数据表明，我国农药施用总量总体上呈现出先升高后下降的变化趋势（见图 3 – 1）。①
1991 年，我国农药施用总量约为 76.5 万吨。这也是我国发布农药统计数据
以来的最小值。但是，除了在 2000 年左右出现过小幅度的波动以外，此后
20 多年我国农药施用总量整体呈现非常稳定的增长趋势。需要特别强调的
是，到 2013 年我国农药施用总量达到 180.8 万吨，这也是我国农药施用总量
的峰值。在 1991 ~ 2013 年期间，我国农药施用总量累计增长了 136.2%，年
均增幅为 4% 左右。这一段时期我国农药施用总量增长的驱动因素是多方面
的，其中产量导向型农业政策体系以及政府农技推广体系的商业化改革起到
了十分重要的推动作用。此后，我国农药施用总量开始出现比较稳定的下降
趋势。2020 年，我国农药施用总量下降到 131.3 万吨，基本上回落到 2002 年
的水平。农药的过量施用对生态环境以及农产品质量安全等造成了严重的负
面影响。为了推进农业发展方式的绿色低碳转型，保障生态环境和农产品质
量安全，2015 年农业部（现农业农村部）印发了《到 2020 年农药使用量零
增长行动方案》，旨在有效推动农药减量增效。这也是大力推动我国农药施
用总量持续下降的重要驱动力。

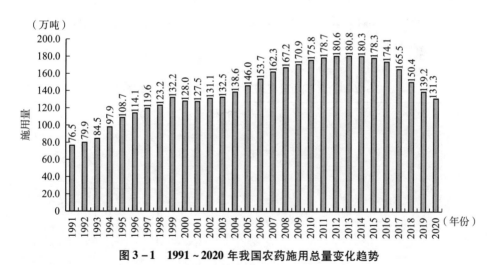

图 3 – 1　1991 ~ 2020 年我国农药施用总量变化趋势

资料来源：1992 ~ 2021 年《中国农村统计年鉴》。

---

①　除特别说明以外，本章中 3.1 和 3.2 部分的宏观层面农药施用量未按有效成分比例折百，
3.3 部分的微观层面农药施用量按有效成分比例折百。

在 1991～2020 年的 30 年期间，我国农药施用总量的变化呈现明显的阶段性特点（见表 3 - 1）。从"八五"时期到"十三五"时期，我国每个阶段的平均农药施用总量从逐步增加到明显下降。"八五"时期平均农药施用总量仅为 89.5 万吨，在此后的"九五""十五""十一五"期间平均农药施用总量依次增加到 123.4 万吨、135.1 万吨和 166.0 万吨。特别需要注意的是，"十二五"期间，我国平均农药施用总量攀升至 179.7 万吨，达到了历史最高水平。在这种背景下，我国在"十二五"末提出了《到 2020 年农药使用量零增长行动方案》。客观而言，这有效地遏制了农药施用总量过快增长的势头，使得"十三五"时期我国平均农药施用总量下降至 152.1 万吨，比"十二五"时期低 27.6 万吨。从增长率的角度看，"八五"时期我国农药施用总量的年均增长率最高，达到了 9.2% 左右。在后续各个时期，我国农药施用总量年均增长率总体下降。其中，从"九五"时期到"十一五"时期，每个阶段的农药施用总量年均增长率保持在 3% 左右。进入"十二五"时期，我国农药施用总量的年均增长率开始由正转负，首次实现了农药施用总量的阶段性负增长。"十三五"时期，我国农药施用总量阶段性负增长趋势得以进一步巩固和加强，年均增长率为 - 6.8%。综上可知，1991～2020 年的 30 年期间，我国不同阶段农药施用总量主要体现出早期快速增长、中期缓慢增长、后期加速减少的演变格局。

表 3 - 1 1991～2020 年不同阶段我国平均农药施用总量的变化趋势

阶段	农药施用总量		单位播种面积农药施用量	
	平均值 （万吨）	年均增长率 （%）	平均值 （千克/公顷）	年均增长率 （%）
"八五"时期（1991～1995 年）	89.5	9.2	6.0	9.1
"九五"时期（1996～2000 年）	123.4	2.9	8.0	2.3
"十五"时期（2001～2005 年）	135.1	3.4	8.8	3.5
"十一五"时期（2006～2010 年）	166.0	3.4	10.7	2.4
"十二五"时期（2011～2015 年）	179.7	- 0.1	11.0	- 1.0
"十三五"时期（2016～2020 年）	152.1	- 6.8	9.1	- 6.9

资料来源：1992～2021 年《中国农村统计年鉴》。

　　1991～2020 年期间，我国单位播种面积农药施用量的变化趋势和农药施用总量的变化趋势基本保持一致。也就是说，我国单位播种面积农药施用量也呈现出先增长后下降的总体趋势（见图 3-2）。1991 年，我国单位播种面积农药施用量为 5.1 千克/公顷，此后 20 年基本上保持持续增长态势，仅仅在 2000～2001 年出现了微弱的下降。2012 年，我国单位播种面积农药施用量超过 11.1 千克/公顷，达到了历史峰值。这和我国农药施用总量达到峰值的时间大致相同。需要指出的是，2012 年我国单位播种面积农药施用量的峰值是 1991 年单位播种面积农药施用量的 2 倍以上，说明这一时期我国农药施用总量的大幅度增长主要是由单位播种面积农药施用量的增长导致的。因此，大力降低单位播种面积农药施用量是我国推动农药减量增效、促进农业低碳绿色转型发展的关键途径和必然选择。

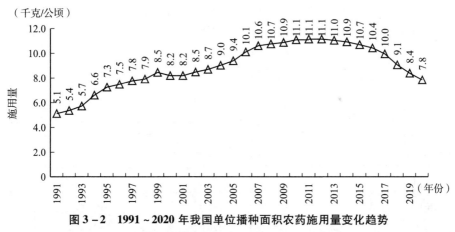

图 3-2　1991～2020 年我国单位播种面积农药施用量变化趋势

资料来源：1992～2021 年《中国农村统计年鉴》。

　　从 2013 年开始我国单位播种面积农药施用量呈现一定下降趋势。2020 年我国单位播种面积农药施用量下降到 7.8 千克/公顷，相当于 1997 年的水平。相比于 2012 年的峰值水平，2020 年我国单位播种面积农药施用量下降了 2.7 千克/公顷，下降幅度为 24.3%。

3.1.2 主要农作物的农药施用比较

1. 粮食作物农药施用

四大主要粮食作物生产过程中农药费用及其变化趋势都存在较大差异（见图3-3）。第一，稻谷生产过程中的单位面积农药费用明显高于其他三大主要粮食作物。以2020年不变价格计算，我国稻谷生产过程中单位面积农药费用从1991年的173.5元/公顷增长到2020年的911.9元/公顷，累计增长4.26倍，年均增长率为5.9%。相比而言，小麦、玉米和大豆生产过程中同期单位面积农药费用低得多。其中，小麦生产过程中的单位面积农药费用从

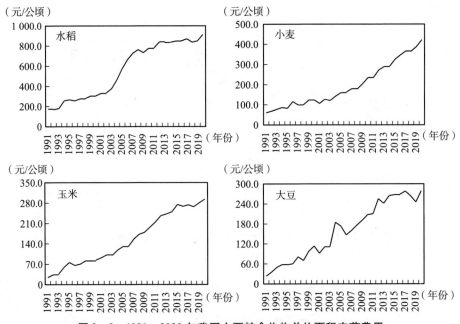

图3-3 1991～2020年我国主要粮食作物单位面积农药费用

注：单位面积农药费用按照农药价格指数折算为2020年不变价格。

资料来源：1991～2021年《全国农产品成本收益资料汇编》和《中国农村统计年鉴》。

1991 年的 67.7 元/公顷增长到 2020 年的 387.7 元/公顷，玉米生产过程中的单位面积农药费用从 1991 年的 24.4 元/公顷增长到 2020 年的 293.1 元/公顷，大豆生产过程中的单位面积农药费用则从 1991 年的 23.5 元/公顷增长到 279.2 元/公顷。

第二，四大主要粮食作物生产过程中单位面积农药费用的变化趋势不尽相同。对于稻谷而言，除了 1992 年、1996 年、2009 年、2013 年和 2018 年有所下降以外，单位面积农药费用 1991~2020 年期间总体保持增长趋势，尤其是 2002~2008 年期间的年均增长率高达 15%，明显高于其他年份的增长幅度。相对而言，小麦和玉米生产过程中单位面积农药费用总体上保持着比较均匀的增长趋势。大豆生产过程中，单位面积农药费用虽然总体上保持增长趋势，但是在部分年份也存在非常明显的波动特征。

表 3-2 显示了 1991~2020 年期间不同阶段我国四大主要粮食作物生产过程中单位面积农药费用的变化。不难看出，我国四大主要粮食作物的平均单位面积农药费用从"八五"时期到"十三五"时期一直保持增长势头。"八五"时期，稻谷、小麦、玉米和大豆四大主要粮食作物生产过程中的平均单位面积农药费用分别仅为 208.6 元/公顷、74.5 元/公顷、45.9 元/公顷和 44.7 元/公顷。在随后的"九五"时期、"十五"时期、"十一五"时期、"十二五"时期，四大主要粮食作物平均单位面积农药费用不断增加。到"十三五"时期，稻谷、小麦、玉米和大豆生产过程中平均单位面积农药费用分别大幅度增加至 863.3 元/公顷、377.5 元/公顷、276.6 元/公顷和 267.1 元/公顷，分别为"八五"时期水平的 4.1 倍、5.1 倍、6.0 倍和 6.0 倍。从年均增长率的角度看，除了"九五"时期，我国四大主要粮食作物平均单位面积农药费用年均增长率从"八五"时期到"十三五"时期总体上保持下降趋势。例如，"八五"时期稻谷、小麦、玉米和大豆生产过程中平均单位面积农药费用年均增长率分别为 11.3%、8.0%、32.8% 和 25.1%，"十三五"时期上述四种粮食作物平均单位面积农药费用年均增长率大幅度下降到 1.8%、5.0%、2.2% 和 1.0%。

表 3 – 2　　　　　　　1991～2020 年不同阶段我国主要粮食作物平均
单位面积农药费用的变化趋势

阶段	稻谷	小麦	玉米	大豆
平均费用（元/公顷）				
"八五"时期（1991～1995 年）	208.6	74.5	45.9	44.7
"九五"时期（1996～2000 年）	283.7	112.0	76.4	84.4
"十五"时期（2001～2005 年）	416.9	131.5	108.4	134.7
"十一五"时期（2006～2010 年）	732.7	192.0	166.8	176.5
"十二五"时期（2011～2015 年）	827.2	282.6	243.7	247.9
"十三五"时期（2016～2020 年）	863.3	377.5	276.6	267.1
年均增长率（%）				
"八五"时期（1991～1995 年）	11.3	8.0	32.8	25.1
"九五"时期（1996～2000 年）	4.6	1.6	6.3	17.2
"十五"时期（2001～2005 年）	14.9	10.8	9.1	17.3
"十一五"时期（2006～2010 年）	4.0	9.5	10.8	9.0
"十二五"时期（2011～2015 年）	2.1	8.5	6.4	6.2
"十三五"时期（2016～2020 年）	1.8	5.0	2.2	1.0

注：单位面积农药费用按照农药价格指数折算为 2020 年不变价格。
资料来源：1992～2021 年《全国农产品成本收益资料汇编》和《中国农村统计年鉴》。

2. 经济作物农药施用

除了粮食作物外，我国不同经济作物生产过程中单位面积农药费用及其变化趋势也存在明显差异。图 3 – 4 展示了花生、油菜籽、棉花、甘蔗、苹果和蔬菜等主要经济作物的单位面积农药费用变化趋势。苹果生产过程中的单位面积农药费用最高，以 2020 年不变价格计算，1991 年就高达 2 679.7 元/公顷。蔬菜和棉花生产过程中单位面积农药费用仅次于苹果，1991 年也分别达到了 1 421.6 元/公顷和 819.3 元/公顷。相比而言，花生、油菜籽、甘蔗三种经济作物生产过程中单位面积农药费用较低。一直到 2020 年，上述六种经济作物生产过程中单位面积农药费用的排序仍然保持不变。从变化趋势的角度看，花生、油菜籽和棉花的单位面积农药费用总体上仍然表现出明显的增长趋势。但是，甘蔗、苹果和蔬菜生产过程中的单位面积农药费用分别在2017 年、2010 年和 2018 年达到历史峰值后表现出明显的下降趋势。花生和油菜籽生产过程中的单位面积农药费用基本上保持着长期增长趋势，没有出现明显的波动特点。棉花生产过程中单位面积农药费用总体上呈现一种"N"形曲线变化趋势（见图 3 - 4）。1991 ~ 1995 年期间，棉花单位面积农药费用持续增加，突破 1 000 元/公顷；1996 ~ 2003 年期间在振荡中不断下降；从2004 年开始总体呈现上升趋势（见图 3 - 4）。对于甘蔗生产而言，1991 ~2003 年期间单位面积农药费用先增后降，但是变化幅度不大；2004 ~ 2020 年期间基本上呈现倒"U"形曲线变化趋势（见图 3 - 4）。对于苹果生产而言，1991 ~ 2005 年期间单位面积农药费用在 1 800 元/公顷和 2 700 元/公顷之间波动，没有表现出明显增加或下降趋势；但是从 2006 年开始持续快速增长，2010 年达到历史峰值 5 159. 7 元/公顷；2011 年以后总体上表现出下降趋势（见图 3 - 4）。蔬菜生产过程中的单位面积农药费用在 1998 ~ 2018 年总体上不断增加，只在 2008 ~ 2010 年期间短暂下降；2019 年及以后则出现明显的下降特点（见图 3 - 4）。

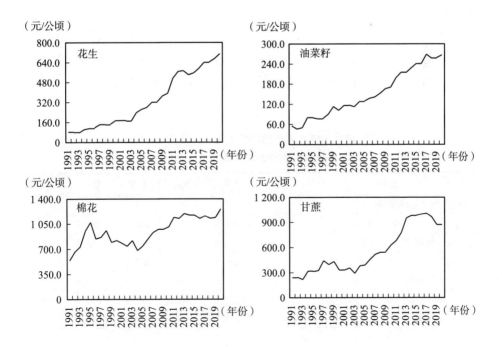

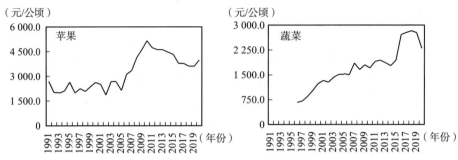

图 3 - 4　1991～2020 年我国主要经济作物单位面积农药费用

注：单位面积农药费用按照农药价格指数折算为 2020 年不变价格。
资料来源：1992～2021 年《全国农产品成本收益资料汇编》和《中国农村统计年鉴》。

　　不同经济作物在不同阶段的单位面积农药费用表现出差异化变化趋势（见表 3 - 3）。花生、油菜籽生产过程中平均单位面积农药费用从"八五"时期到"十三五"时期持续增加，而蔬菜生产过程中平均单位面积农药费用从"九五"时期到"十三五"时期也持续增加。棉花和甘蔗生产过程中平均单位面积农药费用除了在"十五"期间出现下降以外，从"八五"时期的792.5 元/公顷和 268.2 元/公顷分别增加到"十三五"时期的 1 163.2 元/公顷和 942.9 元/公顷。对于苹果生产而言，平均单位面积农药费用经历了两个阶段的下降，第一次是从"八五"时期的 2 287.7 元/公顷下降到"九五"时期的 2 258.2 元/公顷，第二次是从"十二五"时期的 4 551.7 元/公顷下降到"十三五"时期的 3 754.1 元/公顷。

表 3 - 3　　　　　　　1991～2020 年不同阶段我国主要经济作物
平均单位面积农药费用的变化趋势

阶段	花生	油菜籽	棉花	甘蔗	苹果	蔬菜
平均费用（元/公顷）						
"八五"时期（1991～1995 年）	90.4	62.3	792.5	268.2	2 287.7	—
"九五"时期（1996～2000 年）	144.2	91.8	856.7	386.2	2 258.2	895.2
"十五"时期（2001～2005 年）	203.8	120.5	753.2	350.3	2 366.5	1 414.4
"十一五"时期（2006～2010 年）	337.7	153.6	946.0	539.8	4 080.6	1 705.8
"十二五"时期（2011～2015 年）	551.2	219.4	1 162.2	874.8	4 551.7	1 886.7
"十三五"时期（2016～2020 年）	651.8	258.7	1 163.2	942.9	3 754.1	2 679.1

续表

阶段	花生	油菜籽	棉花	甘蔗	苹果	蔬菜
年均增长率（%）						
"八五"时期（1991~1995年）	7.7	9.5	18.5	6.9	-0.4	—
"九五"时期（1996~2000年）	10.4	7.4	-0.7	0.5	7.1	16.7
"十五"时期（2001~2005年）	10.8	2.8	-1.3	4.3	-4.0	3.8
"十一五"时期（2006~2010年）	8.8	5.5	4.7	8.1	13.4	3.3
"十二五"时期（2011~2015年）	2.0	5.0	0.7	9.6	-2.3	0.5
"十三五"时期（2016~2020年）	4.6	2.6	2.9	-3.3	1.3	-4.1

注：单位面积农药费用按照农药价格指数折算为2020年不变价格。

资料来源：1992~2021年《全国农产品成本收益资料汇编》和《中国农村统计年鉴》。

3.1.3　不同地区的农药施用比较

我国幅员辽阔，各地农业生产条件悬殊。这也就意味着，不同地区的农药施用情况无可避免地存在巨大差异。总体而言，我国东部、中部地区的农药施用总量较高，而西部地区农药施用总量较低。根据2021年《中国农村统计年鉴》显示，2020年我国农药施用总量超过10万吨的省份有三个，分别是山东、河南、湖南，其农药施用总量分别为11.4万吨、10.2万吨和10.1万吨。同时，农药施用总量在10万吨以下5万吨以上的省份有八个，根据农药施用总量从高到低分别是湖北（9.3万吨）、安徽（8.3万吨）、广东（8.3万吨）、广西（6.6万吨）、江苏（6.6万吨）、黑龙江（6.1万吨）、河北（5.4万吨）和江西（5.3万吨）。上述11个省份主要位于我国东部和中部地区，其农药施用总量占全国农药施药总量的67%左右。相比而言，我国西部地区大多数省份的农药施用总量相对较少。例如，新疆、重庆、陕西、贵州、宁夏、青海、西藏等西部地区省份的农药施用总量都低于3万吨。

不同地区单位播种面积农药施用量的分布情况和农药施用总量的分布情况大致吻合，即东部和中部地区单位播种面积农药施用量总体上高于西部地区单位播种面积农药施用量。2020年我国单位播种面积农药施用量高于15千克/公顷的省份从高到低依次是海南、福建、北京、广东和浙江，其单位播种面积农药施用量分别为29.2千克/公顷、26.5千克/公顷、21.9千克/公顷、18.7 千克/公顷和 18.1 千克/公顷。此外，15 个省份的单位播种面积农药施用量低于 15 千克/公顷高于 5 千克/公顷，分别是湖南、湖北、广西、山东、辽宁、上海、甘肃、安徽、江西、江苏、吉林、山西、河南、河北和云南。相比而言，西部地区的单位播种面积农药施用量普遍比较低，例如陕西、西藏、青海、宁夏和贵州五个省份的单位播种面积农药施用量均低于 3 千克/公顷，分别是 2.9 千克/公顷、2.6 千克/公顷、2.2 千克/公顷、1.9 千克/公顷和 1.5 千克/公顷。

表 3-4 显示了 1991~2020 年不同阶段我国各个省份平均农药施用总量的变化趋势。通过比较"八五"时期和"十三五"时期的平价农药施用总量，可以大致将各个省份划分为两大类。第一类是"十三五"时期平均农药施用总量比"八五"时期低的地区，这一类地区比较少，包括北京、天津、上海、江苏、浙江。不难看出，这五个省级行政区均位于我国东海沿海经济发达地区。其中，北京和上海在不同阶段的平均农药施用总量总体上是持续下降的，而天津、江苏和浙江的平均农药施用总量均经历了比较明显的"M"型变化趋势。除了上述第一类省份外，第二类是"十三五"时期平均农药施用总量比"八五"时期高的地区。从平均农药施用总量上看，这一类地区大致可以进一步分为四种具体类型。一是平均农药施用总量基本上持续增加的地区，包括内蒙古、广西、西藏、陕西和新疆。尽管内蒙古"十三五"时期的平均农药施用总量略低于"十二五"时期，其增加的趋势并没有发生明显改变。西藏和陕西的情况也大体类似。二是平均农药施用总量呈现倒"U"形变化趋势且在"十二五"时期发生变化的地区，主要包括山东、湖北、重庆、四川和青海。例如，山东"八五"时期的平均农药施用总量为 8.54 万吨，到"九五"时期、"十五"时期和"十一五"时期分别增长到 14.71 万吨、15.78 万吨和 16.89 万吨，随后在"十二五"时期下降到 15.85 万吨，而"十三五"时期进一步下降到 13.08 万吨。三是平均农药施用总量呈现倒"U"形变化趋势且在"十三五"时期发生变化的地区。这一类型地区比较多，包括河北、山西、辽宁、吉林、黑龙江、安徽、福建、江西、河南、湖南、海南、贵州、云南、甘肃和宁夏。以河北为例，从"八五"时期到"十二五"时期，其平均农药施用总量从 5.61 万吨依次增长到 7.21 万吨、7.60 万吨、8.42 万吨和 8.48 万吨，而到"十三五"时期则明显下降至 6.65 万吨。四是平均农药施用总量呈现倒"N"型变化趋势的地区，这种情况只发

生在广东。"八五"时期,广东的平均农药施用总量为 8.92 万吨,处于比较高的水平。但是,"九五"时期其平均农药施用总量却下降至 8.40 万吨,尽管"十五"时期有所反弹,但是仍仅为 8.57 万吨。等到"十一五"时期,广东的平均农药施用总量大幅度增加至 10.02 万吨,而到了"十二五"时期和"十三五"时期,又依次下降至 11.29 万吨和 9.82 万吨。值得强调的是,除了广西和新疆以外,全国其他 29 个省份"十三五"时期的平均农药施用总量均在不同程度上低于"十二五"时期的水平。这一定程度上说明,"十二五"时期末我国开始大力推动的农药减量增效工作取得明显成效。

表 3 - 4　　　　　　　　　　1991 ~ 2020 年不同阶段我国各个省份

平均农药施用总量的变化趋势　　　　　单位:万吨

地区	"八五"时期（1991 ~ 1995 年）	"九五"时期（1996 ~ 2000 年）	"十五"时期（2001 ~ 2005 年）	"十一五"时期（2006 ~ 2010 年）	"十二五"时期（2011 ~ 2015 年）	"十三五"时期（2016 ~ 2020 年）
北京	0.67	0.67	0.49	0.41	0.37	0.25
天津	0.25	0.37	0.28	0.36	0.37	0.24
河北	5.61	7.21	7.60	8.42	8.48	6.65
山西	0.97	1.56	2.00	2.43	3.01	2.72
内蒙古	0.54	0.82	1.15	1.99	2.99	2.96
辽宁	2.16	3.41	4.26	5.46	5.92	5.29
吉林	0.94	1.74	2.52	3.96	5.51	5.23
黑龙江	1.54	2.71	3.95	6.85	8.26	7.30
上海	1.00	1.15	0.86	0.78	0.52	0.32
江苏	7.77	9.52	9.23	9.43	8.18	7.04
浙江	5.55	6.54	6.42	6.55	6.08	4.29
安徽	4.93	7.44	8.11	10.66	11.54	9.42
福建	3.93	5.32	5.46	5.74	5.72	4.91
江西	3.69	5.09	6.08	9.31	9.77	7.45
山东	8.54	14.71	15.78	16.89	15.85	13.08
河南	5.55	9.02	10.11	11.90	12.91	11.42

续表

地区	"八五"时期（1991～1995年）	"九五"时期（1996～2000年）	"十五"时期（2001～2005年）	"十一五"时期（2006～2010年）	"十二五"时期（2011～2015年）	"十三五"时期（2016～2020年）
湖北	7.25	10.30	10.77	13.69	13.06	10.41
湖南	6.75	8.23	9.82	11.35	12.29	11.12
广东	8.92	8.40	8.57	10.02	11.29	9.82
广西	2.84	4.24	4.98	6.07	7.00	7.24
海南	0.75	0.98	1.43	3.42	4.19	2.63
重庆	1.22	1.78	1.94	2.08	1.90	1.70
四川	3.92	5.52	5.50	6.07	6.01	5.07
贵州	0.68	0.79	0.91	1.19	1.39	1.12
云南	1.14	2.19	2.75	4.00	5.48	5.22
西藏	0.06	0.07	0.06	0.10	0.10	0.09
陕西	1.08	1.04	1.00	1.15	1.29	1.27
甘肃	0.66	1.01	1.52	3.56	7.53	4.94
青海	0.14	0.16	0.17	0.20	0.19	0.16
宁夏	0.13	0.14	0.17	0.23	0.27	0.24
新疆	0.55	1.26	1.26	1.74	2.26	2.47

资料来源：1992～2021年《中国农村统计年鉴》。

表3-5显示了1991～2020年不同阶段我国各个省份平均单位播种面积农药施用量的变化趋势。比较"八五"时期和"十三五"时期的平均单位播种面积农药施用量可知，除了上海和江苏以外，其他省份的平均单位播种面积农药施用量都增加了。但是，如果比较"十二五"时期和"十三五"时期的平均单位播种面积农药施用量，则可知除了北京和广西以外，其他29个省份的平均单位播种面积农药施用量均在一定程度上下降了。这再次说明我国农药减量增效工作的确取得了比较扎实的成效。从不同阶段平均单位播种面积农药施用量的变化来看，可以将各个省份分为五类。第一类是平均单位播种面积农药施用量呈现倒"U"型变化趋势的地区，可以根据平均单位播种面积农药施用量开始下降的时期进一步分为三种具体类型。一是"九五"时

期平均单位播种面积农药施用量开始下降的地区即上海；二是"十二五"时期平均单位播种面积农药施用量开始下降的地区，包括辽宁、江苏、山东、湖北、湖南、重庆、四川和青海；三是"十三五"时期平均单位播种面积农药施用量才开始下降的地区，主要包括河北、山西、内蒙古、吉林、黑龙江、浙江、安徽、福建、江西、河南、海南、贵州、云南和甘肃。第二类是平均单位播种面积农药施用量呈现倒"N"型变化趋势的地区，包括广东、陕西和宁夏，其中广东的平均单位播种面积农药施用量远高于后两个地区。第三类是平均单位播种面积农药施用量呈现"M"型变化趋势的地区，包括天津、西藏和新疆。除了上述三类以外，北京的平均单位播种面积农药施用量大致呈现"N"型变化趋势，从"八五"时期的 11.75 千克/公顷增长到"十五"时期的 14.86 千克/公顷，在"十一五"时期下降至 12.99 千克/公顷，然后在"十二五"时期和"十三五"时期依次增长到 16.12 千克/公顷和 23.17 千克/公顷。最后一类是平均单位播种面积农药施用量持续增加的地区即广西，从"八五"时期的 5.17 千克/公顷持续增加到"十三五"时期的 12.07 千克/公顷。从上述分析不难看出，尽管总体上我国单位播种面积农药施用量从 2013 年就开始持续下降，但是不同地区的变化趋势和程度存在较大差异。

表 3-5　　　　　　　　1991~2020 年不同阶段我国各个省份平均

单位播种面积农药施用量的变化趋势　　单位：千克/公顷

地区	"八五"时期（1991~1995 年）	"九五"时期（1996~2000 年）	"十五"时期（2001~2005 年）	"十一五"时期（2006~2010 年）	"十二五"时期（2011~2015 年）	"十三五"时期（2016~2020 年）
北京	11.75	12.86	14.86	12.99	16.12	23.17
天津	4.42	6.62	5.53	8.36	8.28	5.63
河北	6.46	8.03	8.64	10.04	10.11	8.03
山西	2.44	3.92	5.32	6.87	8.22	7.64
内蒙古	1.11	1.40	1.94	2.90	3.78	3.32
辽宁	5.95	9.38	11.23	14.45	14.23	12.54
吉林	2.33	4.18	5.22	7.82	9.72	8.58
黑龙江	1.78	2.96	3.98	5.48	5.80	4.94

续表

地区	"八五"时期（1991～1995 年）	"九五"时期（1996～2000 年）	"十五"时期（2001～2005 年）	"十一五"时期（2006～2010 年）	"十二五"时期（2011～2015 年）	"十三五"时期（2016～2020 年）
上海	17. 39	21. 11	19. 50	19. 17	13. 49	11. 51
江苏	9. 70	11. 92	11. 97	12. 80	10. 77	9. 35
浙江	13. 67	16. 98	21. 80	26. 73	29. 29	21. 67
安徽	5. 97	8. 65	8. 96	11. 68	12. 23	10. 73
福建	13. 96	18. 38	21. 20	27. 17	33. 06	31. 10
江西	6. 33	8. 69	11. 56	17. 19	17. 37	13. 28
山东	7. 87	13. 24	14. 47	15. 59	14. 30	11. 81
河南	4. 60	7. 16	7. 45	8. 35	8. 85	7. 73
湖北	9. 96	13. 42	14. 79	19. 16	16. 92	13. 14
湖南	8. 61	10. 31	12. 48	14. 85	14. 77	13. 46
广东	16. 72	15. 63	17. 41	23. 32	26. 77	22. 92
广西	5. 17	6. 82	7. 85	10. 45	11. 69	12. 07
海南	8. 76	10. 74	17. 06	44. 15	54. 07	37. 38
重庆	3. 46	4. 93	5. 61	6. 69	5. 76	5. 08
四川	4. 26	5. 76	5. 80	6. 57	6. 43	5. 27
贵州	1. 69	1. 73	1. 94	2. 55	2. 62	2. 01
云南	2. 37	4. 09	4. 66	6. 52	8. 13	7. 60
西藏	2. 69	3. 15	2. 75	4. 58	4. 45	3. 56
陕西	2. 27	2. 24	2. 39	2. 75	3. 12	3. 07
甘肃	1. 79	2. 69	4. 13	9. 65	19. 95	13. 01
青海	2. 50	2. 91	3. 53	3. 90	3. 51	2. 95
宁夏	1. 45	1. 44	1. 52	1. 94	2. 30	2. 05
新疆	1. 81	3. 86	3. 55	4. 40	4. 66	4. 09

资料来源：1992～2021 年《中国农村统计年鉴》。

3.2　宏观视角下农药施用的影响因素

本章在介绍我国农药施用变化趋势的基础上，进一步从宏观视角分析我国农药施用的影响因素。宏观视角下农药施用的影响因素分析需以微观分析为基础。总体而言，微观农户的农药施用行为受到各种不同因素的影响。在经济学意义上，农户是否施用农药以及施用多少农药主要取决于农药施用是否能够产生超出边际成本的边际收益。换言之，如果农户认为农药施用的边际收益超出边际成本，则会增加农药施用量；反之，如果农户认为农药施用的边际收益不足以弥补边际成本，则会减少农药施用量。这种现象在经济学意义上通常被定义为农户的利润最大化原则。但是，农户的农药施用决策是一个比较复杂的过程。尽管部分研究指出我国农户存在比较突出的农药过量施用行为，不符合理性经济人的行为特征（黄季焜等，2001；周曙东和张宗毅，2013；朱淀等，2014；张超等，2015；黄炎忠等，2020；秦诗乐和吕新业，2020），但这并不意味着农户的农药施用决策完全非理性化和简单化。事实上，农户的农药施用是对技术因素、生产因素、自然因素、经济因素、时间因素和地区因素等作出反应的决策结果。

3.2.1　变量和数据来源

本章采用 1995～2016 年我国主要省份面板数据对宏观视角下农药施用的影响因素进行实证分析。需要说明的是，北京、上海、天津、重庆、海南和西藏六个省份由于部分数据缺失而没有纳入研究范围。因此，宏观视角下农药施用影响因素的实证分析采用的是 25 个省份共 550 个样本的面板数据。本章实证分析的主要研究变量的定义和数据来源如下：

（1）农药施用量和农药施用强度。本章的实证分析将分别从各个省份农药施用量和农药施用强度两个层面分析农药施用的影响因素。其中，农药施用强度是农药施用量和农作物播种面积的比值。农药施用量和农作物播种面积数据来自历年《中国农村统计年鉴》。

（2）技术因素。部分研究指出，农技推广是影响农户技术采用行为的关键因素（胡瑞法等，2004；胡瑞法和孙艺夺，2018；孙生阳等，2018）。因此，本章进行宏观视角下农药施用影响因素的实证分析时，也加入了这一因素。考虑到数据可得性，本章考察政府农技员人数、政府农技员密度和政府农技推广体系改革等技术因素对农药施用量和农药施用强度的影响。政府农技员总数是指各个省份全部政府农技推广体系人员的总数，政府农技员密度是指各个省份的单位播种面积政府农技员人数，即政府农技员人数和农作物播种面积的比值。其中，1995 年政府农技员人数来自《全国农牧系统劳动工资统计资料》，1996～1998 年政府农技员人数来自《全国农业系统人事劳动统计资料汇编》，2000～2006 年政府农技员人数来自《全国农业系统国有单位人事劳动统计资料汇编》，2007～2012 年政府农技员人数来自《中国农业科技推广发展报告》，2016 年政府农技员人数来自《中国农业技术推广发展报告》。需要说明的是，1999 年、2013～2015 年各个省份政府农技员人数数据缺失，本章采用插值法计算 1998 年和 2000 年政府农技员人数平均值作为1999 年各个省份政府农技员人数，在 2012 年和 2016 年政府农技员人数的基础上采用移动平均法估算 2013～2015 年各个省份的政府农技员人数。农作物播种面积数据来自历年《中国农村统计年鉴》。2006 年 8 月 28 日国务院发布《关于深化改革加强基层农业技术推广体系建设的意见》，不再允许基层政府农技推广体系从事商业化经营活动，被称为政府农技推广体系的逆商业化改革（胡瑞法和孙艺夺，2018；孙生阳等，2018）。因此，本章构建一个反映政府农技推广体系逆商业化改革的虚拟变量，2007～2016 年期间该变量取值为 1，1995～2006 年期间该变量取值为 0。

（3）生产因素。本章的另一组重要解释变量是各个省份的主要农业生产特征。具体而言，本章重点加入了各个省份的农作物播种面积和粮食作物播种面积比例。其中，粮食作物播种面积比例是指各个省份的粮食作物播种面积和农作物播种面积的比值。数据均来自历年《中国农村统计年鉴》。

（4）自然因素。自然因素是影响农药施用的重要因素。本章主要考虑了各个省份的全年平均气温和累计降水量。部分研究认为，分析自然因素对农业生产影响时应限制在农作物生长期内，但是也有部分指出，农作物生长期外的自然因素也会对农业生产造成影响。本章的实证分析不区分农作物类型，因此采用全年平均气温和累计降水量作为解释变量。数据来自中国气象局国家气候科学数据中心地面资料数据库的中国地面国际交换站气候资料月值数据集。

（5）经济因素。除了上述各种类型因素以外，经济因素是影响农药施用的关键因素。一方面，从经济理论上说农户的农药施用受到农产品价格和农药价格的影响；另一方面，农户的收入水平也是影响农户农药施用的重要因素。本章采用农产品生产价格指数、农药价格指数以及农村居民人均可支配收入作为影响农药施用的经济因素变量。需要说明的是，农产品价格对农药施用的影响具有滞后性，因此本章采用滞后一期的数据，而且农产品生产价格指数和农药价格指数均以1995年为100。同时，农村居民人均可支配收入均换算为2016年不变价格水平。农产品生产价格指数和农药价格指数数据来自历年《中国农村统计年鉴》、农村居民人均可支配收入数据来自国家统计局。

（6）地区因素和时间因素。农药施用可能在不同地区和不同年份具有固定效应。因此，本章也加入了省份虚拟变量和年份虚拟变量分别控制不随年份变化的个体固定效应和不随省份变化的时间固定效应对农药施用的影响。

表3-6汇报了本章主要研究变量的描述性统计结果。

表3-6　　　　　　　　　主要变量的描述性统计

变量	观察值	均值	标准差	最小值	最大值
农药施用总量（万吨）	550	5.768	4.196	0.110	19.880
农药施用强度（千克/公顷）	550	9.661	6.969	1.151	35.770
政府农技员人数（万人）	550	3.004	1.638	0.388	8.790
政府农技员密度（人/万公顷）	550	56.315	23.294	8.510	140.121
政府农技推广体系逆商业化改革（1=是，0=否）	550	0.455	0.498	0.000	1.000
农作物播种面积（万公顷）	550	607.208	327.956	46.680	1 490.272
粮食作物播种面积比例（%）	550	68.633	11.982	36.283	96.430
全年平均气温（摄氏度）	550	13.089	5.478	0.648	22.765
全年累计降水量（千毫米）	550	0.885	0.521	0.052	2.504
上一年农产品生产价格指数（%）	550	144.841	52.597	77.793	335.010
农药价格指数（%）	550	110.544	19.068	77.940	180.209
农村居民人均可支配收入（元）	550	5 815.808	3 399.004	1 634.321	22 866.000

3.2.2 计量经济模型

如前所述，本章实证分析采用 1995～2016 年我国 25 个省份面板数据。如果面板数据时间跨度较小，可以假设随机误差项满足独立同分布特征，采用固定效应模型或随机效应模型的估计方法就可以获得无偏一致估计量（陈强，2014）。但是，本章的面板数据时间跨度较大，随机误差项可能存在异方差和自相关问题，此时采用固定效应模型或随机效应模型估计方法无法获得无偏一致估计量。一般而言，面板数据模型的随机误差项存在以下三种不同形式的异方差或自相关问题：（1）组间异方差，即不同个体的随机误差项的方差不相等。（2）组内自相关，即同一个体在不同时期的随机误差项的相关系数不等于零。（3）组间同期相关，即同一时期的不同个体的随机误差项相关系数不等于零。

针对上述三种形式的异方差或自相关问题，需要采用不同方法加以纠正。第一，存在组间异方差和组间同期相关时，可采用面板校正标准误差估计对面板数据模型进行估计，从而可得到"组间异方差、组间同期相关"的稳健标准误。第二，仅存在组内自相关时，可采用普莱斯 – 温斯滕（Prais – Winsten）估计法对面板数据模型进行广义差分，从而得到可行广义最小二乘估计量。第三，同时存在组间异方差、组间自相关和组间同期相关时，可采用全面可行广义最小二乘法对面板数据模型进行估计。

为了识别宏观视角下我国农药施用量和农药施用强度的影响因素，本章首先建立只考虑政府农技员、省份虚拟变量和年份虚拟变量的多元面板数据模型如下所示：

$$\ln Y_{it} = \alpha_0 + \alpha_1 \ln Extension_{it} + \pi_i + \lambda_t + u_{it} \tag{3.1}$$

其中，Y_{it} 表示第 i 个省份第 t 年的农药施用量或农药施用强度，$Extension_{it}$ 表示政府农技员人数或政府农技员密度，π_i 表示个体固定效应趋势项，λ_t 表示时间固定效应，u_{it} 表示随机误差项。α_0 和 α_1 表示待估系数。农药施用量、农药施用强度、政府农技员人数和政府农技员密度均取对数。当被解释变量为农药施用量时，则解释变量为政府农技员人数；当被解释为农药施用强度时，则解释变量为政府农技员密度。

　　2006 年以后，我国开始政府农技推广体系逆商业化改革，为了分析改革对我国农药施用的影响，本章在式（3.1）基础上加入了政府农技推广体系逆商业化改革虚拟变量及其和政府农技员人数及政府农技员密度的交互项，如下所示：

$$\ln Y_{it} = \alpha_0 + \alpha_1 \ln Extension_{it} + \alpha_2 Reform_{it} + \alpha_3 \ln Extension_{it} \cdot Reform_{it}$$
$$+ \pi_i + \lambda_t + u_{it} \tag{3.2}$$

　　其中，$Reform_{it}$ 表示政府农技推广体系逆商业化改革虚拟变量，$\alpha_0 \sim \alpha_3$ 表示待估系数，其他变量和符号定义同上。

　　为了进一步控制其他因素对宏观视角下我国农药施用的影响，本章进一步在式（3.2）的基础上加入了其他解释变量。具体模型形式如下所示：

$$\ln Y_{it} = \alpha_0 + \alpha_1 \ln Extension_{it} + \alpha_2 Reform_{it} + \alpha_3 \ln Extension_{it} \cdot Reform_{it}$$
$$+ \alpha_4 \ln Area_{it} + \alpha_5 \ln Area_{it} \cdot \ln Area_{it} + \alpha_6 Grain_{it} + \alpha_7 \ln Temp_{it}$$
$$+ \alpha_8 \ln Prec_{it} + \alpha_9 \ln Aprice_{i,t-1} + \alpha_{10} \ln Pprice_{it} + \alpha_{11} \ln Income_{it}$$
$$+ \alpha_{12} \ln Income_{it} \cdot \ln Income_{it} + \pi_i + \lambda_t + u_{it} \tag{3.3}$$

　　其中，$Area_{it}$ 表示农作物播种面积，$Grain_{it}$ 表示粮食作物播种面积比例，$Temp_{it}$ 表示全年平均气温，$Prec_{it}$ 表示全年累计降水量，$Aprice_{i,t-1}$ 表示上一年农产品生产价格指数，$Pprice_{it}$ 表示农药价格指数，$Income_{it}$ 表示农村居民人均可支配收入，$\alpha_0 \sim \alpha_{12}$ 表示待估系数，其他变量和符号的定义同上。农作物播种面积、全年平均气温、全年累计降水量、上一年农产品生产价格指数、农药价格指数、农村居民人均可支配收入均取对数。

3.2.3　农药施用量影响因素的估计结果

　　宏观视角下我国农药施用量影响因素的计量经济模型估计结果如表 3-7 所示。本章面板数据时间跨度较长，因此需要检验组间异方差、组内自相关和组间同期相关问题。基于此，本章采用全面可行广义最小二乘法对上述计量经济模型进行估计。检验结果表明，无论是否考虑政府农技推广体系逆商业化改革和其他解释变量，上述计量经济模型都存在组间异方差、组内自相关和组间同期相关。其中，沃德（Wald）统计量均在 1% 的水平上显著，拒绝组间异方差不存在的原假设；F 统计量在 1% 的水平上显著，拒绝一阶组内自相关不存在的原假设；而弗瑞斯（Frees）统计量在 1% 的水平上显著，拒绝组间同期相关不存在的原假设。因此，本章采用全面可行广义最小二乘法是合理必要的。

表 3 – 7　　　　　　　　　　农药施用量影响因素的估计结果

变量	（1）	（2）	（3）
政府农技员人数对数	0.032 *** （0.005）	0.063 *** （0.006）	0.084 *** （0.009）
政府农技推广体系逆商业化改革		1.156 *** （0.047）	1.676 *** （0.087）
政府农技员人数对数 × 政府农技推广体系逆商业化改革		− 0.044 *** （0.005）	− 0.066 *** （0.006）
农作物播种面积对数			− 2.164 *** （0.179）
农作物播种面积对数的平方			0.234 *** （0.016）
粮食作物播种面积比例			0.001 ** （0.001）
全年平均气温对数			− 0.011 （0.016）
全年累计降水量对数			− 0.001 （0.004）
上一年农产品生产价格指数对数			0.158 *** （0.021）
农药价格指数对数			− 0.250 *** （0.024）
农村居民人均可支配收入对数			5.050 *** （0.211）
农村居民人均可支配收入对数的平方			− 0.313 *** （0.013）
省份虚拟变量	已控制	已控制	已控制
年份虚拟变量	已控制	已控制	已控制

续表

变量	(1)	(2)	(3)
常数项	8.170 *** (0.069)	7.761 *** (0.072)	-11.020 *** (1.012)
组间异方差（沃德统计量）	2.100 × 105 ***	1.800 × 106 ***	5.500 × 106 ***
一阶组内自相关（F 统计量）	58.632 ***	58.516 ***	53.330 ***
组间同期相关（弗瑞斯统计量）	10.165 ***	9.362 ***	4.867 ***
观察值	550	550	550

注：括号内是标准误。* 、** 和 *** 分别表示在 10% 、5% 和 1% 的统计水平上显著。

上述计量经济模型的估计结果表明，宏观视角下我国农药施用量的确受到诸多因素的影响。概括而言，影响我国各个省份农药施用量的因素主要政府农技员人数、政府农技推广体系逆商业化改革、农作物播种面积、粮食作物播种面积比例、上一年农产品生产价格指数、农药价格指数、农村居民人均可支配收入等。

政府农技员人数和政府农技推广体系逆商业化改革是影响宏观视角下我国农药施用量的关键因素。在仅考虑政府农技员人数、省份虚拟变量和年份虚拟变量时，政府农技员人数对数的估计系数等于 0.032，表明各个省份政府农技员人数每增加 1% 将使得农药施用量增加 0.032%（见表 3 - 7）。加入政府农技推广体系逆商业化改革虚拟变量及其与政府农技员人数对数的交互项以后，政府农技员人数对数的估计系数的符号和显著性没有发生变化，同时政府农技员人数对数和政府农技推广体系逆商业化改革虚拟变量交互项系数显著为负。这表明，政府农技员人数对农药施用量的影响受到政府农技推广体系逆商业化改革的影响，具体表现为政府农技推广体系逆商业化改革减弱了政府农技员人数对农药施用量的正向影响。在政府农技推广体系逆商业化改革以前，政府农技员人数每增加 1% 会使得农药施用量增加 0.063%；而政府农技推广体系逆商业化改革以后，政府农技员人数每增加 1% 会使得农药施用量增加 0.019%（0.063% - 0.044%）（见表 3 - 7）。需要说明的是，加入其他解释变量并没有改变上述结论，但是政府农技推广体系逆商业化改革前后政府农技员人数对农药施用量的影响程度发生了一定程度的变化。具体而言，在控制其他解释变量的条件下，政府农技推广体系逆商业化改革以前的政府农技员人数每增加1%会使得农药施用量增加0.084%，而政府农技推广体系逆商业化改革以后的政府农技员人数每增加1%会使得农药施用量增加0.018%（0.084%－0.066%）（见表3－7）。无论如何，上述估计结果表明政府农技推广服务对农药施用量存在正向影响，但是这种正向影响在政府农技推广体系逆商业化改革以后显著减弱。新中国成立以后，我国快速建立了覆盖全国的政府农技推广体系，旨在通过向广大农户提供农业技术以保障国家粮食安全和主要农产品供给安全（胡瑞法等，2004）。但是，庞大的政府农技推广队伍给地方财政造成了极大压力。在此背景下，20世纪80年代中后期我国开始了政府农技推广体系的商业化改革，允许和鼓励基层政府农技推广机构和人员从事农药、化肥、种子销售等经营活动以支付工资和业务费用（胡瑞法等，2004）。同时，大量缺乏专业技术知识的人员进入政府农技推广体系导致政府农技队伍急速膨胀（胡瑞法等，2004）。在这种情况下，政府农技员人数的增加造成了农药施用量的增加。政府农技推广体系逆商业化改革以后，基层政府农技推广机构和人员不能再从事经营活动。但是，我国长期奉行的产量导向型农业政策体系并没有发生根本性改变（魏后凯，2017）。因此，虽然政府农技推广体系逆商业化改革有效减弱了政府农技推广服务对农药施用量的正向影响，但是仍然未能实质上促进农药减量增效。

农作物播种面积对农药施用量的影响呈现"U"形特点。计量经济模型估计结果显示，农作物播种面积对数一次项系数在1%的水平上显著为负，而二次项系数在1%的水平上显著为正（见表3－7）。换言之，随着农作物播种面积的不断扩大，农药施用量首先呈现下降趋势而后呈现上升趋势。当农作物播种面积对农药施用量的边际影响等于零时可求得"U"形曲线的拐点值为101.6万公顷。这就意味着，当农作物播种面积小于101.6万公顷时，随着农作物播种面积的不断扩张农药施用量会下降；而当农作物播种面积大于101.6万公顷时，随着农作物播种面积的不断扩张农药施用量反而会上升。2016年25个省份的平均农作物播种面积为646.9万公顷，远超出上述拐点值。从各个省份的农作物播种面积看，2016年只有青海的农作物播种面积为55.8万公顷，低于101.6万公顷的拐点值。综合上述结果可知，农作物播种面积会显著提高农药施用量。这与农业生产实际是相符的，即农作物播种面积的扩张需要更多的农药来保障农业生产。

粮食作物播种面积比例显著提高了农药施用量。根据表3－7的计量经济模型估计结果，粮食作物播种面积比例的系数在 5% 的水平上显著为正（见表 3 - 7）。在其他因素不变的条件下，粮食作物播种面积每提高 1%，会导致农药施用量提高 0.001%（见表 3 - 7）。对于这个结果，可以从两个层面进行解读。一方面，粮食作物生产具有较高的农药需求。因此，粮食作物生产规模较大省份的农药施用量也较大。另一方面，粮食作物播种面积比例的提高带来的农药施用量增加尽管在统计学意义上是显著的，但是实际并不明显。1995 ~ 2016 年期间 25 个省份粮食作物播种面积比例总体上下降了 5.2 个百分点，粮食作物播种面积比例提高的省份仅有 9 个，按照提高幅度从大到小依次是安徽、黑龙江、山西、江西、吉林、河南、河北、山东和江苏，而其他 16 个省份的粮食作物播种面积比例均在不同程度上下降。其中，浙江、福建、青海、宁夏、广西的粮食作物播种面积比例均下降了 15 个百分点以上。

农产品价格和农药价格显著影响农药施用量。计量经济模型估计结果显示，上一年农产品生产价格指数对数的系数在 1% 的水平上显著为正，而农药价格指数对数的系数在 1% 的水平上显著为负（见表 3 - 7）。这意味着，农产品价格的提高会激励农户在农业生产中施用更多的农药，而农药价格提高会减少农药施用。在其他因素不变的条件下，上一年农产品生产价格每提高 1%，则会使得农药施用量增加 0.158%；而农药价格每提高 1%，会使得农药施用量减少 0.250%（见表 3 - 7）。上述计量经济模型的估计结果符合经济学理论和农业生产实际。

农村居民人均可支配收入对农药施用量存在倒 "U" 形的影响。计量经济模型估计结果显示，农村居民人均可支配收入对数一次项系数在 1% 的水平上显著为负，二次项系数在 1% 的水平上显著为正（见表 3 - 7）。这也就是说，随着农村居民人均可支配收入的不断增长，农药施用量首先呈现上升趋势而后呈现下降趋势。当农村居民人均可支配收入对农药施用量的边际影响等于零时，可求得倒 "U" 形曲线的拐点值为 3 187.8 元。当农村居民人均可支配收入小于 3 187.8 元时，随着农村居民人均可支配收入的不断增长农药施用量会增加；而当农村居民人均可支配收入大于 3 187.8 元时，随着农村居民人均可支配收入的不断增长，农药施用量会减少。2016 年 25 个省份的平均农村居民人均可支配收入为 5 815.8 元，超出上述拐点值。从各个省份的农作物播种面积看，2016 年 25 个省份的农村居民人均可支配收入均大于 3 187.8 元。但是，不同省份跨越拐点值的时间存在先后。根据各个省份农村居民人均可支配收入跨越 3 187.8 元拐点值的年份，可以把 25 个身份大致划分为两类。第一类是 2000 年以前跨越拐点值的省份，其中江苏、浙江和广东早在 1995 年以前就跨越了拐点值，辽宁、吉林、黑龙江和福建均在 1996 年跨越拐点值，河北、山东和湖北于 1997 年跨越拐点值，湖北于 1998 年跨越拐点值。需要说明的是，吉林 1996 年跨越拐点值后，农村居民人均可支配收入曾经出现过下滑，而后于 2001 年再次跨越了拐点值。第二类是 2000 年以后跨越拐点值的省份，其中江西和河南于 2001 年跨越拐点值，陕西、内蒙古、安徽、广西、四川、宁夏均于 2002 年跨越拐点值，新疆和青海分别于 2003 年和 2004 年跨越拐点值，云南、陕西和甘肃于 2006 年跨越拐点值，而贵州于 2007 年跨越拐点值，是所有省份中跨越拐点值最晚的。需要说明的是，安徽于 2002 年首次跨越拐点值后农村居民人均可支配收入出现了一年的下滑，并于 2004 年再次跨越拐点值。综合上述分析可知，当农村居民收入水平较低时，农户施用农药面临着资金约束，因此随着收入水平不断提高，农药施用量也会不断提高；但是当农村居民收入水平较高时，农户更加注重科学生产、绿色生产和健康生产，这种农业生产观念的转变使得更高收入的农户更少地施用农药（张超等，2019）。

3.2.4　农药施用强度影响因素的估计结果

为了更进一步解释宏观视角下我国农药施用的变化，本章在上述分析基础上深入探讨了宏观视角下我国农药施用强度的影响因素。计量经济模型的估计结果见表 3-8。其中，检验组间异方差的沃德统计量、检验一阶组内自相关的 F 统计量和检验组间同期相关的弗瑞斯统计量均在 1% 的水平上显著，从而分别拒绝了组间异方差、组内自相关和组间同期相关不存在的原假设。这也就意味着，采用固定效应模型或随机效应模型估计方法对农药施用强度的影响因素进行估计无法得到无偏一致估计量，而采用全面可行广义最小二乘法是合理必要的。

表 3 - 8　　　　　　　　　　　农药施用强度影响因素的估计结果

变量	(1)	(2)	(3)
政府农技员密度对数	0.055 *** (0.005)	0.088 *** (0.007)	0.067 *** (0.007)
政府农技推广体系逆商业化改革		0.699 *** (0.031)	1.200 *** (0.072)
政府农技员密度对数 × 政府农技推广体系逆商业化改革		- 0.023 *** (0.008)	- 0.044 *** (0.007)
农作物播种面积对数			- 3.404 *** (0.128)
农作物播种面积对数的平方			0.257 *** (0.011)
粮食作物播种面积比例			0.001 ** (0.001)
全年平均气温对数			- 0.003 (0.013)
全年累计降水量对数			- 0.001 (0.004)
上一年农产品生产价格指数对数			0.161 *** (0.020)
农药价格指数对数			- 0.170 *** (0.027)
农村居民人均可支配收入对数			4.704 *** (0.203)
农村居民人均可支配收入对数的平方			- 0.294 *** (0.013)
省份虚拟变量	已控制	已控制	已控制
年份虚拟变量	已控制	已控制	已控制
常数项	1.607 *** (0.037)	1.530 *** (0.041)	- 6.461 *** (0.850)

续表

变量	(1)	(2)	(3)
组间异方差（沃德统计量）	2.600×10^5 ***	0.649×10^5 ***	0.258×10^5 ***
一阶组内自相关（F 统计量）	50.162 ***	55.356 ***	58.234 ***
组间同期相关（弗瑞斯统计量）	6.643 ***	6.624 ***	6.261 ***
观察值	550	550	550

注：括号内是标准误。*、** 和 *** 分别表示在 10%、5% 和 1% 的统计水平上显著。

概括而言，宏观视角下我国农药施用强度受到政府农技员密度、政府农技推广体系逆商业化改革、农作物播种面积、粮食作物播种面积比例、上一年农产品生产价格指数、农药价格指数、农村居民人均可支配收入等因素的影响。其中，政府农技员密度对宏观视角下我国农药施用强度具有显著的正向影响，但是这种正向影响在政府农技推广体系逆商业化改革前后存在显著差异。在不加入政府农技推广体系逆商业化改革虚拟变量和其他解释变量的情况下，政府农技员密度对数的系数为 0.055，表明政府农技员密度每增加 1% 会使得农药施用强度增加 0.055%（见表 3 - 8）。在此基础上加入政府农技推广体系逆商业化改革虚拟变量及其与政府农技员密度对数的交互项以后，结果发现政府农技员密度对农药施用强度的影响程度在政府农技推广体系逆商业化改革前后存在一定差异。政府农技推广体系逆商业化改革以前，政府农技员密度每增加 1% 会使得农药施用强度增加 0.088%；改革以后，政府农技员密度每增加 1% 会使得农药施用强度增加 0.065%（0.088% - 0.023%）（见表 3 - 8）。如果进一步加入其他解释变量，政府农技推广体系逆商业化改革前后政府农技员密度每增加 1% 将导致农药施用强度分别增加 0.067% 和 0.023%（0.067% - 0.044%）（见表 3 - 8）。上述结果可知，政府农技员密度对农药施用强度的影响与政府农技员人数对农药施用量的影响高度相似。这进一步证明，政府农技推广体系逆商业化改革有效地减弱了政府农技推广服务对农药施用的推动作用，但是产量导向型农业政策体系未发生改变的条件下，政府农技推广服务仍然可能进一步提高农药施用量和农药施用强度。这从一定程度上解释了为什么政府农技推广体系逆商业化改革后的农药施用强度仍然大于改革前的农药施用强度。

农作物播种面积和农药施用强度之间的关系呈现"U"形特点。表 3 - 8

的估计结果发现，农作物播种面积对数的一次项系数为 -3.404，二次项系数为 0.257，两者均在 1% 的水平上显著。这也就是说，农药施用强度随着农作物播种面积的不断扩大先减少而后增加。根据上述估计系数，可计算得到农作物播种面积的拐点值为 751.9 万公顷。当农作物播种面积小于 751.9 万公顷时，农作物播种面积对农药施用强度具有显著的负向影响；当农作物播种面积大于 751.9 万公顷时，农作物播种面积对农药施用强度具有显著的正向影响。如前所述，2016 年 25 个省份的平均农作物播种面积为 646.9 万公顷，这表明总体上我国农作物播种面积尚未跨越该 "U" 形曲线的拐点值。这就意味着，在 2016 年的基础上，我国农作物播种面积的进一步扩大可能会继续提高农药施用强度。不过，各个省份的农作物播种面积差异悬殊。2016 年，农作物播种面积小于 751.9 万公顷的省份包括青海、宁夏、福建、浙江、山西、甘肃、陕西、广东、辽宁、贵州、江西、新疆、广西、吉林和云南；而农作物播种面积大于 751.9 万公顷的省份包括江苏、湖北、湖南、河北、安徽、内蒙古、四川、山东、黑龙江和河南。这就意味着，2/3 的省份随着农作物播种面积的扩大将会促进农药施用强度的降低，而 1/3 省份的农药施用强度可能会因为农作物播种面积的扩大而再次提高。

粮食作物播种面积比例对农药施用强度具有显著的正向影响。表 3 - 8 的计量经济模型估计结果显示，粮食作物播种面积比例的系数等于 0.001，且在 5% 的水平上显著。这表明，在其他因素不变的条件下，粮食作物播种面积每提高 1% 将使得农药施用强度增加 0.001%（见表 3 - 8）。这和表 3 - 7 的结果是一致的。总体而言，1995 ~ 2016 年期间我国各个省份的农作物播种面积变化不大，因此农药施用量的变化主要取决于农药施用强度的变化，两者的变化趋势保持高度一致。

农产品价格的提高显著促进农药施用强度的增加，而农药价格的提高则显著降低农药施用强度。估计结果发现，上一年农产品生产价格指数对数的系数为 0.161，且在 1% 的水平上显著，表明上一年农产品生产价格每提高 1% 会促使农药施用强度增加 0.161%（见表 3 - 8）。同时，农药价格指数对数的系数为 -0.170，且在 1% 的水平上显著，表明农药价格每提高 1% 会促使农药施用强度减少 0.170%（见表 3 - 8）。

农村居民人均可支配收入对农药施用量的影响也呈现倒 "U" 形特点。表 3 - 8 显示，农村居民人均可支配收入对数的一次项系数等于 4.704，且在

1% 的水平上显著；二次项系数等于 - 0. 294，也在 1% 的水平上显著。因此，当农村居民人均可支配收入对农药施用强度的边际影响等于零时，可求得倒 "U" 形曲线的拐点值为 2 981. 0 元。当农村居民人均可支配收入小于 2 981. 0 元时，农村居民人均可支配收入增长会导致农药施用强度增加；当农村居民人均可支配收入大于 2 981. 0 元时，农村居民人均可支配收入增长则会导致农药施用强度减少。如前所述，2016 年 25 个省份的平均农村居民人均可支配收入为 5 815. 8 元，这表明我国农村居民人均可支配收入已经远超该拐点值。

3.3　微观视角下农户的农药施用特点

为了从微观视角继续分析我国农户的农药施用特点，本章采用了对长江流域和珠江流域水稻、黄土高原和环渤海地区苹果、华南和西南地区茶叶以及环渤海地区设施蔬菜（含设施番茄和设施黄瓜）生产时的农药施用调查数据。其中，水稻农药施用调查在广州、贵州、湖北、江苏和浙江进行，苹果农药施用调查在陕西和山东进行，茶叶农药施用调查在广东、贵州和浙江进行，设施蔬菜农药施用调查在山东进行。农户样本选取根据随机抽样原则进行。具体而言，首先将每个省份的所有县按照农户人均收入分为较高收入组和较低收入组，从每组随机选取两个县作为样本县。其次，在此基础上按照类似方法在每个样本县随机选取两个样本乡镇，在每个样本乡镇随机选取两个样本村。再次，在每个样本村随机选取 20 个左右农户。最后，本章关于微观视角下农户农药施用特点的分析以上述 7 省 28 县 2 293 个农户的农药施用调查数据为基础。

3.3.1　不同农作物生产过程中的农药施用

我国不同农作物生产过程中农药施用量存在较大差异。根据 7 省 28 县 2 293 个农户的农药施用调查，总体上经济作物生产过程中单位面积农药施用量大于粮食作物生产过程中单位面积农药施用量。如图 3 - 5 所示，2016 年我国苹果生产过程中单位面积农药施用量高达 23.43 千克/公顷，设施番茄

和设施蔬菜生产过程中单位面积农药施用量分别达到了 10.79 千克/公顷和
9.15 千克/公顷。相比而言，水稻作为我国主要粮食作物，其生产过程中的
单位面积农药施用量为 4.34 千克/公顷，比上述三类经济作物生产过程中的
单位面积农药施用量分别低 19.09 千克/公顷、6.45 千克/公顷和 4.81 千克/
公顷。值得说明的是，茶叶虽然也是重要经济作物，但是其生产过程中单位
面积农药施用量仅为 4.18 千克/公顷，远低于上述三类经济作物生产过程中
的单位面积农药施用量，甚至低于水稻生产过程中的单位面积农药施用量。

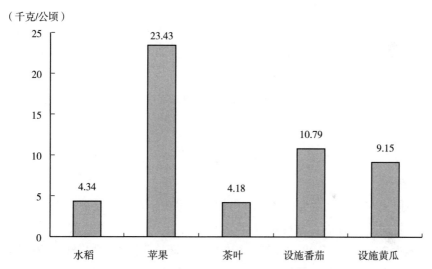

图 3 - 5　2016 年我国不同农作物生产过程中平均单位面积农药施用量

资料来源：笔者实地调查。

　　对于同一类型农作物，不同地区的单位面积农药施用量也不尽相同。以
水稻生产为例，江苏水稻生产过程中单位面积农药施用量最高，达到 5.95 千
克/公顷；其次是广东和浙江，其水稻生产过程中单位面积农药施用量分别为
4.81 千克/公顷和 4.23 千克/公顷（见图 3 - 6）。相比而言，湖北和贵州水稻
生产过程中的单位面积农药施用量最低，分别为 3.41 千克/公顷和 3.32 千
克/公顷。在苹果生产中，山东农户的单位面积农药施用量最高，达到 40.25
千克/公顷，而陕西农户的单位面积农药施用量相对较低，为 17.08 千克/公
顷。不难看出，山东农户在苹果生产过程中的单位面积农药施用量是陕西农

户单位面积农药施用量的 2.36 倍。在茶叶生产中，浙江农户的单位面积农药施用量最高，达到 9.45 千克/公顷，广东农户的单位面积农药施用量为 5.28 千克/公顷，而贵州农户的单位面积农药施用量最低，仅为 2.17 千克/公顷。

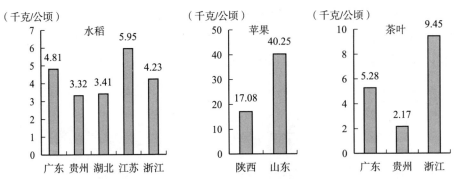

图 3 – 6　2016 年我国不同省份不同农作物生产过程中平均单位面积农药施用量
资料来源：笔者实地调查。

3.3.2　不同防治对象的农药施用

一般而言，农药主要是防治农作物生产过程中发生的虫害、病害和草害。因此，针对不同防治对象可将农药分为杀虫剂、杀菌剂和除草剂三种类型。本章根据 2016 年 7 省 28 县 2 293 个农户的农药施用调查数据分析了不同防治对象的农药施用情况。需要说明的是，农药施用调查过程中部分农户不能准确说明其所施用农药的名称。我国不同农作物生产过程中杀虫剂、杀菌剂和除草剂的单位面积施用量及其比例见表 3 – 9。

表 3 – 9　　　　2016 年我国不同农作物生产过程中不同防治
对象农药的单位面积施用量

作物类型	不同农药单位面积施用量（千克/公顷）				不同农药单位面积施用量比例（％）			
	杀虫剂	杀菌剂	除草剂	无法确定农药	杀虫剂	杀菌剂	除草剂	无法确定农药
水稻	1.90	1.18	1.12	0.13	43.88	27.25	25.87	3.00
苹果	5.54	16.40	1.19	0.30	23.64	70.00	5.08	1.28

续表

作物类型	不同农药单位面积施用量（千克/公顷）				不同农药单位面积施用量比例（%）			
	杀虫剂	杀菌剂	除草剂	无法确定农药	杀虫剂	杀菌剂	除草剂	无法确定农药
茶叶	0.87	0.06	3.21	0.04	20.81	1.44	76.79	0.96
设施番茄	2.16	8.62	0.01	0.00	20.02	79.89	0.09	0.00
设施黄瓜	0.53	8.58	0.03	0.00	5.80	93.86	0.33	0.01

资料来源：笔者实地调查。

　　总体而言，我国不同农作物生产过程中杀虫剂、杀菌剂和除草剂的单位面积施用量存在一定差异。如表 3－9 所示，在水稻生产过程中，杀虫剂、杀菌剂和除草剂的单位面积施用量相差不大，分别为 1.90 千克/公顷、1.18 千克/公顷和 1.12 千克/公顷，占全部农药单位面积施用量的比例分别为43.88%、27.25%和25.87%。不难看出，水稻生产过程中杀虫剂、杀菌剂和除草剂施用相对均衡。

　　苹果生产过程中杀菌剂单位面积施用量最大，高达 16.40 千克/公顷，占全部农药单位面积施用量的比例相应地达到了 70.00%（见表 3－9）。苹果生产中的杀虫剂单位面积施用量比杀菌剂低得多，但是仍然高达 5.54 千克/公顷，占全部农药单位面积施用量的比例为 23.64%（见表 3－9）。相比而言，除草剂在苹果生产过程中的需求较小，其单位面积施用量仅为 1.19 千克/公顷，占全部农药单位面积施用量的比例仅为 5%左右（见表 3－9）。

　　不同于水稻和苹果，茶叶生产过程中的除草剂单位面积施用量最大，为 3.21千克/公顷，占全部农药单位面积施用量的比例超过了 75%（见表 3－9）。茶叶生产过程中杀虫剂单位面积施用量比水稻和苹果生产过程中杀虫剂单位面积施用量低得多，仅为 0.87 千克/公顷，占茶叶生产过程中全部农药单位面积施用量的比例为 20.81%（见表 3－9）。相较于除草剂和杀虫剂，茶叶生产对杀菌剂的需求最低，其单位面积施用量仅为 0.06 千克/公顷，占全部农药单位面积施用量的比例也仅为 1.44%（见表 3－9）。

　　在设施番茄和设施黄瓜生产过程中，不同防治对象农药的单位面积施用量比例和苹果类似，即杀菌剂单位面积施用量最大、杀虫剂单位面积施用量次之，而除草剂单位面积施用量最小。例如，在设施番茄和设施黄瓜生产过程中，杀菌剂单位面积施用量分别高达 8.62 千克/公顷和 8.58 千克/公顷，占全部农药单位面积施用量的比例分别为 79.89% 和 93.86%（见表 3 - 9）。同时，在设施番茄和设施黄瓜生产过程中，杀虫剂的单位面积施用量分别为 2.16 千克/公顷和 0.53 千克/公顷，占全部农药单位面积施用量的比例分别为 20.02% 和 5.80%（见表 3 - 9）。相比而言，设施番茄和设施黄瓜生产过程中，除草剂需求最小，占全部农药单位面积施用量的比例均不到 1%（见表 3 - 9）。

3.3.3　农药施用方式

本章基于农户农药施用调查数据分析我国农户的农药施用方式。总体而言，我国农户在农作物生产过程中的农药施用方式主要包括采用手动喷雾器施药、采用电动机动喷雾器施药以及采用有人飞机或无人机施药（见表 3 - 10）。

表 3 - 10　　　　　2016 年我国采用不同农药施用方式的农户分布

作物类型	采用不同农药施用方式的农户数量（户）			采用不同农药施用方式的农户比例（%）		
	手动喷雾器	电动机动喷雾器	有人飞机或无人机	手动喷雾器	电动机动喷雾器	有人飞机或无人机
水稻	863	589	9	70.56	48.16	0.74
苹果	147	395	3	32.74	87.97	0.67
茶叶	259	110	2	43.02	18.27	0.33
设施番茄	51	25	0	68.00	33.33	0.00
设施黄瓜	96	48	0	69.06	34.53	0.00

注：由于部分农户在水稻、苹果、设施黄瓜和设施蔬菜生产过程中可能采用多种农药施用方式，因此采用不同农药施用方式的农户比例之和大于 100%，而部分农户在茶叶生产过程中未施用农药，因此采用不同农药施用方式的农户比例小于 100%。

资料来源：笔者实地调查。

我国不同农作物生产过程中农户采用的农药施用方式也存在一定差异。在水稻生产过程中，采用手动喷雾器是农户最主要的农药施用方式。具体而言，863 个农户在水稻生产过程中采用手动喷雾器施药，占全部水稻生产农户的比例高达 70.56%（见表 3 - 10）。同时，589 个农户在水稻生产过程中采用电动机动喷雾器施药，占全部水稻生产农户的比例为 48.16%（见表 3-10）。值得注意的是，极少数水稻生产农户开始采用有人飞机或无人机施药，2016年的调查发现这部分农户占全部水稻生产农户的比例为 0.74%（见表 3-10）。但是，近年来无人机在我国农业领域的应用取得了长足发展，越来越多水稻生产农户在农业生产过程中采用无人机进行病虫害防治（李桦等，2022）。因此，采用有人飞机或无人机进行农药施用的水稻生产农户比例将会更高。

在苹果生产过程中，农户最普遍的农药施用方式是采用电动机动喷雾器。由于果树较高，一般手动喷雾器难以取得良好的施药效果，因此在苹果生产过程中需要采用动力更足、喷雾距离更远的电动机动喷雾器进行农药施用。根据农户农药施用调查数据，395 个农户在苹果生产过程中采用电动机动喷雾器施药，占全部苹果生产农户的比例接近 90%（见表 3-10）。与此同时，也有相当一部分苹果生产农户采用手动喷雾器进行农药施用。这主要是因为部分农户经营的苹果园面积相对较小，采用电动机动喷雾器施药在经济上不划算，这一部分农户占全部苹果生产农户的比例也达到了 32.74%（见表 3-10）。

在茶叶生产过程中，大量农户不施用农药。这主要和茶叶生产特点存在密切关系。不同于水稻和苹果，农药施用较多将可能大幅度提高茶叶表面的农药残留量，从而引起茶叶质量安全问题。因此，一般茶叶生产过程中的农药施用量相对较低。农户在茶叶生产过程中为了确保茶叶农药残留不超标，往往采用生物方式或其他方式来防治病虫害。调查发现，采用手动喷雾器施药的茶叶生产农户占全部茶叶生产农户的比例为 43.02%，同时 18.27% 的茶叶生产农户也采用电动机动喷雾器施药（见表 3-10）。

设施蔬菜生产的农药需求比较大，但是囿于设施蔬菜生产处于相对密闭的大棚或温室，因此其农药施用方式更适合于比较传统的手动喷雾器方式。调查发现，无论是设施番茄还是设施黄瓜生产过程中，采用手动喷雾器进行农药施用的农户比例均接近于 70%（见表 3-10）。与此同时，也有相当一部分农户在设施蔬菜生产过程采用电动机动喷雾器完成农药施用作业。其中，设施番茄生产过程中 33.33% 的农户采用电动机动喷雾器施药，而设施黄瓜生产过程中 34.53% 的农户采用电动机动喷雾器施药（见表 3-10）。

3.4 主 要 结 论

本章从宏观和微观两个视角分别研究了我国农药施用的现状。宏观视角下我国农药施用变化和比较分析主要探讨了农药施用的时间序列特征、主要农作物的农药施用比较、不同地区的农药施用比较以及与世界其他主要国家的农药施用比较。在此基础上，本章采用1995~2016年省级面板数据实证考察了我国各个省份农药施用量和农药施用强度的影响因素。除此以外，本章基于2016年7省28县2 293个农户的农药施用调查数据，从微观视角分析了我国农户的农药施用特点，主要探讨了不同农作物生产过程中的农药施用、不同方式对象的农药施用以及农药施用方式。本章主要得到以下几点研究结论：

（1）在宏观视角下，我国农药施用总量和单位播种面积农药施用量呈现先增加后减少的变化趋势。1991~2020年期间，我国不同阶段农药施用总量和单位播种面积农药施用量呈现出早期快速增长、中期缓慢增长、后期加速减少的演变格局。粮食作物和经济作物生产过程中农药费用及其变化趋势存在较大差异。相较于小麦、玉米和大豆，稻谷生产过程中单位面积农药费用明显较高。1991~2020年期间，我国四大主要粮食作物平均单位面积农药费用从"八五"时期到"十三五"时期一直保持增长势头。我国不同经济作物生产过程中单位面积农药费用及其变化趋势也存在明显差异以及不同阶段的差异化变化趋势。我国东部、中部地区农药施用总量和单位播种面积农药施用量较高，而西部地区农药施用总量和单位播种面积农药施用量较低。1991~2019年期间，我国农药施用量占世界农药施用量的比例总体上先提高后下降，且远高于其他国家。

（2）宏观视角下我国农药施用量和农药施用强度受到政府农技员人数（密度）、农作物播种面积、粮食作物播种面积比例、农产品生产价格指数、农药价格指数、农村居民人均可支配收入等因素的影响。政府农技员人数（密度）对农药施用量和农药施用强度存在正向影响，但是政府农技推广体系的逆商业化改革有效减弱了政府农技员人数（密度）对农药施用量和农药施用强度的正向影响。农作物播种面积对农药施用量和农药施用强度的影响呈现"U"形特点。对于农药施用量而言，2016 年各个省份农作物播种面积远超"U"形曲线拐点值；但是对于农药施用强度而言，2016 年我国农作物播种面积总体上尚未跨越"U"形曲线拐点值。粮食作物播种面积比例显著提高了农药施用量和农药施用强度。农产品价格的提高显著促进农药施用量和农药施用强度的增加，而农药价格提高则显著降低农药施用量和农药施用强度。农村居民人均可支配收入对农药施用量和农药施用强度具有倒"U"形影响。2016 年各个省份的农村居民人均可支配收入总体上远超倒"U"形曲线拐点值。

（3）从微观视角看，我国不同农作物生产过程中农药施用量存在较大差异。除了茶叶以外，苹果和设施蔬菜等经济作物生产过程中的单位面积农药施用量大于粮食作物生产过程中单位面积农药施用量。对于同一类型农作物，不同地区单位面积农药施用量也不尽相同。针对不同防治对象，水稻生产过程中杀虫剂单位面积农药施用量最大，但是杀菌剂和除草剂单位面积施用量也较大，三者差异不大；苹果生产过程中杀菌剂单位面积施用量最大，而除草剂单位面积施用量最小；茶叶生产过程中除草剂单位面积施用量最大，而杀菌剂单位面积施用量最小；设施蔬菜生产过程中杀菌剂单位面积施用量最大，杀虫剂单位面积施用量次之，而除草剂单位面积施用量最小。就农药施用方式而言，我国农户的农药施用方式主要包括采用手动喷雾器施药、采用电动机动喷雾器施药以及采用有人飞机或无人机施药。水稻生产农户采用手动喷雾器和电动机动喷雾器施药均比较普遍，同时部分农户开始采用有人飞机或无人机施药。苹果生产过程中，农户最主要的农药施用方式是采用电动机动喷雾器。在茶叶生产过程中，大量农户不施用农药，而采用手动喷雾器施药最普遍。设施蔬菜生产农户主要采用手动喷雾器施药，同时相当一部分农户采用电动机动喷雾器完成农药施用作业。

第 **4** 章

信息获取成本的影响因素
及对农药施用的影响

　　农户的农药施用技术信息获取行为主要取决于信息获取成本。在技术信息来源呈现多元化的特点下，信息获取成本深刻影响着农户的农药技术信息来源。本章基于 2018 年对我国长江流域 1002 个水稻种植户的随机抽样调查数据从不同维度测度了农户放入农药施用技术信息获取成本，在此基础上建立计量经济模型定量考察了农户信息获取成本的影响因素及其对农户农药施用的影响。

4.1 引　　言

　　农业技术信息来源多元化以及农户技术需求多样化深刻影响着我国农户在农业生产过程中的农业技术信息获取行为。一方面，我国农业技术信息来源从较早单一的政府农技推广体系逐渐发展为包含政府农技推广体系在内的农业社会化服务体系以及基于现代通信技术的技术信息平台（高强和孔祥智，2013；仝志辉等，2015；郑小玉等，2020；钟真等，2021）。另一方面，我国农业经营主体不断分化，尽管小农户仍然是我国农业生产主体力量，而专业大户、家庭农场、农民合作社、农业产业化龙头企业等新兴农业经营主体也不断发展壮大（胡瑞法等，2019；张超等，2020；李忠鞠等，2021）。需要强调的是，不同类型农业经营主体的技术需求不同，且从多元化农业技术信息传递主体获取技术信息的能力也不尽相同。

技术信息获取是影响农户生产行为特别是农药施用行为的关键因素。在农业生产和农业技术信息传递的市场化特征不断强化的条件下，农户的农药施用行为以及农药施用技术信息获取行为都应置于市场交易的框架下加以考察。换言之，农户的农药施用行为是农药施用技术交易的结果。农户在获取农药施用技术信息的过程中会面临一些可观测和不可观测的成本，而不同的农户面临的这种成本不尽相同。例如，有些农户和政府农技推广人员、农药零售店等农药施用技术信息传递者熟识，则可以较容易或以较低成本获取农药施用技术信息。但是，也可能有些农户与上述农药施用技术信息传递者并不熟识，则相对难以获得农药施用技术信息，或者说获取农药施用技术信息的成本较高。概括而言，农户面临的上述成本在本书中被定义为信息获取成本。

信息获取成本可以置于交易成本理论框架下加以考察。根据交易成本理论，经济当中的任何一笔交易都面临着一定的交易成本，而交易成本又可以简单地分为信息成本、谈判成本和执行成本（张五常，1983；威廉姆森，1985）。本书中的信息获取成本大致相当于交易成本理论所说的信息成本。国内外学者围绕着信息获取成本的研究更多是在交易成本范畴下进行的，以往相关研究主要分为三类。第一类研究围绕着农户交易成本影响因素而展开。例如，扎内罗（2012）研究了移动手机和广播等信息通信技术普及对加纳北部农户交易成本和市场参与的影响。连雪君等（2014）基于内蒙古 194 个农户的调查数据分析了土地细碎化、交易成本和农业生产的关系，指出土地细碎化增加了农户的信息成本，造成部分农户种植决策困难。康世家等（2022）从信息成本、谈判成本和执行成本三个维度实证考察了信息通信技术对交易成本的影响，基于河北和山东 1 338 个蔬菜种植户调查数据的估计结果发现信息通信技术可以通过改善信息精确度和减少搜寻难度来降低农户的信息成本。高天志等（2023）基于山东、山西和陕西 1 475 个农户数据考察了数字农技推广服务对农户绿色生产技术选择的影响，发现数字农技推广服务通过降低信息搜寻成本、谈判成本和获取成本促进农户选择绿色生产技术。

第二类研究考察了交易成本对农户生产行为的影响。例如，温特－尼尔森和泰穆（2005）考察了相对价格和交易成本对坦桑尼亚咖啡种植户农业化学品投入的影响，样本选择模型估计结果表明产出价格对农业化学品购买具有重要影响，而固定交易成本和可变交易成本均显著影响农户的农业化学品投入决策。王静和霍学喜（2014）在构建农户要素稀缺诱致性技术选择行为及技术交易制度安排分析框架的基础上，分析了技术交易制度安排所产生的交易成本对农户要素稀缺诱致性技术选择行为的影响，结果表明不同技术交易制度安排所产生的信息成本存在差异，从而对农户要素稀缺诱致性技术选择行为产生差异化影响。宋金田和祁春节（2013）考察了交易成本对农户农业技术需求的影响，结果发现交易成本是影响农户农业技术需求的重要因素，反映信息成本的家庭是否拥有通信及信息接收设备、家庭是否能够收看相关农业频道节目、是否和其他农户经常交流等变量对农户农业技术需求具有显著的正向影响。廖文梅等（2021）采用赫克曼两阶段模型分析了交易成本对农户生产环节外包行为的影响，结果发现亲朋好友数量、是否有农民专业技术协会等信息成本对农户参与生产环节外包行为具有显著促进作用。部分研究分析了交易成本对农户生产分工或协作行为的影响。例如，应瑞瑶和王瑜（2009）利用江苏省农户调查数据的研究发现，信息成本对养猪户垂直协作方式选择的影响显著。蔡荣和韩洪云（2011）基于苹果种植户的调查数据分析了交易成本对农户垂直协作方式选择的影响，结果表明交易成本对农户垂直协作方式选择具有显著影响，其中苹果市场价格波动幅度大、获取市场信息困难、交易对象机会主义、距果品市场较远、苹果销售存在运输困难等因素可以促使农户从现货市场交易专项销售合同或合作社交易。温亚平等（2021）在交易成本理论的基础上，实证分析了交易成本对农户林业生产分工行为的影响，发现衡量信息成本的周围农户参与分工的比例显著地促进了农户的林业生产分工行为。

第三类研究分析了交易成本对农户市场参与行为的影响。其中，屈小博和霍学喜（2007）考察了农产品流通中交易成本对农户农产品销售行为的影响及不同经营规模农户销售农产品时面临的约束，结果发现信息成本对不同经营规模农户都有较强约束，而农户普遍比较缺乏及时可靠的市场信息来源，获取市场信息的成本较高。黄祖辉等（2008）实证分析了交易费用和农户契约选择的关系，基于农户调查数据的研究结果表明，相对于最传统的农户自行零售方式而言，以信息成本、谈判成本和执行成本为代表的交易成本对农户选择不同的契约方式具有显著影响。赵梦平和符刚（2009）从理论层面分析了信息成本对农产品销售定价、渠道和策略的影响。宋金田和祁春节

（2011）利用湖北省宜昌市柑橘种植户的调查数据考察了交易成本对农户柑橘销售方式选择的影响，结果表明反映信息成本的是否了解柑橘市场行情变量对农户选择自行销售方式具有显著的正向影响，而反映信息成本的是否通过中间商了解柑橘价格变量对农户选择自行销售方式具有显著的负向影响。侯建昀和霍学喜（2013）基于苹果种植户调查数据研究了交易成本对农户农产品销售渠道选择的影响，结果发现交易成本对农户销售渠道选择具有显著影响，其中表征信息成本的与购买者联系方式和市场信息来源对农户销售渠道选择具有显著负向影响。牛亚丽和周静（2014）考察了农户交易成本的认知对其农超对接参与行为的影响，结果发现较低的交易成本是促进农户更积极参与农超对接的内在因素。李欣怡和伊藤（2021）基于甘肃省 86 个县的面板数据考察了农村土地租赁发展的影响因素，主要发现农业合作社对于土地租赁发展具有显著正向影响，而交易成本对土地交易具有不利影响，同时公共组织和农村合作行为在减少交易成本方面具有重要作用。

　　本章的主要目的是对农户的信息获取成本进行测度，从而在此基础上进一步考察农户信息获取成本的影响因素及其对农药施用的影响。为了分析上述问题，本章的研究数据来自 2018 年对我国长江中下游地区湖北、江苏和江西三省 1 002 个水稻种植户的随机抽样调查。基于农户调查数据，本章从不同维度测度农户的信息获取成本，采用统计学和计量经济学方法考察各种不同因素对农户信息获取成本的影响，在此基础上进一步分析信息获取成本对农户农药施用的影响。

4.2　数据来源和变量选取

4.2.1　数据来源

　　本章的研究数据来自 2018 年 4 月对我国长江中下游地区的湖北、江苏和江西三省水稻种植户的调查。长江中下游地区是我国主要水稻种植区域之一，而上述三个省份是我国长江中下游地区的重要水稻主产省，为保障我国国家粮食安全作出了重要贡献。农户选取采用随机抽样方法进行。具体而言，在每个省选取一个水稻生产县，在被选取的水稻生产县随机选取四个乡镇，在每个乡镇随机选取四个村，最后根据村委会提供的农户花名册在每个村随机选取大约 20 个水稻种植户。需要说明的是，每个村的农户数量并不完全一致，剔除一些无法参与问卷调查或提供的调查信息不完整的农户后，本章研究的样本包括 1 002 个水稻种植户。本章的研究数据通过一对一的问卷调查形式取得。对于每一个随机选取的水稻种植户，课题组对户主或者该户实际务农决策人进行访问。为了方便表述，本章把户主或实际务农决策人统称为户主。

4.2.2　变量选取

本章一方面在测度农户的信息获取成本基础上考察农户信息获取成本的影响因素，另一方面进一步分析信息获取成本对农户农药施用的影响。因此，本章的一个重要问题是构建农户信息获取成本的测度方法和指标体系。在此基础上，本章还需要根据调查数据选取其他一系列影响农户信息获取成本和农药施用的变量。总体而言，本章涉及的变量包括六类：单位面积农药施用量、信息获取成本、社会资本、个人和家庭基本特征、农业种植特征以及非农工作特征。

（1）单位面积农药施用量。农药施用是本章的被解释变量之一。根据农户调查数据，本章以农户在水稻种植过程中的农药施用量和水稻种植面积的比值即单位面积农药施用量作为被解释变量。需要强调的是，本章在计算单位面积农药施用量时采用了有效成分比例进行了折算。

（2）信息获取成本指数。一般而言，信息获取成本越高则表明农户获取技术信息的难度更大。本章根据调查数据从五个维度衡量农户的信息获取难度，分别包括农户到村委会距离是否超过 1 公里、是否会使用微信、是否有农技员或农药店电话、是否能看懂农药瓶子信息以及是否有亲戚朋友提供农药施用建议。这五个维度分别设置一个虚拟变量，即如果农户到村委会距离超过 1 公里，则赋值为"1"，否则赋值为"0"；农户不会使用微信赋值为"1"，否则赋值为"0"；农户没有农技员或农药店电话赋值为"1"，否则赋值为"0"；农户看不懂农药瓶子信息赋值为"1"，否则赋值为"0"；没有亲戚朋友教用农药赋值为"1"，否则赋值为"0"。本章把上述五个虚拟变量的取值加总以测度信息获取成本，并把该指标定义为信息获取成本指数。因此，信息获取成本指数越高表明信息获取成本越高，即农户获取技术信息面临更大难度。

（3）社会资本。在农户信息获取成本的影响因素中，社会资本可能具有重要作用。因此，本章在信息获取成本影响因素的实证研究过程中加入了若干个表征社会资本的变量，分别从农户的手机联系人数量、经常串门户数、参加红白喜事频次以及聚餐频次四个维度进行构建。具体而言，如果农户的手机联系人至少为 50 人则赋值为"1"，否则赋值为"0"；农户经常串门的户数至少为 10 户赋值为"1"，否则赋值为"0"；农户平均每两月至少参加 1 次红白喜事赋值为"1"，否则赋值为"0"；农户平均每月参加至少 1 次聚餐赋值为"1"，否则赋值为"0"。

（4）个人和家庭基本特征。除了上述变量以外，农户的个人和家庭基本特征既是信息获取成本的重要影响因素，也可能会影响农户的农药施用。总体而言，本章主要考虑了农户的性别、年龄、政治身份、教育和家庭劳动力禀赋等变量。其中，如果户主为男性则赋值为"1"，否则赋值为"0"；如果户主为村干部或党员则赋值为"1"，否则赋值为"0"。此外，户主年龄以 2018 年农户调查时的周岁衡量，户主受教育程度以其参加正式的学校教育年限衡量，家庭劳动力禀赋以劳动力人数衡量。

（5）农业种植特征。农户的农业种植特征也是同时影响其信息获取成本和农药施用的关键因素。具体而言，本章主要考虑了两个刻画农户农业种植特征的变量。第一个是农户的水稻种植面积，反映了农户的农业种植规模，衡量单位为公顷。第二个农户的农业种植年限。

（6）非农工作特征。本章在农户信息获取成本的影响因素及其对农药施用影响的实证分析中，也考虑了非农工作特征。考虑到调查数据的可得性，本章主要加入了两个表征农户非农工作特征的变量。第一个是农户是否具有外出务工经历，如果农户曾经外出务工则赋值为"1"，否则赋值为"0"。第二个是农户是否在务农特别是种植水稻的同时兼职从事非农工作，如果是则赋值为"1"，否则赋值为"0"。

表 4 - 1 汇报了本章主要变量的描述性统计结果。不难看出，1 002 个参加随机抽样调查的农户在水稻种植过程中的单位面积农药施用量平均为 2.497 千克/公顷，处于较高水平。同时，全部农户的平均信息获取成本为

2. 350，表明其处于中下水平。根据信息获取成本的测度方法，全部五个维度的虚拟变量均取值为"1"时则信息获取成本取值为"5"，代表农户很难获取有效技术信息；反过来，全部五个维度的虚拟变量均取值为"0"时则信息获取成本取值为"0"，代表农户较易获取有效技术信息。从五个维度的角度分别看，本章发现42.3%的农户到村委会距离超过1公里，50.1%的农户不会使用微信，44.2%的农户没有农技员或农药店的联系电话，29.9%的农户看不懂农药瓶子信息，而高达68.5%的农户无法从亲戚朋友处获得农药施用的方法（见图4-1）。在农户的社会资本中，51%农户的手机联系人不少于50人，经常串门的农户数比少于10户的农户占比仅为26.8%，38%的农户平均每两月至少参加1次红白喜事，而36.9%的农户平均每月至少参加1次聚餐。在个人基本特征方面，绝大部分户主为男性，其比例高达94.3%，这些户主的平均年龄达到56岁。调查也发现，26.1%的户主是村干部或党员，而全部1 002个户主的平均受教育年限仅为6.942年。在家庭劳动力方面，调查发现平均每户拥有3.188个劳动力。在农业种植特征方面，1 002个农户的平均水稻种植面积为2.926公顷，而平均种植年限达到了33.486年。在非农工作特征方面，33.7%的户主具有不同程度的外出务工经历，而57.4%的户主当前仍然兼职从事非农工作。

表4-1 主要变量的描述性统计

变量	农户数	均值	标准差
单位面积农药施用量（千克/公顷）	1 002	2.497	2.225
信息获取成本指数	1 002	2.350	1.328
到村委会距离超过1公里（1＝是，0＝否）	1 002	0.423	0.494
不会使用微信（1＝是，0＝否）	1 002	0.501	0.500
没有农技员或农药店电话（1＝是，0＝否）	1 002	0.442	0.497
看不懂农药瓶子信息（1＝是，0＝否）	1 002	0.299	0.458
没有亲戚朋友提供农药施用建议（1＝是，0＝否）	1 002	0.685	0.465
手机联系人至少50人（1＝是，0＝否）	1 002	0.510	0.500
经常串门至少10户（1＝是，0＝否）	1 002	0.268	0.443
平均每两月至少1次红白喜事（1＝是，0＝否）	1 002	0.380	0.486

续表

变量	农户数	均值	标准差
平均每月至少 1 次聚餐（1 = 是，0 = 否）	1 002	0.369	0.483
男性（1 = 是，0 = 否）	1 002	0.943	0.232
年龄（岁）	1 002	56.060	8.107
村干部或党员（1 = 是，0 = 否）	1 002	0.261	0.440
受教育程度（年）	1 002	6.942	3.491
家庭劳动力（人）	1 002	3.188	1.139
水稻种植面积（公顷）	1 002	2.926	9.573
种植年限（年）	1 002	33.486	12.685
曾经外出务工（1 = 是，0 = 否）	1 002	0.337	0.473
兼职非农工作（1 = 是，0 = 否）	1 002	0.574	0.495

资料来源：笔者实地调查。

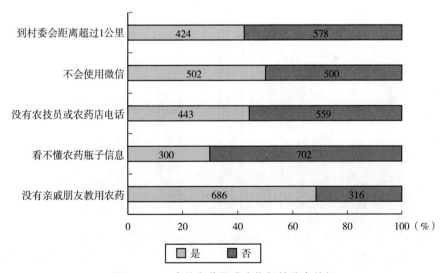

图 4 - 1　五类信息获取成本指标的分布特征

资料来源：笔者实地调查。

4.3　农户信息获取成本及其影响因素

图 4-2 反映了信息获取成本的具体分布特征。从不同信息获取成本频数分布上看，信息获取成本为"0"的农户为 80 个，占全部农户的比例为 8.0%；信息获取成本为"1"的农户为 208 个，占全部农户的比例为 20.8%。相比而言，信息获取成本为"2"的农户为 270 个，占全部农户的比例高达 26.9%。调查发现，信息获取成本较高的农户也占较大比例。总体上，444 个农户的信息获取成本不低于"3"，占全部农户的比例分别为 44.3%。其中，信息获取成本为"3"、"4"和"5"的农户数分别为 215 个、183 个和 46 个，占全部农户的比例分别为 21.5%、18.3% 和 4.6%。总体而言，农户信息获取成本存在较大异质性。

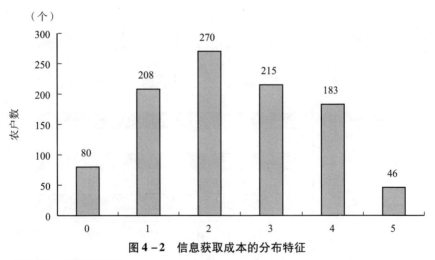

图 4-2　信息获取成本的分布特征

资料来源：笔者实地调查。

表 4-2 显示了农户的社会资本变量和信息获取成本之间的关系。一般而言，农户的手机联系人越多、经常串门的农户数越多、参加红白喜事频次越多、聚餐次数越多，都在一定程度上表明农户与其他人的联系更紧密、具有更广泛的社会网络，亦即较高水平的社会资本。总体上，农户的社会资本和

信息获取成本之间呈现负向关系。例如，手机联系人为 50 人及以上农户的信息获取成本指数仅为 1.699，而手机联系人为 50 人以下农户的信息获取成本指数则为 3.029，前者比后者显著低 1.330。经常串门农户数越多的农户，其信息获取成本也相对越低。其中，经常串门的农户数在 10 户及以上农户的信息获取成本指数为 1.996，但是经常串门的农户数在 10 户以下农户的信息获取成本指数则达到了 2.480，两者的差异也在 1% 的水平上显著。相较于较少参与红白喜事或聚餐的农户而言，较频繁参与红白喜事或聚餐农户的信息获取成本也更低。其中，平均每两月参加至少 1 次红白喜事和平均每月至少 1 次聚餐农户的信息获取成本指数分别仅为 2.097 和 1.995，而平均每两月参加红白喜事次数不足 1 次和平均每月聚餐次数不足 1 次农户的信息获取成本指数则分别为 2.506 和 2.559，均分别高于前者，且在 1% 的水平上显著。上述农户调查结果充分表明，社会资本和信息获取成本之间存在紧密联系，社会资本提高有助于降低农户信息获取成本。

表 4 - 2　　　　　　　　　社会资本和信息获取成本的关系

分组	农户数	信息获取成本指数	到村委会距离超过1公里	不会使用微信	没有农技员或农药店电话	看不懂农药瓶子信息	没有亲戚朋友提供农药施用建议
手机联系人							
50 人及以上	511	1.699 ***	0.442	0.247 ***	0.227 ***	0.168 ***	0.614 ***
50 人以下	491	3.029	0.403	0.766	0.666	0.436	0.758
经常串门							
10 户及以上	269	1.996 ***	0.413	0.390 ***	0.342 ***	0.212 ***	0.639 *
10 户以下	733	2.480	0.427	0.542	0.479	0.332	0.701
平均每两月红白喜事							
至少 1 次	381	2.097 ***	0.438	0.425 ***	0.357 ***	0.231 ***	0.646 **
1 次以下	621	2.506	0.414	0.548	0.494	0.341	0.709
平均每月聚餐							
至少 1 次	370	1.995 ***	0.422	0.392 ***	0.330 ***	0.208 ***	0.643 **
1 次以下	632	2.559	0.424	0.565	0.508	0.353	0.709

注：* 、 ** 和 *** 分别表示在 10% 、5% 和 1% 的水平上显著。
资料来源：笔者实地调查。

通过分析表 4 - 2 也可以看出，农户社会资本和不同维度信息获取成本的关系仍然具有一定差异性。其中，农户家庭到村委会距离和手机联系人数量、经常串门的农户数、参加红白喜事或聚餐频次等不存在显著关系。这可能在一定程度上说明，尽管村委会是我国农村地区农户获得农业技术信息的重要场所，但是农户选择宅基地的位置与其社会资本并不存在必然联系。同时，农户具有典型的群居特点，尽管存在少数农户距离社区中心（即村委会）较远，但是这并不是群体现象。相比而言，根据手机联系人数量、经常串门农户数、参加红白喜事和聚餐频次对农户进行分组后，调查发现不同组别的农户在是否会使用微信、是否具有农技员或农药店电话、是否能看懂农药瓶子信息以及是否具有亲戚朋友提供农药施用建议方面都存在显著差异。

上述简单的单因素统计分析尽管一定程度上分析了社会资本和农户信息获取成本的关系，但是忽略了其他因素和农户信息获取成本的关系。因此，本章将进一步建立计量经济模型对农户信息获取成本的影响因素进行实证分析。考虑到农户的信息获取成本可能受到多种因素的影响，本章建立一个多元回归模型如下：

$$
\begin{aligned}
Infcost_i = & \alpha_0 + \alpha_1 Mobile_i + \alpha_2 Visit_i + \alpha_3 Wedfun_i + \alpha_4 Dine_i + \alpha_5 Male_i + \alpha_6 Age_i \\
& + \alpha_7 Cadre_i + \alpha_8 Educ_i + \alpha_9 Labor_i + \alpha_{10} Size_i + \alpha_{11} Fyear_i \\
& + \alpha_{12} Migrant_i + \alpha_{13} Offarm_i + \alpha_{14} Prov_i + u_i \qquad (4.1)
\end{aligned}
$$

其中，$Infcost_i$ 表示第 i 个农户的信息获取成本指数或指标，$Mobile_i$ 表示农户手机联系人至少为 50 人的虚拟变量，$Visit_i$ 表示农户经常串门至少 10 户的虚拟变量，$Wedfun_i$ 表示农户平均每两月至少 1 次红白喜事的虚拟变量，$Dine_i$ 表示农户平均每月至少 1 次聚餐的虚拟变量，$Male_i$ 表示农户为男性的虚拟变量，Age_i 表示农户的年龄，$Cadre_i$ 表示农户为村干部或党员的虚拟变量，$Educ_i$ 表示农户的受教育程度，$Labor_i$ 表示农户的家庭劳动力，$Size_i$ 表示农户的水稻种植面积，$Fyear_i$ 表示农户的种植年限，$Migrant_i$ 表示户主曾经外出务工的虚拟变量，$Offarm_i$ 表示户主当前兼职非农工作的虚拟变量，$Prov_i$ 表示省份虚拟变量。$\alpha_0 \sim \alpha_{14}$ 表示待估系数，u_i 表示随机误差项。

表 4 - 3 汇报了农户信息获取成本影响因素的计量经济模型估计结果。如前所述，本章中信息获取成本指数是五个指标虚拟变量取值的加总，因此这是一个非负整数的计数变量。对于计数变量，通常可以采用泊松回归对计量经济模型进行估计。但是，泊松回归的估计系数并不能直接反映解释变量对被

解释变量的影响程度。因此，本章计算了各个解释变量的发生率（Incident - Rate Ratios，IRR）。同时，为了对比普通最小二乘法和泊松回归的结果差异，本章也在表 4 - 3 中汇报了普通最小二乘法的估计系数。

表 4 - 3 　　信息获取成本影响因素的普通最小二乘法和泊松回归估计结果

变量	普通最小二乘法	泊松回归	
		系数	发生率
手机联系人至少 50 人	- 0. 748 *** (0. 087)	- 0. 333 *** (0. 039)	0. 717 *** (0. 028)
经常串门至少 10 户	- 0. 150 ** (0. 076)	- 0. 069 * (0. 036)	0. 934 * (0. 034)
平均每两月至少 1 次红白喜事	- 0. 033 (0. 073)	- 0. 016 (0. 033)	0. 984 (0. 033)
平均每月至少 1 次聚餐	- 0. 107 (0. 076)	- 0. 047 (0. 035)	0. 954 (0. 033)
男性	0. 383 ** (0. 172)	0. 154 ** (0. 076)	1. 166 ** (0. 088)
年龄	0. 027 *** (0. 007)	0. 013 *** (0. 003)	1. 013 *** (0. 003)
村干部或党员	- 0. 219 *** (0. 078)	- 0. 114 *** (0. 038)	0. 892 *** (0. 034)
受教育程度	- 0. 087 *** (0. 012)	- 0. 035 *** (0. 005)	0. 965 *** (0. 005)
家庭劳动力	0. 016 (0. 031)	0. 005 (0. 012)	1. 005 (0. 013)
水稻种植面积	0. 002 (0. 003)	0. 001 (0. 002)	1. 001 (0. 002)
种植年限	- 0. 002 (0. 004)	- 0. 001 (0. 002)	0. 999 (0. 002)
曾经外出务工	- 0. 277 *** (0. 078)	- 0. 123 *** (0. 035)	0. 884 *** (0. 031)

续表

变量	普通最小二乘法	泊松回归	
		系数	发生率
兼职非农工作	−0.228 *** (0.074)	−0.090 *** (0.031)	0.914 *** (0.028)
江苏省	−0.154 * (0.090)	−0.085 ** (0.042)	0.918 ** (0.039)
江西省	0.021 (0.093)	−0.005 (0.039)	0.995 (0.039)
常数项	1.867 *** (0.360)	0.570 *** (0.156)	1.769 *** (0.276)
农户数	1 002	1 002	1 002

注：括号内数字为稳健标准误。 *、** 和 *** 分别表示在10%、5%和1%的水平上显著。

　　本章重点考察社会资本对农户信息获取成本的影响。表4-3的计量经济估计结果显示，在四个社会资本指标当中，农户手机联系人数量和经常串门户数对其信息获取成本具有显著影响。具体而言，相较于手机联系人低于50人的农户，手机联系人至少50人的农户的信息获取成本更低。在其他因素不变的条件下，手机联系人至少50人的农户的信息获取成本指数比其他农户信息获取成本指数小28.3%[(1−0.717)×100%]。这意味着，手机联系人更多的农户更容易获得农业技术信息。一方面，手机联系人更多本质上表明农户的信息来源更广，也就是日常所说的人脉更广；另一方面，手机联系人更多也表明农户可以在需要获取农业技术信息时具有更多的信息来源。经常串门至少10户的农户发生率为0.934，表明这些农户的信息获取成本指数相较于经常串门少于10户的农户信息获取成本指数更低。在其他因素不变的条件下，经常串门至少10户的农户信息获取成本指数比其他农户信息获取成本指数小6.6%[(1−0.934)×100%]。类似地，经常串门户数更多的农户更容易获得农业技术信息，这可能是因为经常串门户数更多是农户信息来源广的表现。但是，农户参加红白喜事频次和聚餐频次对信息获取成本未能产生显著影响。事实上，参加红白喜事频次或聚餐频次可能并不是一个社会资本的良好衡量指标。一般而言,在我国农村社会当中,参加红白喜事一般都是亲戚朋友关系,按照这个标准界定的社会网络相对固定。类似地,聚餐在农村社会当中并不常见。这从表4-1的描述性统计结果中也可以看出一些端倪。在1 002个农户当中,平均每两月至少参加一次红白喜事和平均每月至少参加1次聚餐的农户比例分别仅为38.0%和36.9%。换句话说,绝大部分农户参加红白喜事和聚餐的概率是比较低的。

农户的个人和家庭基本特征也是影响其信息获取成本的重要因素。除了家庭劳动力禀赋指标,表4-3的计量经济估计结果显示,农户的性别、年龄、政治身份和受教育程度均会显著影响其信息获取成本。例如,男性的发生率为1.166,表明男性户主的信息获取成本指数是女性户主信息获取成本指数的1.166倍。换句话说,在其他因素不变的条件下,男性户主的信息获取成本指数比女性户主的信息获取成本指数显著地高16.6% $[(1.166-1)\times 100\%]$。这可能与大量农村男性劳动力进城务工,而女性往往留守农村进行农业生产有关。尽管当前我国农村大量女性也选择进城务工,但是相比而言女性进城务工的概率仍然小于男性。这使得女性在农村获取农业技术信息更具有就近优势,从而使得其信息获取成本更低。不过,这一解释仍然有待进一步的调查和实证分析。本章的计量经济估计结果也发现,年龄大的农户也具有更高的信息获取成本。户主年龄每增长1岁,其信息获取成本指数会相应地增加1.3% $[(1.013-1)\times 100\%]$。导致这一结果的原因可能来自两个方面。一是农户年龄越大,自身务农经验更为丰富,使得这些农户在农业生产方面具有更强的自信,一定程度上会造成他们更愿意相信自己,而不重视从其他外在渠道获取农业技术信息;二是年龄越大的农户越难以凭借现代通信技术或通过其他渠道获取农业技术信息,例如朱晓柯等(2021)的研究发现,年龄越大的农户采用互联网获取农业技术信息的概率越小。农户的政治身份也会显著影响其信息获取成本。计量经济估计结果显示,村干部或者党员的信息获取成本指数比其他农户信息获取成本指数小10.8% $[(1-0.892)\times 100\%]$。这个发现可以从两个方面进行解释。一方面,在我国农村地区,往往信息获取能力较强的农户更容易被选为村干部或者入党;另一方面,村干部和党员往往可能接触新事物的意愿和动力更强,从而逐渐形成了较强的信息获取能力。类似地,计量经济估计结果也发现农户的受教育年限也会显著影响其信息获取成本。在其他因素不变的条件下，农户每多接受 1 年的正式教育，其信息获取成本指数会相应地降低 3.5%［(1 − 0.965) × 100%］。

尽管种植规模和年限等农业种植特征未能显著影响农户的信息获取成本，但是非农工作特征是显著影响农户信息获取成本的重要因素（见表 4 − 3）。总体而言，计量经济估计结果表明非农工作有助于降低农户的信息获取成本。一方面，相较于从未有外出务工经历的农户，曾经外出务工农户的信息获取成本指数显著地低 11.6%［(1 − 0.884) × 100%］。类似地，当前兼职从事非农工作也可以使得农户的信息获取成本指数降低 8.6%［(1 − 0.914) × 100%］。这再次证明，外出务工或者从事非农工作可能帮助农户提高信息收集能力，降低其信息获取成本（张超等，2021；2023）。

为了进一步分析各种因素对农户信息获取成本的影响，本章单独对信息获取成本的五个维度进行了计量经济估计，结果如表 4 − 4 所示。总体而言，计量经济估计结果表明各种因素对农户信息获取成本五个维度和信息获取成本指数的影响保持一致。其中，相较于手机联系人少于 50 人的农户，手机联系人至少 50 人农户不会使用微信、没有农技员或农药店电话和没有亲戚朋友提供农药施用建议的概率显著更低。户主为男性的农户到村委会距离超过 1 公里、不用使用微信和没有亲戚朋友提供农药施用建议的概率显著更高。与此同时，计量经济估计结果也发现，农户年龄越大越不会使用微信、没有农技员或农药店电话以及看不懂农药瓶子信息的概率也越大。相较于一般农户，村干部或党员不会使用微信、没有农技员或农药店电话以及看不懂农药瓶子信息的概率显著更小。类似地，农户受教育程度的提高会显著降低其不会使用微信、没有农技员或农药店电话以及看不懂农药瓶子信息的概率。除此以外，计量经济估计结果表明，曾经外出务工会降低农户不会使用微信和看不懂农药瓶子信息的概率，而当前兼职非农工作一定程度上有助于降低农户到村委会距离不超过 1 公里、看不懂农药瓶子信息和没有亲戚朋友提供农药施用建议的概率。上述发现再次印证了前面的研究结果，即农户的社会资本、个人和家庭基本特征以及非农工作特征可以从不同维度影响农户的信息获取成本。

表 4 - 4　　　信息获取成本影响因素的二值选择回归估计结果

变量	到村委会距离超过1公里	不会使用微信	没有农技员或农药店电话	看不懂农药瓶子信息	没有亲戚朋友提供农药施用建议
手机联系人至少50人	- 0.031 (0.039)	- 0.377 *** (0.039)	- 0.293 *** (0.037)	- 0.057 (0.036)	- 0.074 ** (0.036)
经常串门至少10户	- 0.034 (0.037)	- 0.058 (0.045)	- 0.044 (0.039)	- 0.043 (0.035)	- 0.013 (0.035)
平均每两月至少1次红白喜事	0.024 (0.035)	0.026 (0.042)	- 0.041 (0.038)	- 0.031 (0.033)	- 0.018 (0.033)
平均每月至少1次聚餐	- 0.038 (0.036)	- 0.012 (0.043)	- 0.034 (0.038)	- 0.022 (0.034)	0.012 (0.034)
男性	0.166 ** (0.061)	0.141 * (0.073)	- 0.036 (0.079)	0.008 (0.058)	0.155 ** (0.074)
年龄	- 0.006 ** (0.003)	0.036 *** (0.004)	0.007 ** (0.003)	0.005 * (0.003)	0.001 (0.003)
村干部或党员	0.006 (0.041)	- 0.167 *** (0.046)	- 0.105 ** (0.042)	- 0.072 * (0.037)	- 0.008 (0.037)
受教育程度	0.005 (0.006)	- 0.021 *** (0.007)	- 0.018 *** (0.006)	- 0.052 *** (0.006)	- 0.009 (0.006)
家庭劳动力	0.026 * (0.015)	0.005 (0.019)	0.010 (0.015)	0.005 (0.014)	- 0.028 ** (0.014)
水稻种植面积	0.002 (0.002)	0.000 (0.002)	- 0.005 (0.005)	0.002 * (0.001)	0.001 (0.001)
种植年限	- 0.002 (0.002)	- 0.001 (0.002)	0.000 (0.002)	- 0.001 (0.002)	0.002 (0.002)
曾经外出务工	- 0.045 (0.038)	- 0.154 *** (0.044)	- 0.013 (0.041)	- 0.107 *** (0.033)	- 0.031 (0.035)
兼职非农工作	- 0.087 ** (0.035)	- 0.002 (0.042)	- 0.023 (0.037)	- 0.061 * (0.032)	- 0.063 * (0.032)
江苏省	0.067 (0.042)	- 0.222 *** (0.047)	0.107 ** (0.047)	- 0.107 *** (0.037)	- 0.093 ** (0.039)

续表

变量	到村委会距离超过1公里	不会使用微信	没有农技员或农药店电话	看不懂农药瓶子信息	没有亲戚朋友提供农药施用建议
江西省	−0.219 *** (0.042)	−0.102 * (0.058)	0.162 *** (0.049)	0.080 * (0.044)	0.078 * (0.042)
农户数	1 002	1 002	1 002	1 002	1 002

注：括号内数字为稳健标准误。*、** 和 *** 分别表示在10%、5%和1%的水平上显著。

4.4　信息获取成本对农药施用的影响

本章进一步考察信息获取成本对农户农药施用的影响。为了进行比较，本章首先在不加入控制变量的基础上估计了信息获取成本对单位面积农药施用量的影响，然后在加入一系列控制变量的基础上估计了信息获取成本对单位面积农药施用量的影响。两种做法的计量经济估计结果如表4−5所示。

表4−5　　信息获取成本对农药施用影响的普通最小二乘法估计结果

变量	单位面积农药施用量对数	单位面积农药施用量对数
信息获取成本	−0.028 (0.023)	0.047 * (0.025)
男性		−0.179 * (0.097)
年龄		−0.002 (0.004)
村干部或党员		−0.054 (0.068)
受教育程度		−0.006 (0.010)
家庭劳动力		−0.010 (0.026)

续表

变量	单位面积农药施用量对数	单位面积农药施用量对数
水稻种植面积		-0.002 (0.001)
种植年限		-0.003 (0.003)
曾经外出务工		-0.019 (0.066)
兼职非农工作		0.189 *** (0.061)
江苏省		0.609 *** (0.060)
江西省		-0.463 *** (0.082)
常数项	0.608 *** (0.058)	0.744 *** (0.221)
农户数	1 002	1 002

注：括号内数字为稳健标准误。* 、** 和 *** 分别表示在10%、5% 和1% 的水平上显著。

表4-5 的估计结果表明，农户的信息获取成本和单位面积农药施用量之间存在显著的正向关系。如果不在模型中加入控制变量，信息获取成本指数的估计系数不显著。这种做法忽略了其他因素对农户农药施用的影响，不符合农业生产实际。因此，本章主要对加入控制变量后的估计结果进行分析。加入一系列控制变量后，信息获取成本指数的估计系数在10% 的水平上显著等于0.047。在其他因素不变的条件下，农户的信息获取成本每增加1，其单位面积农药施用量显著增加4.7%。这就意味着信息获取成本越高，则农户的单位面积农药施用量也会越大。这一结果可以从两个角度加以解释。第一，农户的信息获取成本较高，则其从其他外部渠道获取农药施用技术信息的难度更大。在风险偏好不高的条件下（黄季焜等，2008；米建伟等，2012；仇焕广等，2014；高杨和牛子恒，2019），农户可能采取比较保守的方式进行病虫害防治即施用更多的农药。第二，信息获取成本越高则意味着农户往往需要更多地依赖自身的病虫害防治经验和农药施用技术水平来决定单位面积农

药施用量。但是，大量研究表明我国农户主要为小农户，病虫害防治和农药施用方面的知识水平处于较低水平，而较低的知识水平是促使其加大单位面积农药施用量的重要原因（张超等，2015；孙生阳等，2019）。

除了信息获取成本以外，农户性别、兼职非农工作和所在地区也是影响农户单位面积农药施用量的重要因素（见表4-5）。具体而言，男性虚拟变量的估计系数等于-0.179，而且在10%的水平上显著。这意味着，在其他因素不变的条件下，男性户主比女性户主的单位面积农药施用量显著地低17.9%。这和李昊等（2017）、李忠鞠等（2021）的研究结果相类似。与此同时，农户兼职从事非农工作将显著提高单位面积农药施用量。计量经济估计结果显示，兼职非农工作的估计系数等于0.189，且在1%的水平上显著，表明兼职从事非农工作使得农户的单位面积农药施用量显著提高18.9%。一方面，兼职从事非农工作使得农户投入于农业生产的时间更少，为了弥补农业生产劳动投入减少而造成的病虫害防治难度增加，提高单位面积农药施用量对农户而言是一个可行的替代措施。另一方面，兼职从事非农工作也可以较好改善农户的经济状况，弱化农户购买农药的预算约束，为提高单位面积农药施用量奠定经济基础。除此以外，本章还发现不同地区的单位面积农药施用量存在较大差异。相较于对照组的湖北省农户而言，江苏省农户的单位面积农药施用量显著更高，而江西省农户的单位面积农药施用量则显著更低，导致这一结果可能与各地区的农业生产条件和病虫害发生状态差异有关。

4.5 主要结论和政策建议

本章采用2018年4月对我国长江中下游地区的湖北、江苏和江西三省水稻种植户的调查数据测度了农户的信息获取成本，在此基础上实证考察了农户信息获取成本的影响因素及其对农药施用的影响。本章从农户到村委会距离是否超过1公里、是否会使用微信、是否有农技员或农药店电话、是否能看懂农药瓶子信息以及是否有亲戚朋友提供农药施用建议五个维度测度了农户的信息获取成本，并构建了信息获取成本指数。总体而言，我国农户的信息获取成本处于中下水平，而且存在较大异质性。计量经济估计结果表明，社会资本、个人和家庭基本特征以及非农工作特征是影响农户信息获取成本的重要因素。其中，农户手机联系人数量和经常串门户数对农户信息获取成本的影响比较显著。与此同时，信息获取成本和农户单位面积农药施用量之间存在显著的正向关系，即农户信息获取成本越高则其更倾向于增加单位面积农药施用量。此外，农户的户主性别、兼职非农工作和所在地区也是影响其单位面积农药施用量的因素。

鉴于我国农药减量增效的重要性和紧迫性以及农户信息获取成本对农药施用的显著影响，本章的研究结果具有以下三个方面的政策意义。第一，加大力度推动农业技术信息供给和传递主体发展。我国目前已经基本形成以政府农技推广体系为主的农业社会化服务体系，但是农业社会化服务体系建设还需进一步加强和完善，具体表现在组织创新机制有待完善、不同服务主体的职能分工有待厘清、服务质量和效果有待提高。其中，农药零售店和农药企业、生产大户等服务主体发展存在较大空间，如何推动上述服务主体切实承担起为农户提供及时、正确和有效的农药施用技术信息是今后需要着力回答和解决的重要学术和政策议题。第二，创新农业技术信息供给和传递方式。当前我国农业技术信息供给和传递方式比较传统，尽管新型技术信息传递方式层出不穷，但是囿于农户的各种内外生原因，这些新型技术信息传递方式未必能够满足农户的真实信息需求。第三，提高农村信息化建设成效。我国农村信息化建设取得积极进展，使得农村地区互联网普及率不断提高。相应地，我国农户也越来越多通过互联网获取农业技术信息。但是，"互联网+"农业技术信息平台建设滞后，各种平台提供和传递的农业技术信息良莠不齐。囿于农户知识水平和信息辨别能力限制，不同农户从互联网平台获取信息的质量和有效性存在较大差异。因此，加强农村信息化建设特别是各种"互联网+"农业技术信息平台以向广大农户提供及时、正确和有效的农业技术信息至关重要。

第二篇

政府农技推广篇

第5章

政府农技推广体系

我国农户的最重要技术信息来源是政府农技推广体系。长期以来，我国农技推广极大地推动了农业科技进步，保障了粮食和其他农产品的生产和供给。新中国成立特别是改革开放以来，我国政府农技推广体系经历了多次改革，其职能和体制机制也不断演变。本章首先介绍农技推广的基本概念和内涵，其次回顾我国政府农技推广体系的发展和改革历程以及信息传递作用，在此基础上利用调查数据分析我国政府农技推广体系逆商业化改革的效果及存在的问题。

5.1 农技推广的基本概念和内涵

5.1.1 农技推广的界定

农技推广存在多种表达方式，包括农业技术推广服务、农业推广等。一般而言，不同表达方式语境下，农技推广具有不同的定义，但是核心内涵基本相同。"推广"成为一个指代向部分人群传递信息和技术的体系的一般性术语。罗杰斯（1962）提出的创新扩散理论（diffusion of innovation theory）是促进"推广"成为一门学科和专业的最主要理论范式。在我国，"农业技术推广"在文献中比"农业推广"提得更多（王文玺，1994）。新中国成立之初，为了尽快改变我国农业生产的落后面貌，中央政府出台了一系列政策，加强农业新技术的普及与推广（农业部科学技术委员会和农业部科学技术司，1989；农业部科技教育司，1999）。与此同时，中央开始在各地逐步建立农技推广机构，这一概念一直沿用至今。自从 20 世纪 80 年代以来，农技推广的概念逐渐扩大。2012 年修正后的《中华人民共和国农业技术推广法》颁布，将农技推广定义为"通过试验、示范、培训、指导以及咨询服务等，把农业技术普及应用于农业产前、产中、产后全过程的活动"，同时农业技术被定义为应用于种植业、林业、畜牧业、渔业的科研成果和实用技术，具体包括良种繁育、栽培、肥料施用和养殖技术，植物病虫害、动物疫病和其他有害生物防治技术，农产品收获、加工、包装、贮藏、运输技术，农业投入品安全使用、农产品质量安全技术，农田水利、农村供排水、土壤改良与水土保持技术，农业机械化、农用航空、农业气象和农业信息技术，农业防灾减灾、农业资源与农业生态安全和农村能源开发利用技术以及其他农业技术。从农技推广定位的角度看，我国的农技推广逐渐从以往的单纯地强调"推广"向"推广"和"服务"并重转变。

传统意义上，农技推广的主要内涵是把农业科研成果和先进技术转化为现实生产力的过程。农技推广作为农业教育、农业科研、农户与政府以及农户之间联系的桥梁和纽带，在农业发展中起着举足轻重的作用。大多数国家将支持农技推广作为提高农业生产率的重要政策措施。20 世纪 70 年代，农技推广成为应对世界粮食危机、促进粮食生产的政策选择（本森和贾法里，2013）。一般而言，农技推广的作用是教育农户以及农技员向农户传播信息和提供制度支持（马蓬亚和玛庞德利，2013）。农技推广把各级农业科研机构的技术产出（主要是种植业和畜牧业生产技术体系）转移到小农户的手里（盖布雷希沃特，2015）。在这种情况下，农技推广人员可以通过开展和执行技术推广项目和政策、提供农业生产新技术新方法的信息和管理指导以及技术培训开发农户能力等三种方式帮助农户。范登巴恩等（1996）综合以往研究，将农技推广的目标总结为五个方面，包括实现农业知识从研究者到农户的转移扩散、指导农户进行生产决策、赋能农户的未来决策、促使农户懂得如何确立生产目标并评估实现目标的可能性以及促进农业快速发展。费德等（1999）综合了较多学者有关农业技术特征的定义（斯旺森，1984；阿尔布雷希特，1986；邦亭，1986；埃文森，1986；罗林，1986；罗塞尔，1986；世界银行，1990；伯克豪瑟等，1991；古斯塔夫森，1991；安哈特，1994；

乌玛利和施瓦茨，1994；普赛尔和安德森，1997），进一步提出了农技推广体系和职能的概念。不难看出，农技推广可以通过向农户提供及时的技术信息以帮助农户解决农业生产问题和进行更好的农业生产决策（莫约和沙拉乌，2018），在农业价值链中可以更好地把农户和科研机构联系起来（阿里，2013；穆斯塔法等，2016）。也有研究认为，农技推广被广泛地认为是农业现代化和促进农村发展的制度性投入（阿尔—沙拉法特等，2012；比亚迪等，2013；贝尔干赫等，2019），因此农技推广也可以被定义为便利和帮助人们参与农业活动以解决问题和获取信息、技能和技术来改善他们生计和福利的一整套组织（戴维斯等，2020）。

随着时间推移，"农业技术推广"这个词尽管仍然得到广泛使用，但是其内涵逐渐扩大。其中，农业咨询服务（agricultural advisory services）被认为是农技推广的重要内容，甚至部分学者把这个概念进一步扩展到农村咨询服务（rural advisory services），从而聚焦到技术转移以外的便利性和经济作用，纳入了农业以外的生计来源（斯旺森和拉贾拉赫蒂，2010；戴维斯和赫姆斯科克，2012；福雷等，2012；世界银行，2012）。因此，"农业技术推广"逐渐被"农业技术推广服务"所替代。除此以外，较多学者也采用"农业推广"的概念。农业推广旨在开发农村的人力资源，通过组织教育农村居民，增进其知识，提高其技能，改变其态度，使其自愿改变行为，采用和传播农业技术和知识，增强自我组织与决策能力，从而实现培养新型职业农民、发展农村产业、繁荣农村社会的目标。从世界各国的实践看，农业推广包含的内容极其广泛，但农技推广是一个重要的方面。总体而言，农技推广、农技推广服务以及农业推广的概念仍然聚焦于农业生产本身。近年来，关于推广的观点也从强调农业生产转换为帮助农户组织起来，以及把农户和市场连接起来（斯旺森，2006；谢泼德，2007）。与此同时，环境和健康服务等其他类型的服务内容也被纳入农技推广、农技推广服务或农业推广的补充部分（世界银行，2008）。部分学者指出，推广在把农户组织成正式或非正式的小组以帮助他们开展集体行动和最大化他们在局部和国家市场的竞争力方面扮演了关键角色（赫林，2012；埃科普等，2017；欧贞等，2018）。在许多国家，推广服务代表一种正式制度，该制度在支持小农经济和实现国家和家庭粮食安全方面扮演关键角色。农技推广服务可以建立农户的农业知识和技术、传播新技术和改造农户认知态度（卡恩等，2012），以及通过人力资本和社会资本开发促进社区发展、畅通农户获取可持续自然资源管理的市场和工作渠道（斯旺森，2008；篷叶等，2012）。传统的农技推广通过农技推广机构把技术和其他方面信息传播给农户。随着现代通信和电子技术的快速发展，农技推广可以通过电话、电视、传真、广播、计算机、互联网、卫星技术等方式实现。这些技术的使用提高了信息的传播速度、扩大了传播的范围、提高了信息的传播质量（乌玛利和施瓦茨，1994）。

本书认为农技推广、农技推广服务或者农业推广已经成为农业技术"研究、教育和推广"知识三角的关键环节以及农业科技创新体系的"最后一公里"，在推动农业可持续发展方面发挥着日益重要的作用。

5.1.2　农技推广体系的类型

农技推广由农技推广体系承担。在不同国家和地区，农技推广体系的界定和类型不尽相同，但是基本上包括从事农业技术转移、动员、培训和服务的所有公共和私人机构（泽普，1998）。因此，农技推广体系通常是公共部门、私人部门和准公共部门构成的一个多元化体系。农技推广体系的类型差异主要和农业技术信息的经济学属性差异相关，而不同的农业技术信息在排他性和竞争性方面具有不同表现。

农业技术信息主要包括纯技术信息和体现为新产品或设备的技术信息两大类。纯技术信息是指各种类型的独立的农业生产实践建议，这种类型的农业技术信息主要有栽培和生产技术、农田管理信息、市场和加工信息以及社区发展信息。其中，栽培和生产技术包括种植和收获时节、要素投入、畜牧业和畜禽防疫、植物保护和农场建筑设计。农田管理信息包括农田记录保存、金融和组织管理以及法律法规信息。市场和加工信息包括价格、市场选择、贮藏程序、包装技术、运输以及国际质量和纯度标准等方面信息。社区发展信息主要包括农民协会组织信息等。体现为新产品或设备的技术信息一般是农户间接获取的农业技术信息。这种类型的农业技术信息主要有农田生产技术、农田管理技术、产后设备等。其中，农田生产技术包括新设备、农业化学品、种子、抗生素以及家畜品种等。农田管理技术包括通信技术、实验室设备、电子计算机和软件等。产后设备主要包括脱粒、烘干、碾碎、贮藏和包装设备等。

　　根据经济学意义上的排他性和竞争性，农业技术信息大致可以分为四类，即低排他性低竞争性信息、低排他性高竞争性信息、高排他性低竞争性信息和高排他性高竞争性信息（乌玛利等，1994；亚历克斯等，2002）。农业技术信息的排他性是指只有为农业技术信息付费的农户才能从中受益（费尔德曼，1980；凯赛兹，1993）。例如，购买化肥农药的农户拥有化肥农药的唯一所有权和使用权。农业技术信息的竞争性是指一个农户对农业技术信息的使用会减少其他人获取这些农业技术信息的可能性。例如，如果一个村的部分农户把该村化肥农药零售店大部分化肥农药买走了，那么该村其他农户能购买的化肥农药就减少了。任何具有高度排他性和竞争性的农业技术信息可以归为高排他性高竞争性信息，经济学上也可被称为私人物品。相反地，那些排他性和竞争性程度都很低的农业技术信息可以被称为公共物品，即低排他性低竞争性信息。除了上述私人物品和公共物品以外，排他性和竞争性处于两者之间的农业技术信息主要包括收费物品和公共池塘物品两类。收费物品的排他性较高而竞争性较低，例如私人部门向农户提供的有偿农业技术信息不会因为农户数量增加而变少。农户如果不付费，则不能得到收费物品即高排他性低竞争性信息。符合公共池塘物品特点的农业技术信息具有较低排他性和较高竞争性。例如，高产自花授粉水稻或小麦种子的出售会减少这些种子的供给，但是其自我繁殖的便利性使得排他性难以体现出来。这是因为农户不需要每一个种植季节都购买这种水稻或小麦种子，因为他们可以留存一部分收获的水稻或小麦穗粒作为下一个种植季节的种子。

　　根据上述农业技术信息的四种类型，可以设计出四种不同类型的农技推广体系。具体而言，对于低排他性低竞争性农业技术信息的推广，可以建立一个无偿的公共或政府农技推广体系；对于低排他性高竞争性农业技术信息的推广，可以建立一个由政府部门资助的私人农技推广体系；对于高排他性低竞争性农业技术信息的推广，可以建立一个有偿的公共或政府农技推广体系；而对于高排他性高竞争性农业技术信息的推广，则可以建立一个有偿的私人农技推广体系。国际上现存的农技推广体系主要有三种。一是公共或政府部门主导的农技推广体系，二是政府领导、农业院校参与的农技推广体系，三是私人部门主导的农技推广体系。

　　（1）公共或政府部门主导的农技推广体系。这一农技推广体系主要在中国、日本、荷兰、意大利、泰国、菲律宾等国家实行。该农技推广体系的主要特点是推广体系隶属于政府农业管理部门，农技推广的组织、管理和实施由各级政府农业管理部门下属或附属的推广组织（例如农技推广局、农技推广站）承担。

在日本，农技推广一般被称为"改良普及事业"。在日本全国各都、道、府、县政府的农政机构均设立农技推广方面的"普及教育课"或者"普及推进课"，而在县级以下按照不同区域设立"农业改良普及中心"。农业改良普及中心的技术推广人员被称为改良普及员，全部编入国家公务员序列。与此同时，绝大多数日本农户均为农业协同组合即农协的会员。日本的农协主要有专业农协和综合农协两种。专业农协的事业范围包括畜牧业、园艺、蚕桑等领域，而综合农协的事业范围更广，包括供销、金融、保险等综合性业务。专业农协和综合农协均有专门从事农技推广活动的营农指导员从事农技推广工作。

泰国的农技推广体系分为中央、省和区三级。中央政府的农业与合作社部设有农技推广司。该司设有秘书办公室、金融处、人事处、农业通信处、种子处、植保处、计划处、培训处、农业管理发展处、农业贸易促进处、水稻和大田作物促进处、园艺作物促进处、农业组织培养研究院、农业投入发展和促进办公室、农业结构和生产系统调节办公室等下属部门或机构。与此同时，农技推广司还在全国设立了六个农业推广办公室，其主要职能是研究和制订农技推广计划，协调农作物生产、农业贸易和跨地区农户研究机构之间的关系，将新技术推广到各省和区的农业推广办公室，监督和指导种子中心、养蚕中心、农机中心、养蜂中心、园艺作物中心、甘蔗害虫防治中心等附属单位的工作。

（2）政府领导、农业院校参与的农技推广体系。这一类型的农技推广体系在美国最为典型，印度的农技推广体系也大体类似。该种农技推广体系的特点是农业教育、科研、推广三位一体。各个农业院校建立农技推广站或推广中心，负责组织、管理和实施基层农技推广工作。例如，美国实行的是联邦政府领导、州立大学农学院为主体、县政府参与的农技推广体系。在美国联邦政府层面，农业部下设农业研究局，这是美国农业部内部最重要的科研机构，其主要职能是寻找影响美国从农田到餐桌的各种问题的解决方案。农业研究局在15个国家项目支持下开展了660多项课题研究以及拥有2 000多名科学家和博士后研究人员、6 000多名雇员、90多个研究地点以及17亿美元的财政预算（美国农业部农业研究局，2023）。在州的层面，农技推广机构通常设立在农学院，农学院院长或副院长一般会兼任农技推广站站长。因此，农学院同时承担着农业教学、科研与推广工作。县级农技推广组织是联邦和州农技推广组织的代理机构，一般在每个县设一个农技推广办公室，这些办公室的人员由院校农技推广站组织评审小组择优聘用。所有农技推广活动全部由州立大学农技推广站与县级农技推广办公室负责。

（3）私人部门主导的农技推广体系。该农技推广体系主要在法国、英国和新西兰最为典型，丹麦、墨西哥、智利、挪威等国的农技推广体系也属于这一类型。相较于前述两种农技推广体系，该类农技推广体系的主要特点是多数农技推广活动由私人咨询公司或者非政府组织承担。政府部门或者公共性质的农会组织与私人咨询公司或者非政府组织签订相关合同，承担全部或者部分农技推广费用。尽管具体的农技推广由私人咨询公司或者非政府组织承担，但是农技推广的管理由政府部门负责。在法国，农技推广全部由农会组织委托一些私人咨询公司承担，政府不参与农技推广的各项具体事务，所有农技推广活动实行行业管理。法国的农会组织是一个全国性的组织，运行经费来自土地税、农产品附加税等全部用于农业科技研究推广及农业生产而不上缴国库的涉农税收和农民组织会费等。一般而言，农技推广项目由农会理事决定，中央政府提供部分农技推广补贴。丹麦实行的是以民办为主的农业技术咨询体系，该体系由全国农业咨询中心和地区农业咨询中心组成。全国和地区农业咨询中心分别由全国和各地农场主联合会和农户（小农场主）联合会领导。全国农业咨询中心对地区农业咨询中心进行业务指导，由地区农业咨询中心直接向农户提供有偿和无偿的农业技术咨询服务。

5.2　政府农技推广体系的发展和作用

5.2.1　政府农技推广体系的发展和改革历程

农技推广是农业技术创新不可或缺的环节。实际上早在新中国成立之前，国民政府已经开始在部分地区建立农技推广机构（农业部科技教育司，

1999）。1929 年 6 月，国民政府农矿部会同内政部、教育部制定了《农业推广规程》，并成立中央农业推广委员会，这是中国政府设立最早的国家级农业推广机构（农业部科技教育司，1999）。随后，一些省份先后设立了类似的农技推广机构。1936 年，江苏、浙江、安徽等 16 个省份设立了省级农业推广机构，500 余个县也成立了政府农技推广机构（农业部科技教育司，1999）。抗日战争爆发后，政府、学校及各级农业研究机构纷纷内迁。为了加强后方农业生产以保障战时农产品的供应，农业技术推广事业在西南、西北地区逐步开展。1938 年 5 月，国民政府成立行政院农科促进委员会，统筹后方的农技推广工作。1942 年该委员会隶属于农林部，1944 年又与粮食增产委员会合并成立农业推广委员会。在此期间，西南、西北地区尚未陷落的省份分别成立了相应的农技推广机构（农业部科技教育司，1999）。

我国建立了世界上规模最大的政府农技推广体系，基层一线农技推广站遍布几乎所有乡镇，这对我国农业新技术扩散、农业生产率增长和食物安全作出了重要贡献。尽管新中国成立以来我国政府农技推广体系取得长足发展，但是也经历了多次改革。我国政府农技推广体系的发展和改革历程可以分为计划经济阶段、改革开放初期的恢复重建阶段、商业化改革阶段和逆商业化改革阶段等四个阶段。

（1）计划经济阶段（1949~1977 年）。随着我国经济发展和政策不断变化，政府农技推广体系发展也在不断发生变化（见表 5-1）。新中国成立后，为了改变当时落后的农业生产技术状况，1951 年首先在东北、华北地区试办农技推广站（农业部科学技术委员会和农业部科学技术司，1989；农业部科技教育司，1999；全国农业技术推广服务中心，2001）。1953 年，农业部颁布《农业技术推广方案（草案）》，要求各级人民政府设立专业机构、配备专门人员，开展农技推广工作。1954 年，正式颁布《农业技术推广站工作条例》，对农技推广站的性质、任务等作了具体规定（农业部科学技术委员会和农业部科学技术司，1989；农业部科技教育司，1999；全国农业技术推广服务中心，2001）。到 1954 年底，全国已经建立农技推广站总数达到 4 549个，农技员达到 32 740 人，分布在全国 55% 的县和 10% 的区（全国农业技术推广服务中心，2001）。1956 年，全国共建立农技推广站 16 466 个，有农技术员 94 219 人，除边远山区外，全国基本做到了一区一站（农业部科学技术委员会和农业部科学技术司，1989）。

表 5 - 1 新中国成立后我国政府农技推广体系发展和改革历程

年份	主要事件
1950	中共七届三中全会提出了"为争取国家财政经济状况的基本好转而斗争"的总口号和总任务。毛泽东指出："农业的恢复是一切部门恢复的基础，没有饭吃，其他一切就没有办法。"为了恢复农业生产，中央相应地采取了推广技术、奖励丰产和动员群众兴修水利等措施。为此，各级农业行政部门组织动员大批农业科技人员深入农村，总结群众丰产经验和增产技术，开展群众性的改进技术的运动，并示范推广新式农机具。同时，试办了一批农技推广站等活动。所有这些活动均由政府主导和组织，科技人员参与。此后近 70 年，中央政府相继出台了一系列政策文件，明确了农技推广的任务和职能，但是农技推广体系向农户提供增产技术的职能始终未曾改变
1951	国家首先在东北、华北地区试办农技推广站
1952	农业部提出"以农场为中心，互助组为基础，劳模、技术员为骨干，组成技术推广网络"以及"以县为单位，照顾经济区划，每万亩耕地设置一个综合试验站"
1953	农业部颁布了《农业技术推广方案（草案）》，要求各级政府建立农业推广站，组织干部和技术人员开展农技推广工作
1954	农业部正式颁布了《农业技术推广站工作条例》，对农技推广站的性质、任务等做了具体规定
1955	农业部颁布《关于农业技术推广站工作的指示》，要求应在县以下的行政区划设立农技推广站。综合推广站的主要业务，包括耕作技术、作物良种、病虫害防治、土壤肥料、新式农具、灌溉排涝、水土保持、畜牧兽医和会计辅导等。同时，对农技推广站的职能作出了规定：总结当时农户的生产经验；普及现代农业科学技术；帮助农户增加生产和提高收入；促进集体化；协助党和政府改进农技推广和管理
1961	全国农业工作会议提出整顿三站（农技站、种子站、畜牧兽医站）的意见
1962	农业部发布《关于充实农业技术推广站、加强农业技术推广工作的指示》
1966 ~ 1974	"文化大革命"使农技推广机构受到了极大的冲击，许多骨干农技专业人员被打成反动学术权威或被下放到乡村、"五七干校"等劳动改造，多数农技推广站处于瘫痪状态
1974	经国务院批准，农林部和中国科学院在湖南省华容县召开关于推动"四级农科网"建设的现场会
1979	农牧渔业部开展在县级建立农技推广中心的试点。随后在全国普遍建立了县级农技推广中心、畜牧技术推广中心及水产技术推广中心
1983	国务院发出文件，决定给在县以下工作的农林科技人员向上浮动一级工资，作为岗位津贴

续表

年份	主要事件
1983	农牧渔业部颁发《农业推广条例（试行）》，对农技推广工作的机构、任务、编制、队伍、设备、经费和奖惩做了具体规定
1985	《中共中央关于科学技术体制改革的决定》提出，技术推广机构可以兴办企业型经营实体
1989	国务院发布《关于依靠科技进步振兴农业　加强农业科技成果推广工作的决定》，允许农技推广单位从事技物结合的系列化服务
1991	国务院发布《关于加强农业社会化服务体系建设的通知》，决定把乡级农技推广机构定为国家在基层的事业单位，其编制人员和所需经费，由各省、自治区、直辖市根据需要和财力自行解决，以巩固和加强农业社会化服务体系，稳定农技推广队伍
1992	农业部、人事部联合下发了《乡镇农技推广机构人员编制标准（试行）》，全国性的乡镇农技推广机构的定性、定编、定员工作由此开始
1993	《中华人民共和国农业技术推广法》颁布，并于当年7月3日正式实施
1996	根据《中共中央　国务院关于"九五"时期和今后农村工作的主要任务和政策措施》，农业部开展了乡镇农技推广机构的"三定"（定性、定编、定员）工作
1998	中共中央办公厅和国务院办公厅联合下发《关于当前农业和农村工作的通知》，明确在机构改革中推广体系实行"机构不乱，人员不散，网络不断，经费不减"的政策
1999	人事部、中编办、财政部起草了《关于稳定基层农业技术推广体系意见的通知》
2000	《中共中央办公厅　国务院办公厅关于市县乡人员编制精简的意见》要求乡镇事业单位在人员精简的基础上进行合并，并将乡镇事业单位的人事权、财务权和管理权下放到乡政府管理
2001	国务院印发《农业科技发展纲要（2001～2010）》，提出农技推广队伍多元化、推广行为社会化、推广形式多样化等
2002	农业部、中编办、财政部、科技部发出《关于印发基层农业技术推广体系改革试点工作的意见》，启动了12个省市的12个县的基层农技推广体系改革试点
2006	《国务院关于深化改革加强基层农业技术推广体系建设的意见》提出了新一轮农技推广体系改革的基本设想与原则
2007	《中共中央　国务院关于切实加强农业基础建设进一步促进农业发展农户增收的若干意见》提出调动各方面力量参与农技推广，形成多元化农技推广网络
2008	《中共中央关于推进农村改革发展若干重大问题的决定》明确提出要建立新型农业社会化服务体系

年份	主要事件
2009	《农业部关于加快推进乡镇或区域性农业技术推广机构改革与建设的意见》发布
2010	全国人大农业与农村委员会资助开展了农技推广法立法评估。农业部向全国人大报送了立法评估报告
2011	《农业部　教育部关于实施基层农技推广特设岗位计划的意见》指出要通过机制创新和政策扶持，计划利用 2 年时间试点，选用 3 万名特岗农技人员到基层服务，并力争通过 5 ~ 10 年努力，实现每个乡镇区域内拥有 5 名左右特岗农技人员
2012	《农业部　办公厅关于进一步做好基层农技推广体系改革与建设工作的通知》发布，修订《中华人民共和国农业技术推广法》
2015	《中共中央　国务院发布关于加大改革创新力度加快农业现代化建设的若干意见》指出稳定和加强基层农技推广等公益性服务机构，发挥农村专业技术协会的农技推广作用，采取购买服务等方式，鼓励和引导社会力量参与公益性服务

　　1961 年 12 月，为了解决"大跃进"运动对农技推广体系的严重冲击，农业部组织召开了全国农业工作会议。这次会议提出了整顿三站（农技站、种子站、畜牧兽医站）的意见，开始在县级建立和恢复隶属于农业局的农技推广站。一些县在农技站的基础上还成立了作物栽培站、植保站、土肥站、畜牧兽医站等（农业部科技教育司，1999）。在此期间，1963 年农业部发布了《关于充实农业技术推广站、加强农业技术推广工作的指示》，对农技站的任务、工作方法、人员配备、生活待遇、奖励制度以及领导关系等作出了明确规定。到"文化大革命"结束前的 1965 年，全国的农技推广机构总数达到了 14 460 个，农技员达到 76 560 人（农业部科技教育司，1999）。

　　"文化大革命"严重冲击了农技推广机构，许多农技推广专业的骨干人员被打成反动学术权威或被下放到乡村、"五七干校"等劳动改造，多数农技推广站被撤销（农业部科技教育司，1999）。为了解决"文化大革命"给我国农技推广工作造成的不利影响，经国务院批准，1974 年农林部和中国科学院在湖南华容县召开了关于推动"四级农科网"建设的现场会，推广了当时湖南省华容县"四级农业科学实验网"（即县办农科所、公社办农科实验站、大队办农科实验队、生产队办农科实验小组）的经验，在全国普遍建立了以新技术示范试验为主要内容的新技术推广网络（农业部科学技术委员会和农业部科学技术司，1989；农业部科技教育司，1999；全国农业技术推广服务中心，2001）。1975 年，全国有 1 140 个县建立了农业科学研究所，26 872 个公社建立了农业科学试验站，332 223 个大队建立了农业科学试验小组，四级农科队伍共有 1 100 多万人（农业部科技教育司，1999）。

（2）改革开放初期的恢复重建阶段（1978～1988 年）。改革开放后，随着家庭联产承包责任制的普遍实行，"四级农科网"也相应解体（全国农业技术推广服务中心，2001），这促成了政府农技推广体系的快速发展。为了探索新形势下农技推广体系的框架，1979 年农牧渔业部率先在 29 个县建立了农技推广中心，在组织上把种植业各专业站合并在一起，在功能上将试验、示范、培训、推广各环节和栽培、植保、土肥、园艺等专业结合起来，以发挥整体优势（农业部科学技术委员会和农业部科学技术司，1989；全国农业技术推广服务中心，2001）。随后，上述经验得到普遍推广，使得全国多数县成立了农技推广中心，而且将分散的畜牧兽医站、家畜改良站、草原工作站和兽医院联合起来成立县畜牧技术服务中心，水产专业也把相应的专业站合并成立相应的水产技术服务中心。1989 年，全国共成立县级农技推广中心 1 003 个，畜牧技术服务中心 198 个，水产技术推广服务中心 198 个（农业部科学技术委员会和农业部科学技术司，1989）。

为了进一步加强我国的农技推广工作，1983 年农牧渔业部颁发了《农业推广条例（试行）》，对农技推广工作的机构建设、任务、编制、队伍、设备、经费和奖惩作了具体规定。从此，我国政府农技推广体系建设进入了快车道。农技推广体系得到了快速发展。改革开放初期的 10 年内，我国政府农技推广体系得到了扎实的重建和发展。农业部科学技术委员会和农业部科学技术司（1989）指出，20 世纪 80 年代末期全国共建成了农技推广机构 203 259 个，农技员达到 868 760 人。不过，农业部的统计数据表明 20 世纪 80 年代末期政府农技推广体系的各类农技员人数在 45 万左右（见图 5-1）。导致这一状况的原因可能是统计口径不一。尽管如此，这一时期政府农技推广机构遍布全国的每一个乡镇甚至偏远地区。需要指出的，20 世纪 80 年代以来，我国政府农技推广体系具有自上而下和分散式的重要特点，绝大多数农技推广人员分布在县级和乡镇级农技推广机构。

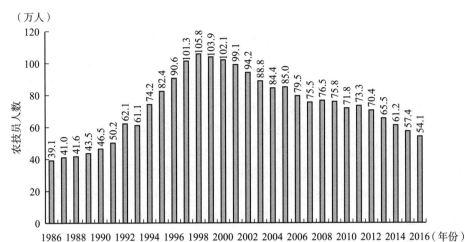

图 5-1 1986~2016 年我国政府农技员人数变化趋势

资料来源：1986~1994 年《全国农牧业劳动工资统计资料》、1995 年《全国农牧系统劳动工资统计资料》、1996~1998 年《全国农业系统人事劳动统计资料汇编》、2000~2006 年《全国农业系统国有单位人事劳动统计资料汇编》、2007~2012 年《中国农业科技推广发展报告》、2016 年《中国农业技术推广发展报告》。1999 年缺失数据以 1998 年和 2000 年均值替代，2013~2015 年缺失数据根据 2012 年和 2016 年数据按移动平均法计算。

（3）商业化改革阶段（1989~2003 年）。庞大的政府农技推广体系规模给地方财政系统带来了沉重的负担，同时改革开放后十年的市场化改革使得多个部门取得了快速发展。在这种背景下，我国于 20 世纪 80 年代末期启动了政府农技推广体系的商业化改革以缓解庞大政府农技推广体系造成的地方财政负担。总体而言，商业化改革的核心内涵是允许和鼓励基层农技推广机构和人员从事商业经营活动，例如销售化肥、农药和种子等，以补充和提高农技推广业务经费和农技员的工资（胡瑞法等，2009；张超等，2015）。与此同时，随着商业化改革效果逐渐显现，政府大幅度减少对农技推广的财政支出，这反过来进一步促使基层农技推广机构和人员加强了其商业经营活动，并把商业经营活动的范围从农业领域逐渐扩展到其他非农领域（胡瑞法等，2009；张超等，2015）。

1989 年，国务院发布《关于依靠科技进步振兴农业加强农业科技成果推广工作的决定》，允许农技推广机构从事技物结合的系列化服务。此后，我国基层政府农技推广机构纷纷成立了农业生产资料销售部门，从事农业生产资料的经营业务（农业部科学技术委员会和农业部科学技术司，1989；全国农业技术推广服务中心，2001）。尽管上述商业化改革部分地解决了政府农技推广机构业已出现的业务和工资经费紧张状况，但其负作用也不可忽视。一方面，部分地方政府认为农技推广机构和人员可以通过开展农业生产资料经营实现自己养活自己的目标，从而给大幅度减少对政府农技推广机构的财政经费支持，导致基层政府农技推广机构的"断奶""断粮"，这对基层政府农技推广机构造成了严重冲击（孙振玉，1993；中国农业科学院农业经济研究所，1998；全国农业技术推广服务中心，2001）。另一方面，大量基层政府农技推广机构和人员从事化肥农药等生产资料的经营活动，一定程度造成了我国农户过量施用化肥农药的现象（黄季焜等，2001）。需要特别强调的是，我国政府农技推广体系商业化改革对化肥农药过量施用的影响目前为止仍未得到有效改善。

为了解决政府农技推广体系商业化改革造成的基层农技推广机构的"断奶""断粮"及其对农技推广工作的不利影响，20 世纪 90 年代到 21 世纪初期，我国陆续出台实施了一系列的法律和政策举措。国务院于 1991 年 11 月发布了《关于加强农业社会化服务体系建设的通知》，以巩固和加强农业社会化服务体系，稳定农技推广队伍。在此背景下，农业部、人事部也于 1992 年 1 月联合下发了《乡镇农业技术推广机构人员编制标准（试行）》，试图稳定乡镇农技员队伍（全国农业技术推广服务中心，2001）。然而，上述政策由于未能得到财政部门的有效支持，从而未能使基层政府农技推广机构面临的经费紧张状况得到根本性改善。此后，1993 年颁布实施了《中华人民共和国农业技术推广法》，1996 年农业部为贯彻《中共中央 国务院关于"九五"时期和今后农村工作的主要任务和政策措施》而开展了乡镇农技推广机构的"定性、定编、定员"（简称"三定"）工作、1998 年 6 月中共中央办公厅和国务院办公厅联合下发了《关于当前农业和农村工作的通知》，1999 年人事部、中编办、财政部起草发布了《关于稳定基层农业技术推广体系意见的通知》等。这些法律和政策举措的主要目的是在机构改革过程中保证政府农技推广体系实现"机构不乱、人员不散、网络不断、经费不减"，但是均未能从根本上改变基层农技推广机构存在的问题，实际上政府农技推广工作遭受更大的冲击。2000 年底，中共中央办公厅和国务院办公厅联合下发《中共中央办公厅 国务院办公厅关于市县乡人员编制精简的意见》，要求乡镇事业单位在人员精减的基础上进行合并，将乡镇事业单位人事权、财务权和管理权（以下简称"三权"）从县级农业行政部门下放到乡镇政府。因此，大部分县将乡镇农技推广机构的"三权"下放到乡镇政府。这一措施虽然减轻了县级农业行政部门的财政压力，在一定程度上保障了乡镇农技推广人员的工资，但同时也造成了县乡两级农技推广机构脱节，主要表现为乡镇农技推广人员的工作内容从以农技推广为主转变为以乡镇"中心工作"为主（胡瑞法等，2004）。

需要指出的是，在商业化改革的利益诱导下，尽管政府农技推广的有效性严重弱化，但是许多人员为了享受商业化改革的红利而不断进入政府农技推广机构，从而导致这一时期我国政府农技推广体系规模急剧扩大。1998年，我国政府农技员数量达到了其历史最高峰105.8万，是1988年政府农技员数量的2.5倍以上（见图5-1）。尽管到2003年我国政府农技员数量下降到88.8万，但仍然超出1988年人数的两倍多（见图5-1）。

（4）逆商业化改革阶段（2004年至今）。经过几十年的发展，我国拥有世界上规模最大的政府农技推广体系，但是商业化改革导致这一庞大体系难以给广大农户提供扎实有效的农技推广服务（黄季焜和罗泽尔，1996；胡瑞法等，2004）。为了解决政府农技推广体系遭受商业化改革严重冲击的问题，2004年开始我国在部分地区开展了政府农技推广体系逆商业化改革的政策试点，并于2006年在这些政策试点的基础上启动了一系列政府农技推广体系的逆商业化改革。2006年国务院下发了《关于深化改革加强基层农业技术推广体系建设的意见》（以下简称《意见》），要求各地全面开展和深化乡镇农技推广机构改革、加强地方政府对基层农技推广机构的财政经费保障。总体而言，逆商业化改革试图改变基层政府农技员把过多的精力和时间耗费在行政事务和农业生产资料经营活动上的不良现象，改革的内容主要包括财政保险制度改革、"三权"管理制度改革以及行政化改革。

第一，财政保险制度改革旨在向基层政府农技员提供财政保险以减少他们耗费在农业生产资料经营活动上的精力和时间。《意见》提出将农业生产资料经营活动与农技推广活动分开，突出政府农技推广的公益性质。与此同时，工资完全依赖于农业生产资料经营活动的自筹资金政府农技员以及工资部分依赖于农业生产资料经营活动且部分由地方财政负担的差额拨款政府农技员逐渐转制为政府财政全额拨款。第二，"三权"管理制度改革再次把乡镇政府农技员的"三全"从乡镇政府上提到县级农业行政部门。如前所述，以往的"三权"管理制度改革规定乡镇政府农技推广机构和人员的"三权"交由乡镇政府管理，造成乡镇政府农技员用在农技推广活动上的时间反而比县级政府农技员还少（胡瑞法等，2009）。因此，《意见》提出乡镇政府农技推广机构仍可以由乡镇政府领导，但是其"三权"应交由县级政府或农业行政部门管理。第三，尽管《意见》规定政府农技推广机构和人员须以服务农户为主要职责，然而由于财政压力和人员短缺，许多地区进行了乡镇政府农技推广机构行政化改革。换言之，部分地区的政府农技推广机构被纳入行政单位行列。例如，有些乡镇取消了农技推广站，改设农业综合办公室处理农技推广以及相关行政事务；而有些乡镇则把农技推广站整合为综合服务站或综合服务中心。但是，这种行政化改革使得基层政府农技员把更多的精力和时间分配到行政事务而非技术推广上。总体而言，《意见》未能有效解决我国政府农技推广机构和人员"无钱打仗"的问题。

在此以后，2011年3月中共中央、国务院又颁发了《关于分类推进事业单位改革的指导意见》，将事业单位划分为承担行政职能、从事生产经营活动和从事公益服务三个类别，要求各地切实做好分类推进事业单位改革。2012年8月第十一届全国人大常委会第28次会议通过《关于修改〈中华人民共和国农业技术推广法〉的决定》修正案，新修订的《中华人民共和国农业技术推广法》于2013年1月1日颁布实施。2015年，中共中央、国务院发布《关于加大改革创新力度加快农业现代化建设的若干意见》指出稳定和加强基层农技推广等公益性服务机构，发挥农村专业技术协会在农技推广中的作用，采取购买服务等方式，鼓励和引导社会力量参与公益性服务。

5.2.2　政府农技推广体系的职能演变

我国政府农技推广机构的职能随着体系健全而逐步增加。新中国成立之初，我国东北、华北等地开始试办农技推广站（农业部科学技术委员会和农业部科学技术司，1989），其主要职能是负责推广普及农业技术（农业部科技教育司，1999）。农业部把政府农技推广体系的这一职能以《农业技术推广条例》的政策性文件方式确定下来（农业部科技教育司，1999）。20世纪60年代，部分省份在建立专门农技推广机构的同时，也建立了与农技推广有关的新品种推广、动植物检疫、病虫害预测预报及畜牧兽医等相关机构，这使得政府农技推广体系的职能从单一的农技推广扩大为新品种推广、种子经营、动植物检疫、病虫害预测预报等。不过，从全国范围看，政府农技推广体系职能扩大并不全面，大多数县尚未建立类似的动植物检疫、病虫害预测预报机构，种子站也仅是以新品种推广为主。为了克服"大跃进"和"文化大革命"给农技推广造成的不利影响，1974年我国大力推广湖南省华容县"四级农业科学实验网"（即县办农科所、公社办农科实验站、大队办农科实验队、生产队办农科实验小组）的经验，在全国大部分县建立了以新技术示范试验为主要内容的新技术推广网络，主要职能除新技术引进、试验示范外，同时兼顾植物保护等工作。

改革开放后，随着我国政府农技推广体系的迅速恢复发展，其承担的职能也有所扩大。这种职能的扩大主要体现为在原有的主粮和经济作物生产新技术推广、动植物检疫、病虫害预测预报等职能的基础上，增加了农业生产资料质量的市场监督管理的职能。值得说明的是，政府农技推广体系的这些职能逐步得到强化，并成为基层政府农技推广机构的重要职能。进入20世纪80年代中后期，随着政府农技员队伍的扩大和各地财政负担的加重，政府农技推广机构逐渐从事农业生产资料的经营等商业性活动，从而使得政府农技推广体系的职能延伸到新技术推广、市场监督管理、农业生产资料经营及其他商业活动。换言之，我国政府农技推广体系的职能变得更加复杂化。进入20世纪末期，随着基层政府农技推广体系改革的进一步推进，多数地方政府的乡镇农技推广机构"三权"被下放到乡镇政府，乡镇农技推广机构变成了乡镇政府的事业单位。此后，乡镇农技推广机构的职能再次发生了转变，主要体现为乡镇"中心工作"即行政工作日益代替"推广工作"变成了主要职能。在这一时期，我国政府农技推广体系的职能包括技术推广、行政执法、中介服务和经营创收等。根据胡瑞法等（2004）的调查，2000年我国政府农技推广体系在编的100多万农技员，涵盖种植业、畜牧业、水产业、农业机械和经营管理等各类专业，但是约一半农技员从事行政执法、中介服务、经营创收等非技术推广工作（见表5-2）。其中，行政执法工作包括种子执法、动植物检疫、农机监理、农户负担监督、承包合同管理、渔政管理等，中介服务工作包括化验、检验、检测等，商业性经营创收活动包括种子、种苗、农药、化肥、农机等农业生产资料和兽医兽药销售。表5-2表明，2002年从事纯公益性农技员仅相当于全部政府农技员总数的一半左右，而纯公益性农技推广占用的政府农技推广投资仅为 50% ~ 60%。与此同时，将近一半的人员与 40% ~ 50% 的政府农技推广投资用于行政执法、中介服务及经营创收。

表 5 - 2　　　　2002 年我国政府农技推广体系的职能、人员和投资比例

职能	专业站名称	人员比例（%）	投资比例（%）
技术推广	农技站（粮油站）、植保站、园艺站、蔬菜站、土肥站、经作站、茶叶站、蚕桑站、畜牧站、农机站、水产站等	50	50 ~ 60
行政执法	种子站、植检站、动检站、农机监理站、经管站、渔业站、动植物防疫站等	25	25 ~ 35
中介服务	动物植物检验检疫实验室、种子检测中心、土壤肥料化验室等	5	5 ~ 15
经营创收	种子、种苗、农药、化肥、农机等农业生产资料和兽医兽药销售部门、兽医站等	20	5 ~ 10

资料来源：胡瑞法等（2004）。

2003 年对湖北、浙江、广东、河北、黑龙江、四川、甘肃共 7 省 28 县的政府农技推广机构的调查发现，不仅整个政府农技推广体系甚至专业农技推广站也承担着大量非技术推广职能。如表 5 - 3 所示，2002 年被调查的专业农技推广站的农技员承担办公室及行政工作的时间平均为 136 天，占全年时间的 37%；农业生产资料经营创收活动的时间平均为 55 天，占全年时间的 15%；下乡从事农技推广工作的时间仅 82 天，占全部时间的 22%。不难看出，即使专业的农技员也把 3/4 以上的时间耗费在行政执法和经营创收等非农业技术推广方面，而真正下乡为农户提供技术推广服务的时间还不到其全部工作时间的 1/4。

表 5 - 3　　　　　2002 年我国政府农技员的时间分配　　　　　单位：天

地区	行政执法	技术推广	经营创收	其他	合计
河北	137	87	47	94	365
黑龙江	188	46	29	101	365
浙江	150	89	21	104	365

续表

地区	行政执法	技术推广	经营创收	其他	合计
湖北	79	78	98	110	365
广东	86	97	104	79	365
四川	111	120	56	78	365
甘肃	160	81	50	74	365
平均	136	82	55	92	365

资料来源：胡瑞法等（2004）。

政府农技推广体系逆商业化改革特别是《意见》的发布，明确了我国基层农技推广机构的公益性职能，包括关键技术的引进、试验、示范，农作物和林木病虫害、动物疫病及农业灾害的监测、预报、防治和处置，农产品生产过程中的质量安全检测、监测和强制性检验，农业资源、森林资源、农业生态环境和农业投入品使用监测，水资源管理和防汛抗旱技术服务，农业公共信息和培训教育服务等。2016 年对全国 7 省 28 县政府农技推广体系的调查发现，政府农技推广体系逆商业化改革之后基层农技员的时间分配出现了一些积极变化，主要表现为经营创收时间大幅度下降，下乡从事农技推广工作的时间显著增加。根据这次调查，2015 年政府农技员下乡从事农技推广的时间为 97 天左右，占全年时间的 26%（见图 5-2），相较于逆商业化改革前的 2002 年显著增加（胡瑞法等，2004）。与此同时，承担行政执法任务的时间将近 150 天，占全年时间的 41%；而经营创收的时间则减少至不到 3 天。

5.2.3　政府农技推广体系的运行机制

长期以来，我国十分重视政府农技推广体系的运行机制建立与创新。目前我国政府农技推广体系的主要运行机制仍沿用计划经济时期的做法，主要包括由上到下的技术推广决策机制、政府行政部门主导的有组织推广活动机制、监督考核机制和激励机制。新中国成立以来，我国政府农技推广体系运行机制的发展大致可分为三个阶段。第一阶段是新中国成立至改革开放以前，这一阶段以由上到下的技术推广决策机制和政府行政部门主导的有组织推广活动机制为主。第二阶段是改革开放以后至 20 世纪 90 年代初，这一阶段以由上到下的技术推广决策机制、政府行政部门主导的有组织推广活动机制、监督考核机制和激励机制并存的阶段。第三阶段是 20 世纪 90 年代初以来的时期，以由上到下的技术推广决策机制和政府行政部门主导的有组织推广活动机制为主，监督考核机制和激励机制为辅。需要说明的是，不同时期各项具体运行机制的配套政策、措施和方式各有不同，即使同一时期不同地区间的运行机制也存在一定差异。

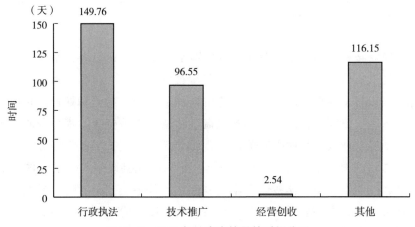

图 5 - 2　2015 年政府农技员的时间分配

资料来源：笔者实地调查。

（1）由上到下的技术推广决策机制。这是我国政府农技推广体系最重要的运行机制。多数基层农技员承担的技术推广工作主要由所在农业行政部门或技术推广机构委派。需要特别强调的是，农技员推广哪些技术一般均来自所在机构乃至农业行政部门根据相应生产季节确定的。这些技术内容可以归结为"四老培训"，即在每年的同一季节（老时间），由单位统一组织到某些村特别是固定的联系较多的村（老地点），向农户提供当地最主要农作物（老作物）的较为固定的生产技术（老技术）的培训。因此，基层农技员的技术推广内容在不同年份的变化不大，而被培训者往往是与村干部关系比较好或联系比较紧密的农户。这就导致了一种矛盾现象，即政府农技推广机构和人员推广的技术内容早已在生产上得到广泛应用，而农户迫切需要的农业生产技术则很少得到充分培训。因此，这种农技推广的供给和需求矛盾导致我国政府农技推广或培训的效率低下。

需要明确的是，由上到下的推广技术决策机制并非一定是完全效率低下的。改革开放初期，我国政府农业技术的推广决策机制也是由上到下型，但是彼时的农技推广和培训活动显著促进了农业生产发展（朱希刚，1994；胡瑞法，1998）。这种现象的主要有两个方面的重要原因。一是在当时条件下，农户的主要生产技术需求与政府农技推广的技术比较吻合，由上到下的技术推广决策基本上反映了农户的技术需求。二是当时推广培训的技术内容尚未被多数农户所掌握，因此推广培训活动可以使农户学到新技术。

（2）政府行政部门主导的有组织推广活动机制。政府行政部门主导的有组织技术推广活动机制是我国政府农技推广体系在多数地区采用最为普遍的运行机制之一。在这种机制下，县乡农技推广站根据当地政府行政部门的要求，在相关农时季节或者农闲季节，组织政府农技员到一些村对农户进行集中培训。这种有组织的农技推广机制意味着农业行政部门通过行政命令要求基层政府农技员对农户开展农技推广培训活动。这种机制与农技推广人员的日常工作安排、激励机制、监督考核机制等紧密有关，从而成为一些地区农技推广机构对农技员进行考核乃至政府行政部门评价农技推广机构工作的主要依据。

实际上，这种机制也可以追溯到新中国成立之初。随着新中国成立后农技推广体系的逐步建立，我国不仅从体制上建立和逐渐完善了为农户提供农技推广服务的组织与队伍保障，也在机制上相继出台了一系列政策措施，鼓励农技员做好农技推广服务工作（农业部科技教育司，1999）。1950年中共七届三中全会提出了"为争取国家财政经济状况的基本好转而斗争"的总口号和总任务。周恩来总理指出："农业的恢复是一切部门恢复的基础，没有饭吃，其他一切就没有办法。"（中共中央文献研究室编辑委员会，1984）在此方针指导下，为了恢复农业生产，中央相应地采取了推广技术、奖励丰产和动员群众兴修水利等措施。各级农业行政部门组织动员大批农业科技人员深入农村，总结群众丰产经验和增产技术，开展群众性技术改进运动，示范推广新式农机具，试办农业技术推广站等活动（农业部科技教育司，1999），这些活动均由政府特别是农业行政部门主导和组织。

（3）监督考核机制。目前我国多数基层农技推广机构均建立了监督考核机制。多数农技推广机构的监督考核机制建立在对农技员的考勤基础上，即考察农技员是否按时上下班、是否完成指派的工作内容，通过平时的记录及年终评价，对其年度工作进行考核，考核成绩作为当年表彰及晋升的依据。通常情况下，如果农技员只要能够基本做到长时间不缺勤，便可以通过年度考核。对于多数农技推广机构而言，考核的结果与农技员收入的关联度不高。对于少数对考核优秀的农技员予以奖励的机构，其奖金也并不太高，主要以精神奖励为主。但是，连续获得优秀考核结果往往成为技术职称或职务晋升的重要依据。

由于各个农技推广机构对农技员日常工作的监督考核均在机构内部进行，其结果的有效性也仅适用于机构内部，很少能够对农技员下乡为农户提供技术推广服务产生实质效果。特别需要指出的是，许多地区的乡镇农技员考核主要以其是否完成乡镇政府的"中心工作"为主要内容，这在乡镇农技推广机构"三权"下放至乡镇政府的县尤其普遍。对一些农业生产资料经营创收活动尚未与公益性农技推广活动脱钩的机构，农技推广人员考核则几乎完全以其经营业绩为主要内容，并以此为依据决定其当年的工资和收入。

（4）激励机制。除了上述机制，许多地方的县乡两级农技推广机构针对农技员建立了激励机制，包括农技推广补贴、提高和改善农技员的物质与生活待遇等。1954 年 8 月，政务院颁布《有关生产的发明、技术改进及合理化建议的奖励暂行条例》，提出了在科技活动中处理好政治挂帅和物质鼓励的关系，首次在中国科技工作中采用了物质奖励的激励机制（农业部科技教育司，1999）。由于农技推广体系尚处于试建时期，农技推广活动是农业行政部门主导的以精神鼓励为主的有组织活动，物质奖励机制并不普遍。1963 年 2月，中共中央、国务院召开全国农业科技工作会议，提出了 20～25 年农业技术改造设想，要在全国建立"十大样板田"，组织专家和科技人员深入农村，实行领导、专家、群众相结合，实验室、试验场和农村基点相结合，试验、示范、推广相结合。同年，国务院颁布了《技术改造奖励条例》，第二次启用物质激励机制（农业部科技教育司，1999）。但是，这一条例主要是针对在农业科技战线有突出贡献的科技人员，而对于多数基层农技员而言，日常技术推广服务活动以评比先进的精神鼓励为主。

我国政府农技推广体系激励机制产生最好效果的时期为 1983 年 4 月到1988 年 5 月。1983 年 4 月《国务院批转劳动人事部、农牧渔业部、林业部、财政部关于加强农林第一线科技队伍的报告的通知》提出，"适当提高农林第一线科技人员的生活待遇，在县以下（不含县级）工作的农林科技人员，在原来的工资基础上，向上浮动一级工资，作为岗位津贴。各地要在发展农业生产、提高农业经济效益的基础上，逐步增加农业事业费，以改善农业第一线科技人员的工作条件和生活条件"（农业部科技教育司，1999）。这是新中国成立以来，为了鼓励基层农技员做好农技推广服务工作出台实施的第一份以中央名义发布的激励文件。此后，乡镇农技推广机构得到极大发展，农技员积极性得到极大提高。许多地方出台了一些鼓励农技员扎根农村的激励政策，例如河北、山东提出农技员在乡镇工作满 5 年以上则可以浮动一级工资或转为正式工资。然而，1988 年 5 月国务院发布的《关于深化科技体制改革若干问题的决定》指出，"改革现有的农业技术推广机构的运行机制，大力发展多种所有制形式和多层次的科技推广、经营服务实体，逐步形成适应农村商品经济发展的技术推广服务网络。基层技术推广服务机构，应根据当地产前、产中、产后生产的需要，发展成为独立的技术经济实体，通过有偿技术服务、技术经济承包和经营与技术服务有关的农用生产资料等业务，改变单纯依赖政府拨款的状况，逐步形成自我发展能力，以更有效地从事农业科技的试验、示范、培训、推广等"。换言之，这成为我国政府农技推广体系商业化改革的正式开始，允许农技推广机构和人员经营创收。随着农业行政部门对农技推广机构下拨经费的减少，乡镇和县级农技推广机构均遭遇日常工作经费困难问题，从而使此前的各种激励机制几乎失效。

尽管 2006 年《意见》的发布表明我国政府农技推广体系逆商业化改革正式开始，但是到目前为止基层农技推广机构和人员激励机制缺失的局面没有得到根本性扭转。许多地方取消了对基层农技员的下乡补贴，严重影响其做好为农户技术服务的积极性，导致政府农技推广体系缺乏对专业人员的吸引力。2016 年的政府农技推广机构调查发现，2015 年有下乡补贴的县乡政府农技推广机构仅占全部被调查机构的 23.2%，其中有下乡补贴的乡镇农技推广机构仅占 9.5%（胡瑞法和孙艺夺，2018）。

5.2.4　政府农技推广的方式特点

我国政府农技推广方式存在多维度特点，而且随着政府农技推广体系的建立与逐步完善，农技推广方式得到不断发展。概括而言，我国政府农技推广方式具有三个方面特点：行政命令主导、主动上门服务和被动解答问题。在不同历史阶段，我国政府农技推广方式方法特点的侧重点不尽相同。

（1）行政命令主导。行政命令主导是新中国成立至今我国政府农技推广方式的重要特点之一。这种特点可以追溯至 20 世纪 50 年代初的群众性技术改进运动（农业部科技教育司，1999）。新中国成立之初，为了发展经济，中央政府采取了一系列措施促进农业和农村经济发展，其中一项与技术推广方法有关的活动为群众性的技术改进运动（农业部科技教育司，1999）。政府通过行政命令安排专业农业科技人员深入到农村，对群众丰产经验和增产技术进行总结和推广，这种做法得到有效执行并有效改进了农户的技术采用。需要特别说明的是，由各地评选出来的先进农户代表也参与向其他农户介绍其技术和经验，从而达到了以农户自己的语言传播农业生产技术的目的。对于这种农技推广方式，农户可以积极参与到优良农业生产技术的总结与改良，因此这一时期的政府农技推广方式也具有一定的"自下而上"的特点。

1963 年全国农业科技工作会议提出建立"十大样板田"，通过组织专家和科技人员深入农村，实行领导、专家、群众相结合，实验室、试验场和农村基点相结合，试验、示范、推广相结合的推广方法（农业部科技教育司，1999）。随着人民公社的建立，行政命令主导的农技推广方式得到普遍采用。"文化大革命"中推广的"四级农科网"建设，除了采用以新技术示范试验为主要内容的推广方法（农业部科学技术委员会和农业部科学技术司，1989；农业部科技教育司，1999；全国农业技术推广服务中心，2001），还特别强调农户群众在新技术改进与创造中的作用，各地在下乡农业科技人员参与下，一大批农民技术员与农民科学家应运而生（佟屏亚，2000），参与式农业技术科研推广方法得到发展。经过充分试验的有技术人员参与的行政命令主导的农技推广方式，在"文化大革命"期间甚至在改革开放初期，对农业增产增收起到显著促进作用。然而，行政命令主导的农技推广给农户生产带来巨大损失的情况也时有发生。需要说明的是，尽管部分时期行政命令主导的农技推广方式也具有一定的"自下而上"特点，但其总体上仍然是最典型的"自上而下"的农技推广方式。

（2）主动上门服务。主动上门服务是指农技员主动培训农户或者下农村向农户宣传新技术，并指导农户应用新技术，或者帮助农户发现生产上存在的技术问题，并解决这些问题的方法。新中国成立以来，我国政府农技推广机构采用的主动上门服务方法包括培训与访问、试验示范、农技员"蹲点"或驻村，以及媒体宣传等。改革开放以后，随着农户采用新技术的热情不断高涨，政府农技员下乡对农户进行现场技术指导成为农技推广的最主要方法，而技术示范、现场会及集中讲课培训等也较常见。1989 年国务院发布《关于依靠科技进步振兴农业加强农业科技成果推广工作的决定》，允许政府农技推广机构和人员从事技物结合的推广服务。此后，农技推广与生产资料经营结合起来（农业部科学技术委员会和农业部科学技术司，1989；全国农业技术推广服务中心，2001），但是这种推广方法带来了明显的负面效应（黄季焜等，2001；全国农业技术推广服务中心，2001）。

培训与访问曾经是我国政府农技推广的主要方式，即农技员下乡对农户进行技术培训，访问农户并回答农户提出的问题。这一方法是 20 世纪 80 年代及以前最常用的推广方法，受到了农户的广泛欢迎。试验示范不仅是农业新技术推广最常用的方法，而且是农业新技术推广必须经历的过程。一方面，试验示范可以发现某项新技术是否适合当地的生产生态环境，当地市场条件是否满足该新技术的大规模采用。另一方面，试验示范特别是在农户田间生产示范可以使农户从感性上观察新技术的效果。农技员"蹲点"或驻村是 20 世纪 50 年代科技人员下乡总结农户丰产经验时逐渐发展起来的农技推广方式，到 20 世纪 80 年代得到广泛应用。目前一些地区仍然保留了这一农技推广方式。我国政府农技推广体系非常重视通过媒体宣传新技术。中央电视台将农业技术的宣传与扩散作为节目主要内容，一些地方电视台也开办了类似节目。近年来，政府农技推广体系日益借助互联网等现代通信技术开展农技推广（朱晓柯等，2021）。

（3）被动解决问题。被动解决问题主要是指由农户向农技员提出具体问题，并请农技员帮助其解决生产上存在的技术问题。最常见的被动解决问题的方法主要包括农户上门或电话请教、农技员下乡时农户的请教等。例如，"农技 110"等是最典型的被动解决问题的农技推广方法。需要指出的是，被动解决问题的方法已成为目前农技推广最常见的方法之一。许多地区由于农技员下乡时间和主动服务减少，农户不得不通过自己上门求教的途径解决其迫切需要解决的技术问题，被动解决问题是在农技推广机构主动服务缺乏情况下采取的措施。

5.3　政府农技推广体系的逆商业化
改革效果和存在的问题

为了解决政府农技推广体系商业化改革造成的问题，我国于20世纪初在试点的基础上启动了政府农技推广体系的逆商业化改革（黄季焜等，2008；胡瑞法等，2009；2012）。2006年，国务院颁布《关于深化改革加强基层农业技术推广体系建设的意见》，明确要求地方政府全面推进基层政府农技推广体系改革。2011年3月，中共中央、国务院下发《关于分类推进事业单位改革的指导意见》，将事业单位划分为承担行政职能、从事生产经营活动和从事公益服务三种类别，要求各地切实做好分类推进事业单位改革。2013年1月，新修订的《中华人民共和国农业技术推广法》开始实施。需要说明的是，政府农技推广体系的逆商业化改革及其效果对于我国现阶段农技推广、农业科技进步和粮食安全具有重要意义。

本章采用2016年10月的政府农技推广体系调查数据和胡瑞法等（2004）的调查数据，科学评估我国政府农技推广体系逆商业化改革的效果，同时分析政府农技推广体系仍然存在的问题，在此基础上提出深化政府农技推广体系改革的政策建议。本次调查对湖北、江苏、浙江、广东、贵州、陕西和山东7省28县开展了随机抽样调查。浙江、广东和湖北的12个县为胡瑞法等（2004）调查的跟踪县。本次调查共调查了184个政府农技推广单位和531位政府农技员，包括县级单位117个，乡级单位67个；政府农技推广单位负责人222人，普通专业技术推广人员309人。对于样本县和样本乡镇，除了调查政府农技推广体系基本情况外，还对县乡两级政府农技员进行问卷调查。同时，本次调查共调查了2 293个农户。此外，胡瑞法等（2004）调查了7省28县363个政府农技推广单位、1 245位政府农技员和420个农户。

5.3.1　政府农技推广体系逆商业化改革的效果

结合胡瑞法等（2004）调查数据和2016年调查数据，研究发现政府农技推广体系的逆商业化改革取得一些积极效果，主要体现为政府农技人员减少、政府农技员素质改善、政府农技员身份问题得到解决、政府农技员下乡时间增加、接受政府农技推广服务的农户比例提高。

（1）政府农技员减少。政府农技推广体系逆商业化改革以后，政府农技员特别是乡镇政府农技员显著减少（见表 5－4）。2002 年每个县政府农技员平均为 415 人，其中县级正式编制人员 118 人、乡镇正式编制人员 237 人、非正式编制人员 60 人。但是，2010 年和 2015 年政府农技员分别大幅度减少至 239 人和 238 人，减少比例分别为 42.4% 和 42.7%。其中，县级正式编制政府农技员从 2002 年的 118 人减少到 2010 年的 98 人和 2015 年的 96 人，分别减少了 16.9% 和 18.6%；乡镇正式编制政府农技员从 2002 年的 237 人减少到 2010 年的 118 人和 2015 年的 121 人，减少幅度在 50% 左右；非正式编制人员分别减少到 2010 年的 23 人和 2015 年的 21 人，减少了将近 2/3。

表 5－4　　　　　　　　　县乡两级政府农技员人数变化　　　　　　　　单位：人

项目	合计	县级正式编制	乡镇正式编制	非正式编制
全部样本				
2002 年	415	118	237	60
2010 年	239	98	118	23
2015 年	238	96	121	21
跟踪样本				
2002 年	441	84	293	64
2010 年	183	59	76	48
2015 年	175	59	74	42

资料来源：笔者实地调查。

对浙江、广东和湖北 3 省跟踪调查数据也发现了相同的趋势（见表 5－4）。2002 年，3 省每个县的政府农技员平均为 441 人，其中县级正式编制人员 84 人、乡镇正式编制人员 293 人、非正式编制人员 64 人。2010 年和 2015 年，政府农技员分别减少至 183 人和 175 人。其中，县级正式编制政府农技员减少到 59 人，减少了 29.8%；乡镇正式编制政府农技员分别减少到 2010 年的 76 人和 2015 年的 74 人，减少了近 3/4；非正式编制人员减少了近 1/4。

（2）政府农技员素质改善。政府农技员素质改善的第一个表现是政府农技员的学历结构显著优化（见图5-3）。同2002年相比，无论是全部样本或者跟踪样本，政府农技员中拥有本科及以上学历的人数稳步增加。2002年，政府农技员具有中专学历的人数最多，而中专以下学历人数位列第二。这种局面在2010年转变为具有大专学历的政府农技员数量位居第一，中专学历人数次之。到了2015年，具有大专、本科及以上学历的政府农技员占绝大多数。这些调查数据表明，随着政府农技推广体系逆商业化改革的不断深化，政府农技员受教育程度不断提高，其学历结构得到显著改善。

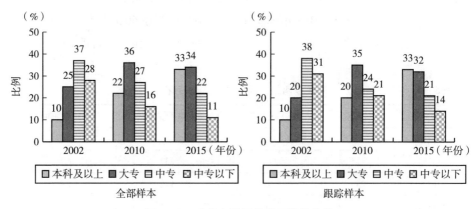

图5-3　政府农技员的学历结构变化

资料来源：笔者实地调查。

政府农技员素质改善的第二个表现是政府农技员知识老化、人才断层现象得到根本性改善。2002年，仅有34%的政府农技员参加技术培训或进修，该浙江、广东和湖北3省的这一比例仅为28%（见图5-4）。相比而言，2016年，参加技术培训或进修的政府农技员比例大幅增加到63.0%，而浙江、广东和湖北3省跟踪样本的比例也相应地增加到58.0%，均在2002年基础上增加了30个百分点左右。政府农技推广体系通过考试新进了较大比例的农技员，更新了农技员队伍。胡瑞法等（2004）调查显示，68%的县级农技推广单位和46%的乡镇政府农技推广单位在1996~2002年期间未新进本科及以上农业院校毕业生。2010年和2015年政府农技员中，分别有8%和11%的人员为新进的农技员，其中通过招录考试新进人员分别占4%和

7%（见图 5 - 5）。2015 年政府农技员中，30 ~ 50 岁人员占 68.5%，表明政府农技员知识老化和人才断层现象得到根本性改善。

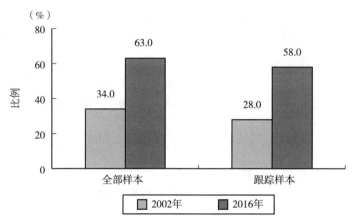

图 5 - 4 参加技术培训或进修的政府农技员比例

资料来源：笔者实地调查。

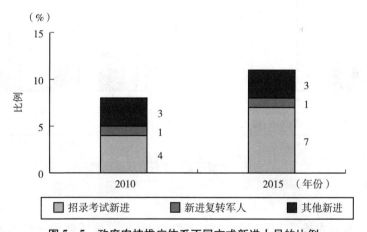

图 5 - 5 政府农技推广体系不同方式新进人员的比例

资料来源：笔者实地调查。

（3）政府农技员身份问题得到解决。20 世纪 80 年代末政府农技推广体系商业化改革背景下，各地政府农技推广单位形成了"给编制不给钱"或"少给钱"的自收自支和差额拨款人事管理制度，即将政府农技推广单位和人员划分为全额拨款、差额拨款和自收自支三类。对于差额拨款和自收自支单位和人员，政府允许其从事农业生产资料经营创收活动来维持职工工资和日常费用（胡瑞法等，2004；黄季焜等，2008）。研究表明，上述人事管理制度改革是导致当前我国农户过量施用化肥、农药的重要原因之一（张超等，2015）。为了解决这一问题，2004年启动的各项逆商业化改革将政府农技推广单位的经费分配改革作为重要内容之一，恢复对全部政府农技推广单位的全额拨款，即使对以差额拨款和自收自支身份招录的政府农技员，政府也开始发放全额事业编制工资（黄季焜等，2008）。这一改革举措得到了较好的执行和落实（见图5-6）。全额拨款人员占比由2002年的58%上升到2010年的90%和2015年的93%；差额拨款人员占比则由2002年的16%分别下降到2010年的9%和2015年的6%；自收自支人员减少最显著，其占比由2002年的25%减少到2010年和2015年的不到1%。

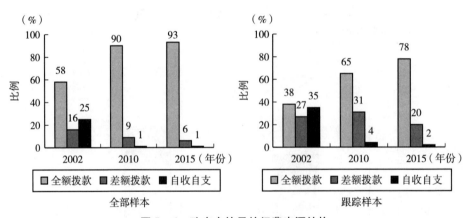

图5-6　政府农技员的经费来源结构

资料来源：笔者实地调查。

（4）政府农技员下乡时间增加。政府农技推广体系逆商业化改革以后，政府农技员下乡时间显著增加（见表5-5）。2002年政府农技员全年下乡时间平均仅81天，占全年时间比例不足1/4。2015年政府农技员下乡时间则大幅增加到平均123天，占全年时间的33.7%。与此形成鲜明对比的是，政府农技员的经营创收时间从2002年平均56天到2015年平均3天，几乎停止了商业化活动。政府农技员的办公室工作时间也从2002年平均135天减少到

2015 年平均 123 天，相应减少了 3.3 个百分点。

表 5 - 5　　　　　　　　　政府农技员的时间分配变化

合计	实际天数（天）					所占比例（%）				
	办公室	下乡	创收	其他	合计	办公室	下乡	创收	其他	合计
2002 年	135	81	56	93	365	37.0	22.2	15.3	25.5	100.0
2015 年	123	123	3	116	365	33.7	33.7	0.8	31.8	100.0
县级										
2002 年	136	86	39	104	365	37.3	23.6	10.7	28.5	100.0
2015 年	130	105	2	128	365	35.6	28.8	0.5	35.1	100.0
乡镇										
2002 年	134	73	83	75	365	36.7	20.0	22.7	20.5	100.0
2015 年	102	172	3	88	365	27.9	47.1	0.8	24.1	100.0

注：由于四舍五入的原因，个别比例合计值不等于100%。
资料来源：笔者实地调查。

县级和乡镇政府农技员时间分配变化存在较大差异（见表 5 - 5）。县级政府农技员下乡时间由 2002 年平均 86 天增加到 2015 年平均 105 天，占全年时间比例仅增加了 5.1 个百分点。相比而言，乡镇政府农技员下乡时间则由 2002 年平均 73 天大幅增加到 2015 年平均 172 天，在 2002 年基础上增加了 135.6%，占全年时间比例增加了近 27.1 个百分点。相应地，县级政府农技员的办公室工作时间也仅平均减少了 6 天，而乡镇政府农技员的办公室工作时间平均减少了 32 天。

（5）接受政府农技推广服务的农户比例增加。政府农技推广体系的逆商业化改革显著提高了接受政府农技推广服务的农户比例（见图 5 - 7）。2000 ~ 2002 年期间，接受过政府农技推广服务的农户比例仅为 21.9%，其中浙江、广东、湖北 3 省这一比例为 14.5%。政府农技推广体系逆商业化改革以后，该比例显著提高。2014 ~ 2016 年期间，接受过政府农技推广服务的农户比例为 25.2%，其中浙江、广东、湖北 3 省这一比例为 24.2%，分别提高了 3.3 个和 9.7 个百分点。这表明，2004 年以来政府农技推广体系逆商业化改革提高了政府农技推广单位和人员为农户提供推广服务的积极性。

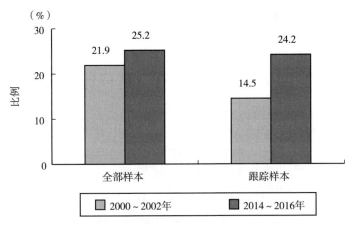

图 5-7 接受政府农技推广服务的农户比例变化

资料来源：笔者实地调查。

5.3.2 政府农技推广体系存在的问题

虽然政府农技推广体系逆商业化改革取得了一些积极效果，但是一些老问题仍然没有得到有效解决，与此同时也出现了一些新问题。

（1）老问题：政府农技推广行政化。10 多年来，虽然政府农技推广单位加强了对农户的农技推广服务工作，然而行政化特征使得农技推广工作变成了一项基础性行政工作，弱化了政府农技员对农户的技术服务效果。

第一，乡镇政府农技员以开展行政工作为主，以农技推广服务工作为辅。虽然乡镇政府农技推广单位和人员为农户提供技术服务的次数增加了，但乡镇政府农技员以乡镇中心工作为主的现状并未得到有效改善（胡瑞法等，2004）。需要强调的是，乡镇政府农技员下乡执行维稳、扶贫、环保等乡镇中心行政工作的同时，往往采用行政手段开展农户技术培训，这已经发展成为乡镇政府农技推广工作的常态。具体做法是，在县级和乡镇政府确定了推广技术后，乡镇政府便组织政府农技员到指定行政村对农户进行技术培训。与此同时，乡镇政府需要为参加技术培训的农户支付误工费，而农技员则按照统一的农业技术培训讲义授课。由于这些技术培训活动绝大多数已列入政府的行政工作计划，因此这种方式下向农户培训的农业技术不一定是农户最需要的技术。

第二，乡镇政府农技推广单位的行政化改革不断推进。21% 乡镇取消了乡镇政府农技推广站的专业设置，成立了农业或农村工作办公室（见图 5－8）。这些乡镇政府新机构的职能已完全变为农业管理，政府农技员则执行行政职能。34% 的乡镇政府实行了综合服务机构改革，将政府农技推广服务职能转变为行政服务，使得农技推广工作多以行政手段实行。政府农技员几乎一半为非农技员，而农技员从事的工作多与所学专业不符。因此，这一改革虽然有利于乡镇行政管理，却使乡镇政府农技推广服务无法达到应有效果。

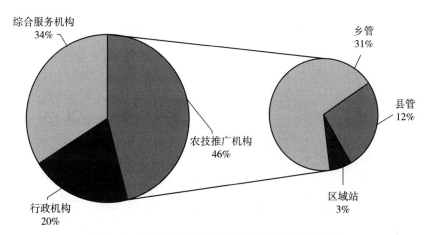

图 5－8 2016 年乡镇政府农技推广单位性质结构

资料来源：笔者实地调查。

第三，行政化的政府农技推广服务对农户的吸引力大幅下降。各地县级政府农技推广单位加强了对农户的农业技术培训，多数县级政府农技推广单位为此制订了详细的农业技术培训服务计划。但是，68% 的政府农技推广培训需要向农户支付误工费才能吸引足够的农户参加，使得政府农技推广工作的服务性质严重弱化，从而进一步导致政府农技推广服务逐渐演变成了行政职能。需要强调的是，现有的政府农技推广服务对农户的吸引力下降也和一些地方的政府农技推广服务流于形式密切相关。事实上，部分地区的乡镇政府农技员对新技术的掌握程度甚至比不上一些农户具备的农业技术水平。

（2）新问题：激励机制丧失。目前乡镇政府农技员的工资由县财政统一发放，保障了政府农技员的工资及收入。但是，许多地方取消了政府农技员的下乡补贴，导致政府农技员为农户提供农业技术服务的激励机制丧失（见图5-9）。虽然获得下乡补贴的政府农技员比例由2002年的20.5%提高到2015年的23.2%，但是下乡补贴主要是县级政府农技员。调查发现，获得下乡补贴的县级政府农技员比例由2002年的24.0%提高到2015年的28.5%，而获得下乡补贴的乡镇政府农技员则由2002年的14.7%下降到2015年的9.5%。需要指出的是，多数政府农技员的下乡补贴并不是对实际承担下乡工作人员的激励，而是作为一项福利对下乡人员和未下乡人员发放的补贴。

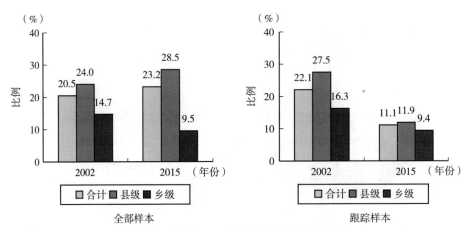

图5-9　获得下乡补贴的政府农技员比例变化

资料来源：笔者实地调查。

激励机制的缺失和下乡服务工作的艰苦性，降低了政府农技推广单位对专业人员的吸引力。调查发现，政府农技推广单位专业不对口人员的比例从2002年的27%提高到2015年的36%（见图5-10）。其中，县级政府农技推广单位专业不对口人员比例从2002年的29%提高到2015年的39%，提高了10个百分点。换句话说，目前县级政府农技员中，近40%人员为非专业对口人员。乡镇政府农技推广单位的专业不对口人员比例则从2002年的26%提高到2015年的29%，提高了3个百分点（见图5-10）。需要指出的是，县级政府农技推广单位是一县范围内农技推广的主要决策者，其过多的非专业人员对政府农技推广服务存在的负面影响需要引起高度注意。

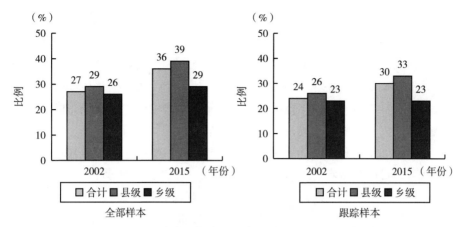

图 5 – 10　政府农技推广单位专业不对口人员比例变化

资料来源：笔者实地调查。

（3）人事制度改革未能达到预期效果。20 世纪初开始的人事制度改革某种程度上成为限制基层政府效率提高的一个重要原因。一是"逢进必考"制度虽然在一定程度上防止部分人凭借个人关系进入政府行政及事业单位，但该制度也决定了多数基层单位用人的"一考定终身"性质，导致政府农技推广单位人员能进不能出，限制了人员的合理流动，导致部分不具备岗位胜任力的人员实际上长期不能有效履职。二是严格的编制管理和岗位设置，限制了关键岗位人员的调整，使得部分缺乏足够能力的人员难以被能力更强的人员所替代，限制了整个部门工作效率的提高。三是多数地区县级以下官员退位即"退休"，占编制拿工资但不工作，造成极大的人才浪费。

5.4　主要结论和政策建议

本章对农技推广的概念、我国政府农技推广体系发展以及逆商业化改革的效果等问题进行了系统分析。农技推广的概念并不是一成不变的，其内涵也在不断丰富。总体而言，农技推广是农业科技创新的"最后一公里"，在提高农业生产率、保障粮食安全和重要农产品供给、改善农户收入等各个方面起到了十分重要的作用。我国政府农技推广体系规模世界第一，其发展历程比较曲折，可以分为计划经济阶段、改革开放初期的恢复重建阶段、商业化改革阶段和逆商业化改革阶段四个阶段。同时，我国政府农技推广体系的职能也在发展过程中不断增加和丰富，从最初的技术推广逐步扩大到技术服务和其他非技术性服务。2006年以来，我国启动政府农技推广体系的逆商业化改革，取得了多方面的积极成效，有效解决了商业化改革造成的诸多问题，但是仍然产生了一些新问题，同时一些老问题尚未得到有效解决。

我国以老年人和妇女为主要劳动力的农业经营主体正在发生深刻变化。概括而言，目前我国农业经营主体包括三类：一是长期从事农业生产活动的农户。这些农户由于从未离开过农村，对现有农业技术比较熟悉，具有较丰富的农业生产经验。二是曾经务农，但又较长时间外出从事非农工作，其后因年龄等各方面原因返乡务农的农户。这类农户虽然有一定的务农经验，但由于长期在外，未能及时掌握农业新技术变化趋势。三是长期在外从事非农工作，无任何务农经验，由于各种原因返乡务农的农户。三类农户均有不低比例的农户严重缺乏农业经营理念，需要政府农技推广单位和人员提供及时、全面的农技推广服务，避免由于经营不善而陷入贫困。因此，维持一支政府农技推广服务队伍，为上述三类农业经营主体提供有针对性、有效的农技服务将是长期任务。在农业农村经济结构转型背景下，需要深化政府农技推广体系改革，从而避免造成对农村社会稳定和国家粮食安全的严重冲击。

（1）强化政府公共信息服务能力。虽然各地建立了农作物病虫害防治预测预报系统，但与20世纪80年代相比，县级农业部门的病虫害防治预测预报系统遭受极大的削弱甚至破坏。一半以上县级政府农技推广单位缺乏病虫害防治预测预报人力和设备能力，80%以上县级政府农技推广单位缺乏日常预测预报工作安排。研究表明，政府农技推广单位提供有效服务可以有效降低由于农作物病虫害造成的损失（张超等，2015）。因此，重建县级农作物病虫害防治预测预报等公共信息服务系统刻不容缓，同时基层政府在食品安全、环境与生态等领域的公共信息服务能力也有待加强。

（2）建设一支稳定的基层政府农技推广队伍。作为一项工作地点在农村的田间地头又面对广大农户的工作，农技推广服务工作不仅辛苦，而且需要扎实的专业知识和技能。辛苦的工作性质和激励机制的缺失导致政府农技推广单位缺乏对专业人员的吸引力，使得政府农技推广队伍非专业人员比例过高，同时也使得政府农技推广人员丧失主动为农户提供服务的积极性。20世纪 80 年代，国家采取了乡镇政府农技员比县级政府农技员工资高半级的激励措施，吸引了一大批优秀的农技员从事一线的推广服务工作，有效激励了政府农技员主动下乡为农户提供服务的积极性（胡瑞法和李立秋，2004）。允许政府农技推广单位从事农业生产资料经营创收以及乡镇政府农技员工资激励的取消，极大地削弱了政府农技员的积极性（胡瑞法等，2004）。重建一支稳定的专门从事农技推广服务的农技推广服务人员队伍，对于保障国家粮食安全具有重要的现实意义。

（3）政府农技推广去行政化。目前一些地方的政府农技推广单位行政化改革已使农技推广服务的专业化降低，从而影响了政府农技推广服务的效率。应在建立一支稳定专业的政府农技推广队伍的同时，重建专业的政府农技推广服务队伍，改革现行体制，实行政府农技员的县级管理（胡瑞法等，2004；2006；2009）。改革现行的政府农技员管理机制（胡瑞法等，2006），促使其主动做好为农户的技术服务工作。

（4）改革现行人事管理制度。取消限制人员流动的人事制度，鼓励政府农技员的自由流动，允许政府农技员流动到最适合的岗位工作，在减少非专业人员的同时，精简政府农技员队伍。同时，可以探索"花钱买服务"的做法，在保障政府农技员基本工资基础上，将服务工作量与政府农技员收入挂钩，允许政府农技员跨乡镇为农户提供农技推广服务（王家年，2008；黄季焜等，2009）。探索建立政府农技员"离职不离岗"制度，充分发挥其丰富的管理与服务经验，为农户提供更广泛和更好的服务。

第 **6** 章

政府农技推广服务对
农户农药施用的影响

20 世纪初以来，我国开展政府农技推广体系逆商业化改革，取得了一些积极成效。但是，逆商业化改革时期我国政府农技推广服务如何影响农户的农药施用缺乏实证研究。本章采用 2016 年和 2018 年我国长江中下游地区 1963 个水稻种植户的随机抽样调查数据和处理效应模型，实证考察了逆商业化改革以后的政府农技推广服务对农户农药施用的影响，在此基础上讨论了加强政府农技推广服务、促进农药减量增效的政策建议。

6.1 引　言

在农业生产过程中，农户通过施用农药减少由于农作物病虫草害爆发造成的农作物产量损失（欧尔克，2006；维吉尔和布比斯，2013；扎科夫斯基和梅斯，2022），但是减少过量施用的农药对于治理环境污染问题至关重要（莱克亨特等，2017）。正是由于农药施用在农业生产中起到了十分重要的作用，过去几十年内全世界农药施用量大幅度增加。根据联合国粮农组织数据，全世界按有效成分折百的农药施用量从 1990 年的 179.8 万吨增加至 2021 年的 353.5 万吨（联合国粮农组织，2023）。但是，农药过量施用造成了严重的消极影响，例如农作物病虫害的抗性、人体健康损害和农业面源污染等（卡梅尔和霍平，2004；恩托等，2006；施奈尔德等，2008；塔布什尼克等，2008；奥卢沃勒和奇克，2009）。

过去三十年期间，我国一直是世界上最大的农药施用国家之一（张超等，2015；孙生阳等，2019）。从 1990 年到 2021 年，我国按有效成分折百的农药施用量从 14.4 万吨增加到 23.4 万吨（联合国粮农组织，2023）。农药施用量的大幅度增加导致了我国严重的农药过量施用问题，这一问题也引起了社会各界的普遍关注（张超等，2015；蔡金阳等，2021；王常伟和刘望，2021）。为了解决农药过量施用造成的环境负外部性，我国政府部门采取了一系列举措促进农药减量增效，其中向广大农户提供农药减量增效技术是重中之重（张卫峰等，2016；张凯等，2021）。

长期以来，政府农技推广服务深刻影响了农业生产过程中的农药施用，而我国政府农技推广体系经历了多次改革（胡瑞法等，2004；张超等，2015；孙生阳等，2019）。新中国成立以来，我国迅速建立了政府农技推广体系，该体系拥有世界上规模最大的基层农技推广队伍，为提高我国农业生产率作出了巨大贡献（胡瑞法等，2004）。需要指出的是，基层政府农技推广机构和人员的工资和推广业务经费曾经主要由地方政府承担，因此巨大规模的基层政府农技推广队伍给地方政府带来了极其沉重的财政负担（胡瑞法等，2004；2009）。为了有效减少政府农技推广体系的财政支出，20 世纪 80 年代中后期开始允许和鼓励基层政府农技推广机构和人员通过销售农药和其他农业生产资料等方式弥补财政经费的不足（胡瑞法等，2009；蔡金阳等，2020）。尽管这一被称为政府农技推广体系商业化改革的举措成功地减轻了地方政府财政对政府农技推广体系的负担（巴布等，2015），它也造成基层政府农技推广机构和人员难以把主要精力放在提供高质量的农技推广服务上了（胡瑞法等，2009）。为了增加商业经营的利润，大量基层政府农技推广人员甚至故意误导农户购买和施用更多农药（胡瑞法等，2012），这被认为是导致我国总体上农药过量施用的重要原因之一（金书秦等，2015）。

为了解决基层政府农技推广机构和人员从事商业经营活动造成的消极影响，我国政府部门从 2006 年开始禁止基层政府农技推广机构和人员从事商业经营活动，并且大力加强了基层政府农技推广机构和人员的农技推广服务供给（巴布等，2015）。这一系列改革举措一般被称为政府农技推广体系的逆商业化改革（胡瑞法和孙艺夺，2018；孙生阳等，2018）。在这种背景下，部分研究发现政府农技推广体系的逆商业化改革已经产生了一些积极效果，比如提高了政府农技推广服务的财政支出，从而激励基层政府农技推广机构和人员提供更多更高质量的农技推广服务（胡瑞法和孙艺夺，2018；蔡金阳等，2020）。

考虑到农技推广服务在农业生产过程中的重要作用，更好理解政府农技推广体系逆商业化改革时期的政府农技推广服务和农户农药施用行为之间的关系对于提出扎实有效的农药减量增效政策举措具有重要意义。基于这一背景，本章旨在实证考察政府农技推广服务对农户农药施用的影响。逆商业化改革以来政府农技推广体系不断提高农技推广服务的频次和质量，因此本章实证研究的基本研究假设是逆商业化改革时期的政府农技推广服务有助于促进农户减少农药施用。本章的研究数据来自 2016 年和 2018 年对长江中下游地区 1963 个水稻种植户的调查。尽管政府农技推广服务的供给对所有农户而言都是给定的，但是农户可以自行选择是否参与和接受政府农技推广服务活动。在这种决策过程中，许多可观测因素（例如，性别、年龄和教育）和不可观测因素（例如，偏好和个性）都可能影响农户的决策结果。因此，农户参与和接受政府农技推广服务活动具有潜在的自选择性。为了解决这一问题，本章采用处理效应模型对计量经济模型进行估计。

6.2　研究数据和变量定义

6.2.1　样本选取

如前所示，为了研究政府农技推广服务对农户农药施用的影响，本章的数据来自 2016 年和 2018 年两次对我国长江中下游地区水稻种植户的独立随机抽样调查。需要强调的是，长江流域是我国最大的水稻主产区，大约生产了全国 2/3 的稻谷（孙艺夺等，2019）。第一次随机抽样调查在湖北、江苏和浙江进行，第二次随机抽样调查在湖北、江苏和江西进行。2020 年湖北、江苏、江西和浙江的农作物播种面积分别为 797.4 万公顷、747.8 万公顷、564.4 万公顷和 201.5 万公顷，其中水稻播种面积占比分别为 28.6%、29.5%、61.0% 和 31.6%（国家统计局，2021）。与此同时，上述四个省份的水稻播种面积占全国水稻播种面积的比例达到了 28.5%（国家统计局，

2021)。因此，本章研究的样本区域具有较好的代表性。

第一次随机抽样调查于 2016 年 10~11 月在湖北、江苏和浙江进行。调查人员采取多阶段随机抽样法选取水稻种植户。首先，在每一个省份随机选取四个水稻生产县，共计选取 12 个县。其次，在每个县随机选取两个乡镇，共计选取 24 个乡镇。再次，按照上述随机抽样原则在每个乡镇随机选取 2 个村，共计 48 个村。最后，按照村委会提供的农户花名册在每个村随机选取 15~20 个水稻种植户，共计 961 个水稻种植户。

第二次随机抽样调查于 2018 年 4 月在湖北、江苏和江西进行。调查人员再次采取前述随机抽样方法选取水稻种植户。概括而言，在每个省随机选取一个水稻生产县，在每个县随机选取四个乡镇，在每个乡镇随机选取四个村，在每个村随机选取 20 个左右水稻种植户。剔除无法提供完整信息的农户，共计 1 002 个水稻种植户。因此，本章的研究样本包含 1 963 个水稻种植户。

6.2.2　问卷调查

调查人员对每一个随机选取的水稻种植户进行了面对面的问卷调查。问卷调查收集了较大范围的信息，主要包括农户个人和家庭特征（例如，性别、年龄和教育）、农业生产特征（例如，水稻种植面积、种植季节和是否采用杂交稻品种）和参与农技推广服务活动等。与此同时，问卷调查收集了非常详细的农户农药施用和水稻单位面积产量信息。关于水稻生产过程中的农药施用，调查人员详细询问和记录了每一种农药的化学名称、单位面积施用量、购买价格以及有效成分浓度。

6.2.3　变量定义

（1）被解释变量。为了测算农户水稻生产过程中的农药施用水平，本章定义了三个关于农药施用的指标作为被解释变量。第一个是单位面积农药施用量，包含农药有效成分和农药助剂；第二个是单位面积有效成分施用量，只包含农药有效成分，不包含农药助剂；第三个是单位面积农药费用。其中，本章把以单位面积农药施用量作为被解释变量的计量经济估计结果作为主要结果，而把以单位面积有效成分施用量和单位面积农药费用作为被解释变量的计量经济估计结果作为稳健性检验结果。

（2）核心解释变量。本章把农户是否参与政府农技推广服务活动的虚拟变量作为核心解释变量。具体而言，如果农户在问卷调查前两年内参与过政府农技推广机构和人员组织的各种类型农技推广服务活动（例如，技术培训），则虚拟变量等于1；如果农户在问卷调查前两年内从未参与过任何一次政府农技推广机构和人员组织的农技推广服务活动，则虚拟变量等于0。如前所述，尽管政府农技推广服务活动在一定范围内（例如，一个村）对所有农户都是开放的，但是农户可以自行选择是否参与。

（3）控制变量。为了控制其他因素对农户农药施用的影响，本章加入了多组控制变量。第一组控制变量是农户的个人特征，包括性别、年龄、受教育程度和是否担任村干部。第二组控制变量是经济因素，包括农户稻谷销售价格和全村平均农药购买价格的比值、稻谷销售价格和全村平均农药有效成分购买价格的比值。第三组包括了农业生产特点，包括水稻种植面积、是否采用杂交稻品种、是否种植晚稻和是否移栽。与此同时，本章还控制了省份和年份效应。

（4）工具变量。为了解决可能存在的自选择偏误，本章需要寻找或构建至少一个农户参与政府农技推广服务活动的工具变量。由于我国政府农技推广服务活动主要由乡镇政府农技推广机构和人员组织，本章考虑以一个乡镇内参与政府农技推广服务活动的农户比例作为工具变量。但是，相关数据无法获得。由于全部农户均通过随机抽样原则选取，因此本章以一个乡镇内随机选取的农户中参与过政府农技推广服务活动的农户占比作为工具变量。一般而言，在一个乡镇内，样本农户中存在较高比例的农户参与过政府农技推广服务活动则意味着这个乡镇的农户具有更多参与政府农技推广服务活动的机会，从而该乡镇的每个农户都拥有更大的概率参与政府农技推广服务活动。换言之，该比例和单个农户是否参与政府农技推广服务活动高度相关（拉加萨和马宗达，2018）。为了进一步避免该比例和单个农户农药施用的相关性，本章在计算该比例时把每个农户参与政府农技推广服务活动的虚拟变量取值从分子中扣除。这样可以进一步满足工具变量的排他性约束。如果以 IV_i 表示第 i 个农户参与政府农技推广服务活动的工具变量，其计算式如下所示：

$$IV_i = \frac{\sum_{i=1}^{N} AES_i - AES_i}{N} \times 100\% \tag{6.1}$$

其中，AES_i 表示第 i 个农户是否参与政府农技推广服务活动的虚拟变量，如果农户参与则取值为 1，如果农户未参与则取值为 0。N 表示一个乡镇随机选取的全部农户数。

本章主要变量的定义和描述性统计结果如表 6 - 1 所示。

表 6 - 1　　　　　　　　　　主要变量的定义和描述性统计

变量	农户数	均值	标准差	最小值	最大值
单位面积农药施用量（千克/公顷）	1 963	13.47	14.45	0.08	218.80
单位面积有效成分施用量（千克/公顷）	1 963	3.51	4.72	0.01	92.55
单位面积农药费用（千元/公顷）	1 963	1.41	1.46	0.005	22.50
参与政府农技推广服务活动（1 = 是，0 = 否）	1 963	22.47	0.42	0.00	1.00
男性（1 = 是，0 = 否）	1 963	0.93	0.26	0.00	1.00
年龄（岁）	1 963	56.86	8.86	26.00	84.00
受教育程度（年）	1 963	6.82	3.40	0.00	20.00
村干部（1 = 是，0 = 否）	1 963	0.15	0.35	0.00	1.00
稻谷—农药价格比（%）	1 963	2.11	1.74	0.35	12.35
稻谷—农药有效成分价格比（%）	1 963	1.51	1.98	0.11	12.35
水稻种植面积（公顷）	1 963	2.59	10.73	0.02	280.80
杂交稻品种（1 = 是，0 = 否）	1 963	0.52	0.50	0.00	1.00
晚稻（1 = 是，0 = 否）	1 963	0.31	0.46	0.00	1.00
移栽（1 = 是，0 = 否）	1 963	0.34	0.47	0.00	1.00
工具变量	1 963	22.04	12.59	2.50	51.28

资料来源：笔者实地调查。

6.3　计量经济模型

如前所述，本章的研究假设认为政府农技推广体系逆商业化改革时期的政府农技推广服务可以减少农业生产中的农药施用。为了实证检验这一研究假设，本章首先建立一个多元回归模型如下：

$$Y_i = \alpha + \beta AES_i + \gamma X_i + \omega_i \tag{6.2}$$

其中，Y_i 表示农户的农药施用，AES_i 表示农户是否参与政府农技推广服务活动的虚拟变量，X_i 表示其他影响农户农药施用的外生变量。α、β 和 γ 表示待估系数，ω_i 表示随机误差项。如上所述，农户是否参与政府农技推广服务活动可能存在自选择问题，该问题可能由可观测因素或者不可观测因素导致。因此，采用普通最小二乘法对式（6.2）进行估计无法纠正潜在的自选择偏误。

有鉴于此，本章采用由马达拉（1983）提出的处理效应模型解决农户参与政府农技推广服务活动的自选择问题。一般而言，处理效应模型包含一个如式（6.2）所示的产出方程和一个以内生虚拟变量为被解释变量的处理方程。在本章分析中，该内生虚拟变量即为农户是否参与政府农技推广服务活动的虚拟变量。因此，本章的处理方程如下所示：

$$AES_i^* = \xi + \kappa IV_i + \delta Z_i + \upsilon_i, \quad AES_i = \begin{cases} 1, & AES_i^* > 0 \\ 0, & AES_i^* \leqslant 0 \end{cases} \tag{6.3}$$

其中，AES_i^* 表示农户参与政府农技推广服务活动的潜在变量，IV_i 表示农户参与政府农技推广服务活动的工具变量，Z_i 表示其他外生变量。ξ、κ 和 δ 表示待估系数，υ_i 表示随机误差项。需要说明的是，变量 Z_i 可以和变量 X_i 有相同的变量。随机误差项 ω_i 和 υ_i 均满足零均值假设，且满足二元正态分布如下：

$$\begin{pmatrix} \omega_i \\ \upsilon_i \end{pmatrix} \sim N\left[\begin{pmatrix} 0 \\ 0 \end{pmatrix}, \begin{pmatrix} \sigma_\omega^2 & \rho_{\omega\upsilon}\sigma_\omega \\ \rho_{\omega\upsilon}\sigma_\omega & 1 \end{pmatrix} \right] \tag{6.4}$$

其中，$\rho_{\omega\upsilon}$ 表示随机误差项 ω_i 和 υ_i 的相关系数，而 σ_ω^2 和 σ_ω 分别表示随机误差项 ω_i 的方差和标准差，随机误差项 υ_i 的方差 σ_υ^2 标准化为1。

进一步地，政府农技推广服务活动的参与者和非参与者的农药施用变量期望值可以分别表示为：

$$\begin{aligned} E(Y_i \mid AES_i = 1) &= \alpha + \beta + \gamma X_i + E(\omega_i \mid \upsilon_i > -\xi - \kappa IV_i - \delta Z_i) \\ &= \alpha + \beta + \gamma X_i + \rho_{\omega\upsilon}\sigma_\omega\lambda(-\xi - \kappa IV_i - \delta Z_i) \end{aligned} \tag{6.5}$$

$$\begin{aligned} E(Y_i \mid AES_i = 0) &= \alpha + \gamma X_i + E(\omega_i \mid \upsilon_i \leqslant -\xi - \kappa IV_i - \delta Z_i) \\ &= \alpha + \gamma X_i - \rho_{\omega\upsilon}\sigma_\omega\lambda(\xi + \kappa IV_i + \delta Z_i) \end{aligned} \tag{6.6}$$

$$\lambda(\,\cdot\,) = \phi(\,\cdot\,)/[1 - \Phi(\,\cdot\,)] \tag{6.7}$$

其中，$\lambda(\cdot)$、$\phi(\cdot)$ 和 $\Phi(\cdot)$ 分别为逆米尔斯率、标准正态密度函数和标准正态分布的累计分布函数。基于式（6.5）和式（6.6），政府农技推广服务对农户农药施用的影响可以表示为政府农技推广服务活动参与者和非参与者农药施用变量期望值的差：

$$ATT = E(Y_i \mid AES_i = 1) - E(Y_i \mid AES_i = 0)$$
$$= \beta + \rho_{\omega v}\sigma_{\omega}\left[\lambda(-\xi - \kappa IV_i - \delta Z_i) + \lambda(\xi + \kappa IV_i + \delta Z_i)\right] \qquad (6.8)$$

其中，ATT 表示纠正自选择偏误后政府农技推广服务对农户农药施用的影响。需要说明的是，判断农户参与政府农技推广服务活动是否存在自选择问题的依据是相关系数 $\rho_{\omega v}$，当 $\rho_{\omega v}$ 不等于零时则意味着存在自选择问题（马达拉，1983；卢布尔，2007）。

6.4 研究结果和讨论

6.4.1 政府农技推广服务活动参与者和非参与者的比较

表 6-2 展示了政府农技推广服务活动参与者和非参与者主要变量均值差。在 1963 个水稻种植户当中，441 个农户参与过政府农技推广服务活动，而 1 522 个农户未参与任何一次政府农技推广服务活动。总体而言，两组农户的较多变量的均值差在统计学意义上显著。相比于非参与者，政府农技推广服务活动参与者的单位面积农药量显著地少 1.60 千克/公顷。同时，政府农技推广服务活动的参与者更年轻、接受过更高水平的教育而且担任村干部的比例更高。政府农技推广服务活动参与者的水稻种植面积比非参与者的水稻种植面积大 3.67 公顷，而且种植晚稻的比例更高。此外，政府农技推广服务活动参与者的工具变量值更大。需要说明的是，两组农户的较多变量均值差在统计学意义上显著一定程度上意味着农户参与政府农技推广服务活动存在自选择问题。

表 6 – 2　　政府农技推广服务活动参与者和非参与者的主要变量均值差

变量	参与者	非参与者	均值差
单位面积农药施用量	12.22 (11.19)	13.83 (15.25)	– 1.60 **
单位面积有效成分施用量	3.26 (3.63)	3.58 (5.00)	– 0.32
单位面积农药费用	1.41 (1.18)	1.41 (1.54)	0.00
男性	0.93 (0.26)	0.93 (0.26)	0.00
年龄	53.67 (8.26)	57.78 (8.82)	– 4.11 ***
受教育程度	8.41 (2.79)	6.35 (3.43)	2.06 ***
村干部	0.29 (0.45)	0.11 (0.31)	0.18 ***
稻谷—农药价格比	2.10 (1.77)	2.11 (1.74)	– 0.01
稻谷—农药有效成分价格比	1.49 (1.97)	1.52 (1.98)	– 0.02
水稻种植面积	5.43 (17.78)	1.77 (7.35)	3.67 ***
杂交稻品种	0.49 (0.50)	0.53 (0.50)	– 0.04
晚稻	0.27 (0.45)	0.32 (0.47)	– 0.05 *
移栽	0.35 (0.48)	0.33 (0.47)	0.02
工具变量	27.90 (13.23)	20.35 (11.87)	7.55 ***
农户数	441	1 522	

注：括号内数字为标准差。 * 、** 和 *** 分别表示在 10%、5% 和 1% 的水平上显著。
资料来源：笔者实地调查。

6.4.2　农户参与政府农技推广服务活动的影响因素

政府农技推广服务对农户单位面积农药施用量影响的处理效应模型估计结果如表 6 - 3 所示。为了比较，本章也汇报了采用普通最小二乘法的估计结果。本章检验了自选择问题是否存在以及工具变量的有效性。第一，相关系数 $\rho_{\omega v}$ 在 5% 的水平上显著为正，表明农户参与政府农技推广服务活动存在正向自选择，即单位面积农药施用量比平均水平更高的农户更加倾向于参与政府农技推广服务活动。因此，本章采用处理效应模型解决农户参与政府农技推广服务活动的自选择问题是必要的。第二，检验弱工具变量的 F 统计量在 1% 的水平上显著为 58.22，远大于其临界值 10。这表明，本章构建的工具变量不是弱工具变量。第三，工具变量的排他性约束要求工具变量除了通过农户参与政府农技推广服务活动以外，不会对农户的农药施用产生影响。根据这个逻辑，本章以农户的单位面积农药施用量为被解释变量，以工具变量和其他控制变量为解释变量进行普通最小二乘法估计。如果工具变量不显著，则表明工具变量的排他性约束成立。具体而言，工具变量的系数不显著，即工具变量对农户的单位面积农药施用量不存在显著的直接影响，从而证明了工具变量的排他性约束成立（见表 6 - 4）。总而言之，上述结果表明本章构建的工具变量是有效的。

表 6 - 3　　政府农技推广服务对农户单位面积农药施用量的影响

变量	普通最小二乘法	处理效应模型	
		处理方程	产出方程
参与政府农技推广服务活动	- 1.10 * (0.66)		- 3.01 *** (1.00)
男性	- 0.63 (1.53)	- 0.12 (0.14)	- 0.69 (1.52)
年龄	0.01 (0.03)	- 0.01 ** (0.00)	0.01 (0.03)
受教育程度	- 0.12 (0.10)	0.08 *** (0.01)	- 0.09 (0.10)

续表

变量	普通最小二乘法	处理效应模型	
		处理方程	产出方程
村干部	-1.03 (0.73)	0.73 *** (0.09)	-0.57 (0.74)
稻谷—农药价格比	2.15 *** (0.34)	-0.00 (0.02)	2.15 *** (0.34)
水稻种植面积	-0.58 * (0.30)	0.19 *** (0.03)	-0.46 (0.29)
杂交稻品种	0.43 (0.84)	0.08 (0.10)	0.47 (0.83)
晚稻	2.40 *** (0.88)	-0.09 (0.11)	2.34 *** (0.88)
移栽	-2.00 *** (0.77)	0.03 (0.08)	-2.00 *** (0.77)
湖北	-6.55 *** (0.85)	-0.14 (0.11)	-6.67 *** (0.86)
江西	-7.08 *** (0.87)	-0.31 ** (0.15)	-7.40 *** (0.89)
浙江	-2.72 ** (1.37)	-0.09 (0.14)	-2.89 ** (1.36)
2018 年虚拟变量	-2.83 *** (0.86)	-0.29 *** (0.11)	-3.03 *** (0.86)
工具变量		0.02 *** (0.00)	
常数项	14.86 *** (2.58)	-0.98 *** (0.34)	15.63 *** (2.60)
相关系数（$\rho_{\omega\upsilon}$）		0.09 **	
弱工具变量检验（F 统计量）		58.22 ***	
农户数	1 963	1 963	

注：括号内数字为稳健标准误。*、** 和 *** 分别表示在 10%、5% 和 1% 的水平上显著。

表 6 - 4 工具变量的排他性约束检验

变量	单位面积农药施用量	单位面积农药施用量	单位面积农药施用量
参与政府农技推广服务活动	-1.02 (0.68)		
工具变量	-0.02 (0.02)	-0.02 (0.02)	0.00 (0.03)
男性	-0.64 (1.52)	-0.61 (1.53)	-1.33 (1.85)
年龄	0.01 (0.03)	0.01 (0.03)	0.01 (0.04)
受教育程度	-0.12 (0.10)	-0.14 (0.10)	-0.09 (0.11)
村干部	-1.02 (0.73)	-1.25 * (0.73)	-0.61 (0.90)
稻谷—农药价格比	2.15 *** (0.34)	2.15 *** (0.34)	2.22 *** (0.42)
水稻种植面积	-0.57 * (0.30)	-0.63 ** (0.29)	-0.58 (0.43)
杂交稻品种	0.41 (0.84)	0.38 (0.84)	0.49 (0.98)
晚稻	2.40 *** (0.88)	2.44 *** (0.88)	2.39 ** (1.05)
移栽	-2.01 *** (0.77)	-2.01 *** (0.77)	-1.74 * (0.92)
湖北	-6.58 *** (0.86)	-6.53 *** (0.86)	-6.17 *** (1.02)
江西	-7.31 *** (0.96)	-7.23 *** (0.96)	-6.62 *** (1.11)
浙江	-2.90 ** (1.40)	-2.89 ** (1.40)	-2.25 (1.58)
2018 年虚拟变量	-2.85 *** (0.86)	-2.75 *** (0.85)	-3.81 *** (1.11)

续表

变量	单位面积农药施用量	单位面积农药施用量	单位面积农药施用量
常数项	15. 36 *** (2. 70)	15. 15 *** (2. 71)	15. 43 *** (3. 25)
调整后的 R^2	0. 19	0. 19	0. 19
农户数	1 963	1 963	1 522

注：括号内数字为稳健标准误。* 、** 和 *** 分别表示在 10% 、5% 和 1% 的水平上显著。

　　处理方程估计结果显示，农户参与政府农技推广服务活动受到多个因素影响。其中，农户年龄的估计系数在 5% 的水平上显著为负，表明农户年龄越大则越不倾向于参与政府农技推广服务活动（见表 6 - 3）。如潘丹（2014）、潘丹等（2017）的研究认为，老年农户可能具有更丰富的农业生产经验，从而更加不愿意采用新技术或新技能。农户受教育程度的估计系数在 1% 的水平上显著为正，表明农户受教育程度与其参与政府农技推广服务活动之间存在正向关系（见表 6 - 3）。换言之，拥有较高受教育程度的农户更倾向于参与政府农技推广服务活动。如前所述，参与政府农技推广服务活动需要农户具有较高的受教育程度，从而才能理解技术推广服务涉及的农业生产技术（伊曼纽尔等，2016；潘丹等，2017；拉加萨和马宗达，2018）。此外，更高水平的受教育程度可以提高农户采用新技术的意愿（潘丹，2014）。村干部虚拟变量的估计系数在 1% 的水平上显著为正，意味着担任村干部的农户相比于非村干部农户更倾向于参与政府农技推广服务活动（见表 6 - 3）。在我国农村地区，基层政府农技推广机构和人员往往是在村干部的协助下组织技术推广服务活动。与此同时，村干部有时也会充当这些农技推广服务活动的实际组织者（潘丹等，2017）。农户水稻种植面积的估计系数在 1% 的水平上显著为正，表明农户水稻种植面积与其参与政府农技推广服务活动之间存在正向关系（见表 6 - 3）。一般而言，农业经营规模更大的农户具有更强烈的农技推广服务需求（潘丹，2014）。在这种背景下，伊曼纽尔等（2016）发现大规模经营农户更倾向于以农业生产为主要收入来源，因此更倾向于参与政府农技推广服务活动，从而提高其农业生产利润。

6.4.3　政府农技推广服务和其他因素对农户农药施用的影响

产出方程估计结果表明，农户参与政府农技推广服务活动有利于减少其在水稻生产过程中的农药施用（见表 6-3）。农户参与政府农技推广服务活动虚拟变量的系数在 1% 的水平上显著为负，从而表明政府农技推广服务可以有效减少农药施用。在其他因素不变的条件下，政府农技推广服务可以使得农户的单位面积农药施用量显著减少 3.01 千克/公顷。如前所述，2006 年开始我国开始政府农技推广体系的逆商业化改革，禁止基层政府农技推广机构和人员销售农药和其他农业生产资料，并要求其向广大农户提供更多高质量农技推广服务（胡瑞法和孙艺夺，2018；孙生阳等，2018）。值得说明的是，政府农技推广体系的逆商业化改革有效提高了其向农户提供农技推广服务的频次和质量（胡瑞法和孙艺夺，2018；孙生阳等，2018）。在这种背景下，本章的研究发现和研究假设相吻合，即政府农技推广体系逆商业化改革时期的政府农技推广服务可以有效促进农药减量增效。尽管黄季焜等（2003）基于 1999 年调查数据的分析认为，政府农技推广服务未能减少棉花生产过程中的农药施用，但是近年来的研究则表明，政府农技推广机构和人员组织的技术推广服务活动在推动农药减量增效方面发挥了重要作用，并有效降低了农户过量施用农药的概率（朱淀等，2014；黄祖辉等，2016；李昊等，2017）。

除了政府农技推广服务以外，部分其他因素也会对农户的农药施用具有显著影响（见表 6-3）。农户稻谷销售价格和全村平均农药购买价格比值的系数在 1% 的水平上显著为正，表明农户稻谷销售价格和全村平均农药购买价格比值每增加 1 个百分点将使得单位面积农药施用量显著增加 2.15 千克/公顷。这个结果在经济上是合理的，因为稻谷价格上涨或者农药价格下跌都将激励农户施用更多的农药以提高水稻产量，和以往研究的结果也是相一致的（陈瑞剑等，2013；刘美辰和黄季焜，2013；祝伟和王瑞梅，2021）。种植晚稻虚拟变量的系数在 1% 的水平上显著为正，表明相比于种植早稻和中稻的农户，种植晚稻的农户在水稻生产过程中将多施用 2.34 千克/公顷的农药。此外，水稻移栽虚拟变量的系数在 1% 的水平上显著为负，意味着相比于直播等其他种植方式，水稻移栽可以使得水稻生产过程中的单位面积农药施用量减少 2 千克/公顷。值得注意的是，水稻种植面积的系数不显著，意味着农户的水稻种植面积与其农药施用之间不存在显著关系。实际上，以往研究对于农地规模和农药施用的关系一直存在争论。例如，部分基于农地层面数据和统计数据的研究认为，农地规模和农药施用之间存在正向关系（拉赫曼，2003；2013；2015）。但是，部分研究得到的结论则指出，农地规模扩大将减少农药施用（吴意云等，2018；祝伟和王瑞梅，2021）。因此，关于农地规模和农药施用关系的研究仍然有待进一步深化。全部省份虚拟变量的系数都显著为负，表明湖北、江西和浙江的水稻生产农户的单位面积农药施用量比江苏的水稻生产农户的单位面积农药施用量更少（见表 6-3）。需要说明的是，不同省份之间的农药施用差异主要归因于各个省份农业生产自然条件和病虫害爆发程度的差异性。

值得指出的是，农药施用设备标准、质量和状态以及农业施用技术等也将影响农户的农药施用。以往研究表明，2000~2010 年期间我国农户主要采用肩背式手动喷雾器施用农药，而大约 70% 的农药在施用过程中被浪费了（屠豫钦，2001；戴奋奋和袁会珠，2002；江树人，2005）。这毫无疑问会最终提高农药施用量。尽管近年来越来越多的农户开始采用植保无人机等改进的农药喷雾器（何雄奎等，2017），调查发现将近 95% 的农户仍然使用背负式手动喷雾器。在这种情况下，有必要进一步开展农药施用标准、质量和状态以及农药施用技术对农户农药施用影响的研究。

6.4.4　稳健性检验

作为稳健性检验，本章继续采用处理效应模型进一步估计了政府农技推广服务对农户单位面积有效成分施用量和单位面积农药费用的影响。一般而言，农户的单位面积农药施用量、有效成分施用量和农药费用之间存在正向关系。因此，如果本章研究结果是稳健的，则政府农技推广服务应当对后两者也具有显著负向影响。稳健性检验的计量经济模型估计结果如表 6-5 所示。需要指出的是，两个模型当中的处理方程和产出方程标准误的相关系数均显著为正，再次证明了农户参与政府农技推广服务存在自选择问题。检验弱工具变量的 F 统计量分别等于 58.23 和 58.24，均远超其临界值 10，从而拒绝了弱工具变量原假设。这再次证明本章构建的工具变量是有效的。

表 6 – 5　　　政府农技推广服务对农户单位面积有效成分施用量
和单位面积农药费用的影响

变量	单位面积有效成分施用量		单位面积农药费用	
	处理方程	产出方程	处理方程	产出方程
参与政府农技推广服务活动		– 0.86 *** (0.28)		– 0.25 * (0.14)
男性	– 0.13 (0.14)	0.47 (0.38)	– 0.12 (0.14)	– 0.23 (0.17)
年龄	– 0.01 ** (0.00)	– 0.01 (0.01)	– 0.01 ** (0.00)	0.00 (0.00)
受教育程度	0.08 *** (0.01)	– 0.03 (0.03)	0.08 *** (0.01)	– 0.01 (0.01)
村干部	0.73 *** (0.09)	– 0.14 (0.22)	0.73 *** (0.09)	– 0.02 (0.07)
稻谷—农药有效成分价格比	0.00 (0.02)	0.54 *** (0.14)		
水稻种植面积	0.19 *** (0.03)	– 0.13 (0.10)	0.19 *** (0.03)	0.06 * (0.03)
杂交稻品种	0.08 (0.10)	0.26 (0.26)	0.08 (0.10)	0.06 (0.08)
晚稻	– 0.09 (0.10)	0.93 *** (0.27)	– 0.09 (0.10)	0.28 *** (0.10)
移栽	0.03 (0.08)	– 0.36 (0.30)	0.03 (0.08)	– 0.29 *** (0.08)
湖北	– 0.14 (0.11)	– 2.15 *** (0.26)	– 0.14 (0.11)	– 0.66 *** (0.10)
江西	– 0.31 ** (0.15)	– 2.72 *** (0.28)	– 0.32 ** (0.15)	– 0.88 *** (0.11)
浙江	– 0.09 (0.14)	– 2.31 *** (0.46)	– 0.10 (0.14)	– 0.49 *** (0.15)
2018 年虚拟变量	– 0.29 ** (0.12)	– 0.25 (0.28)	– 0.29 *** (0.10)	– 0.18 * (0.10)

续表

变量	单位面积有效成分施用量		单位面积农药费用	
	处理方程	产出方程	处理方程	产出方程
工具变量	0.02 *** (0.00)		0.02 *** (0.00)	
常数项	− 0.99 *** (0.34)	4.36 *** (0.77)	− 0.99 *** (0.33)	2.13 *** (0.37)
相关系数（$\rho_{\omega\nu}$）	0.07 ***		0.09 **	
弱工具变量检验（F 统计量）	58.23 ***		58.24 ***	
农户数	1 963		1 963	

注：括号内数字为稳健标准误。∗、∗∗ 和 ∗∗∗ 分别表示在 10%、5% 和 1% 的水平上显著。

　　稳健性检验结果发现，产出方程中各个解释变量的估计系数与表 6 − 3 中估计系数的符号和显著性高度相似。例如，农户参与政府农技推广服务活动虚拟变量的系数显著为负，表明政府农技推广服务可以有效地减少水稻生产过程中的单位面积有效成分施用量和单位面积农药费用。在其他因素不变的条件下，政府农技推广服务可使得单位面积有效成分施用量和单位面积农药费用分别显著减少 0.86 千克/公顷和 250 元/公顷。因此，这些研究发现再次证明，政府农技推广体系逆商业化改革时期的政府农技推广服务对于推动农药减量增效可以发挥重要作用，因此本章研究结果具有较好稳健性。

6.5　主要结论和政策建议

　　本章采用 2016 年和 2018 年我国长江中下游地区 1 963 个水稻种植户的随机抽样调查数据分析了政府农技推广体系逆商业化改革时期的政府农技推广服务对农户农药施用的影响。为了解决农户参与政府农技推广服务活动存在的自选择问题，本章采用处理效应模型进行计量经济估计。研究结果表明，在 1 963 个农户中只有 441 个农户在问卷调查前两年内参与过政府农技推广服务活动。在解决自选择问题后，研究发现政府农技推广服务使得农户在水稻生产过程中的单位面积农药施用量、单位面积有效成分施用量以及单位面积农药费用分别显著地减少 3.01 千克/公顷、0.86 千克/公顷和 250 元/公顷。与此同时，农户参与政府农技推广服务活动决策受到农户年龄、受教育程度、村干部身份以及水稻种植面积等因素的显著影响。此外，农户在水稻生产过程中的农药施用也受到稻谷销售价格和全村平均农药或有效成分购买价格的比值、水稻种植季节以及移栽技术采用的显著影响。

鉴于政府农技推广服务在推动农药减量增效过程中的重要作用，本章建议应进一步提高政府农技推广服务的供给频次和质量。调查发现，参与政府农技推广服务活动的 441 个水稻种植户仅占全部随机选取农户的 22.47%。因此，提高政府农技推广服务的供给频次，加强政府农技推广服务对广大农户尤其是老年农户的吸引力至关重要。与此同时，不断提高农户的受教育水平可以改善农户参与政府农技推广服务活动的兴趣。本章研究结果表明，相比于非村干部农户，担任村干部的农户更倾向于参与政府农技推广服务活动，意味着政府农技推广服务的内容和方式有待创新以鼓励更多非村干部农户参与政府农技推广服务活动。水稻种植面积和农户参与政府农技推广服务活动之间的正向关系，突出了扩大农地规模以推动农户参与政府农技推广服务活动的重要性。此外，政府应该采取积极举措提高政府农技推广服务对小农户的吸引力，而小农户是我国农业生产的主力军。除了政府农技推广服务，可以借鉴欧盟的做法，采取切实措施把农户提高自身的农药施用知识和资质作为强制性要求（莫宁等，2020）。尽管本章的研究聚焦于我国长江流域，但是政府农技推广体系的逆商业化改革以及政府农技推广服务存在的问题在我国其他地区也适用。因此，本章的研究结论间接表明，进一步深化政府农技推广体系的逆商业化改革、加强政府农技推广服务供给将有助于推动我国其他地区的农药减量增效。

第三篇

农业社会化服务篇

第 **7** 章

农业社会化服务体系

近年来，我国农业经营主体发生了重大变化，以生产大户、家庭农场和农民合作社等为主要代表的新型农业经营主体日益壮大。但是，从数量上看，农业生产的主体力量仍然是小农户。健全农业社会化服务体系，加强农业社会化服务供给，是实现小农户和现代农业发展有机衔接的重要途径。在农业绿色低碳发展背景下，农业社会化服务体系日益成为农户获取技术信息的关键来源。本章的主要目的是对农业社会化服务的基本概念和内涵、我国农业社会化服务体系的发展历程和政策演变以及农业社会化服务体系的技术信息传递作用进行介绍和分析。

7.1　农业社会化服务的基本概念和内涵

7.1.1　农业社会化服务界定

"服务"在一般意义上指履行某种任务或者替代他人劳动，使他人从中受益，不以实物形式而以提供劳动形式满足他人某种特殊需要的一种有偿或者无偿的活动。社会学意义上的服务是指为别人、为集体的利益而工作或为某种事业而工作。格罗鲁斯（1990）给服务下的定义是："服务是以无形的方式，在顾客与服务职员、有形资源等产品或服务系统之间发生的，可以解决顾客问题的一种或一系列行为。"社会化服务含义较为广泛，包括了各种个人或组织服务主体提供的有偿或者无偿的服务。狭义的社会化服务，是指除政府以外的个人、企业、其他组织等提供的各类服务，而广义的社会化服务则包括了政府、个人、企业、其他组织提供的各类服务。

农业社会化服务主要是指各类组织和个人为农业生产的产前、产中、产后各个环节提供有偿或者无偿的相关服务。从理论上来说，农业社会化服务是农业生产经营的进一步分工（龚道广，2000；穆娜娜和钟真，2022）。因此，农业社会化服务作为农业生产过程各个环节的专业化分工，是提高农业生产力和发展现代农业的有效方式。我国农业社会化服务既具有国外社会化服务的共同特征，又具有基于我国现实国情的中国特色。1983 年的中央一号文件首次提出"各项生产的产前产后的社会化服务"概念，包括了供销、加工、贮藏、运输、技术、信息、信贷等各方面的服务。其后，"农业社会化服务"一词在 1990 年《关于 1991 年农业和农村工作的通知》中被首次提及，被表述为"产中服务涉农业社会化服务"，从中可以看出 20 世纪 90 年代的文件中所指的农业社会化服务含义并不仅仅是农业这一分类下的服务，而是涉农方面的社会化服务，即涉及农业生产的产前、产中和产后服务。概括而言，农业社会化服务包括物资供应、生产服务、技术信息服务、金融服务以及农产品销售等一系列服务。不难看出，农业社会化服务涉及的服务扩大了"服务"一词的含义，除了无形的服务，也包含提供农业物资和物化技术等。

7.1.2　农业社会化服务主体

我国农业社会化服务体系具有多元特点。《关于 1991 年农业和农村工作的通知》明确将农业社会化服务主体确定为"合作经济组织、国家经济技术部门和其他各种服务性经济实体"。2021 年，农业农村部《关于加快发展农业社会化服务的指导意见》中提到农业社会化服务主体主要是各类专业公司、农民合作社、供销合作社、农村集体经济组织、服务专业户等。农业农村部统计表明，截至 2020 年底，我国各类农业社会化服务组织数量超过 90 万个。随着我国农业社会化服务的不断发展，其对农业生产的积极影响也逐步显现，有助于促进我国农业生产的专业化、标准化、规模化和集约化。概括而言，我国农业社会化服务主体可以分为两类：

一是政府及政府相关的农业社会化服务组织，主要包括政府涉农部门和国家技术部门兴办的服务组织，主要有农技站、林业站、农机站等等以良种供应、技术推广和科学管理为重点的、提供公益性服务的组织。政府部门提供的农业社会化服务通常是非营利性质的公共服务。此外，村集体经济组织、供销合作社、其他农业事业单位等一系列与政府紧密相关的经济组织，在提供统一购销农资、统一机耕机翻机播及一定的社区公益事业服务等方面扮演了十分重要的角色（杨汇泉和朱启臻，2010）。政府及政府相关的农业社会化服务组织提供服务主要是为了保证国家农业生产和发展，在过去相当长的一段时期里是我国农业社会化服务体系的支柱，具有举足轻重的地位，现在依然是我国农业社会化服务的重要主体。

二是以营利为目的、通常以自身利益最大化为目标，为农业生产者提供物资、代工、运输、加工、销售等各环节的有偿服务的非政府性质的农业社会化服务组织及个人，包括各种专业农业服务公司、服务专业户、农业生产者自发组织起来的各类专业合作社、专业协会和产销一体化的服务组织等。

农业社会化服务的各种主体有其自身特点，各类主体参与到农业服务中不仅有利于克服"政府部门的利益垄断"，发挥各类服务主体的优势，互相补充，扬长避短，而且多元化主体也可以及时满足农户生产经营中的各类差异化服务需求。根据我国地域辽阔、各地经济水平参差不齐的国情，任何单一主体都无法完全承担农业社会化服务的众多内容，把农业社会化服务交由多元化服务主体承担，可根据各地市场发达程度、农业产业化以及社会分工水平，因地因时因人制宜，多形式发展，相互补充、彼此配合，从而为农业社会化服务体系提供多层次、多形式和系列化的服务。

7.1.3　农业社会化服务对象

农业社会化服务提供的与农业相关的服务，最主要的服务对象就是农业生产经营主体。自农业社会化服务概念提出以来，其服务对象从家庭承包经营农户扩展到新型农业经营主体。家庭联产承包责任制实行以后，我国农业社会化服务主要致力于为普通家庭承包农户的生产提供保障和支撑。党的十八大以来，我国重点发展家庭农场、农民合作社等新型农业经营主体，因此新型农业经营主体逐渐成为了农业社会化服务的重点服务对象。党的十九大提出"健全农业社会化服务体系，实现小农户和现代农业发展有机衔接"，传统的家庭承包经营农户也成为新时代我国农业社会化服务的重点服务对象。

7.1.4 农业社会化服务内容

农业社会化服务主要包括为农户提供的产前、产中和产后全过程综合配套服务，这些综合配套服务为农户的农业生产和销售活动提供了有力的支持和保障。产前服务主要是做好农业生产的前期准备的相关服务，大多呈现为投入农业生产使用的具体产品，包括农资供应和育种，其中育种服务主要是由科研机构、高校或企业提供。产中服务包括技术培训与指导、田间管理、灌溉、施肥、农机作业及维修等。产后服务包括农产品初加工、精深加工及农产品的仓储、运输和营销等（穆娜娜和钟真，2022）。农业社会化服务是一个十分宽泛的概念，随着农业生产分工的不断深化，农业社会化服务的内容也在不断拓展。根据农户生产需求的多样性和复杂性，大致可以把农业社会化服务内容分为以下四个方面：

（1）物资供应服务。农业生产的基础是种子、化肥、农药、农机等生产物资，因此向广大农户及时提供种子、化肥、农药、农机等生产物资是农业社会化服务的重要内容。与此同时，物资供应服务也包括资金供应、农机配件供应、农用水电供应等。

（2）产品销售服务。农产品销售是农业生产的最终目的。我国小农户仍然是农业生产经营主体的主导力量，在现代农业分工不断深化背景下，小农户如何实现与大市场的有效衔接至关重要。农业社会化服务主体可以给农户组织农产品销售，从而解决农产品销售过程中的难题。更广义地说，农产品加工、保险、贮藏以及农产品运输道路、航道的修建和开通也属于产品销售服务的范畴。

（3）科技信息服务。科技进步是提高农业全要素生产率的决定性因素。在土肥管理、植物保护、良种繁育、作物栽培、水利、农机使用、畜牧兽医等方面，农业社会化服务主体可以提供大量及时有效的服务。农业社会化服务主体也可以针对乡镇企业发展提供必要的技术指导、技术培训、技术咨询、技术承包服务以及项目选定、生产计划安排、产品的销路和经营服务。此外，农业生产经营主体需要的农产品供求信息和市场价格信息等也可以通过农业社会化服务主体获得。

（4）其他服务。近年来，随着我国农业生产分工以及农村经济社会不断取得新的发展，农业社会化服务的内容也不断拓展。例如，越来越多的农户通过农业社会化服务主体获得法律咨询、契约公证、合同仲裁诉讼等法律服务，也有农业社会化服务主体向农户提供乡村生产环境治理保护、文化设施建设、生活用品的采购等生活服务。

7.1.5　农业社会化服务形式

从不同角度看，农业社会化服务形式也存在不同特点。随着我国农业发展及其带来的需求变化，农业社会化服务形式也产生了深刻演变。各个地区针对农业社会化服务形式进行了大量创新，形成了各种各样农业社会化服务形式。

（1）政府农技推广服务。从广义上说，政府农技推广服务是我国农业社会化服务的重要组成部分。新中国成立以来，我国高度重视农技推广服务。特别是 20 世纪 80 年代后，随着家庭联产承包责任制的深入实施，广大农户包产到户，形成了大量小农户。在农业发展恢复和发展阶段，农户的农业技术信息需求迅速膨胀，促使他们充满了对新技术、新知识、新信息的学习热情。为了适应巨大的农业技术信息需求，我国恢复和发展了政府农技推广体系。在我国产量导向型农业政策体系背景下，尽管政府农技推广体系改革存在较多不足，但是政府农技推广服务为支持农业发展和保障国家粮食及其他农产品供应安全作出了重要贡献。需要强调的是，我国的政府农技推广服务绝大多数属于公共服务，不向农户收取费用。很多地区在提供政府农技推广服务时为了吸引更多农户的参与而向农户提供误工补贴、小礼品等物质激励。

（2）土地生产托管服务。生产托管是农业社会化服务的一种重要形式。2017 年，农业农村部办公厅、财政部办公厅发布的《关于进一步支持农业生产社会化服务工作的通知》明确指出："农业生产托管是农户等经营主体在不流转土地经营权的条件下，将农业生产中的耕、种、防、收等全部或部分作业环节委托给社会化服务组织完成的农业经营方式。"换句话说，不同类型农业经营主体通过生产托管的服务形式，可以接受耕、种、防、收以及管、储、加、销等全部或部分环节的服务。土地生产托管服务方式在不改变土地承包经营权的条件下，较大程度降低了农户接受农业社会化服务的门槛。这一点和直接流转土地承包经营权存在鲜明区别。不可否认，土地生产托管服务有利于巩固完善我国农村的基本经营制度，实现农业社会化服务主体与农户实现一定程度上的合作共赢，也是我国政府近年来重点支持发展的农业社会化服务形式。

（3）订单农业服务。订单农业，也被称为合同农业、契约农业。顾名思义，订单农业服务，是指农产品订购合同或协议通过契约将广大农户和农产品市场有效衔接起来的一种服务形式。在农产品生产前，农户与公司或中介组织签订具有法律效力的产销合同，然后组织安排农产品生产，企业或中介组织按合同收购产品（刘凤芹，2003）。订单农业的购买方一般是龙头企业、农产品批发市场、农业经济合作组织等。订单农业具有市场性、契约性、预期性和风险性。其中，订单农业的市场性是指由参与者自由出价，按照交易规则产生交易价格；契约性指订单农业中通常会签订具有法律效力的产销合同，对合约双方都有一定的约束；预期性指订单农业的成立一般是在农业产品生产前双方进行约定，履行订单合同是在产品生产完成后；风险性是指，因为约定和完成之间有一段时间，农产品生产过程中出现特殊情况或者这一期间农产品价格出现剧烈波动，这时双方任何一方都可能会选择拒绝履行合同。一般订单中会规定的农产品收购数量、质量和最低保护价，使双方享有相应的权利、义务和约束力，不能轻易单方面毁约，农户通过参与订单农业获取更多的市场信息，一定程度上避免了盲目生产，相对减少了生产风险，减缓农产品价格波动所带来的冲击，从而获得更稳定的收入（刘晓鸥和邸元，2013）；对农业企业而言，可以通过订单农业获取更稳定的农产品供货渠道，降低收购成本，增加企业收入（叶飞和蔡子功，2018），较好地适应市场需要。

需要说明的是，土地生产托管服务和订单农业服务都是市场行为。其中，土地生产托管主要是对于农业产中环节的服务，而订单农业则更加注重产销环节。在土地生产托管和订单农业服务形式下，不同服务主体和不同农业经营主体结合形成了更加具体的一些形式，例如"企业＋农户"模式、"企业＋新型农业经营主体"模式、"企业＋合作社＋农户"模式、"合作社＋农户"模式等。近年来，部分地区也出现了土地生产托管服务和订单农业服务相结合的农业社会化服务形式，进一步丰富了农业社会化服务形式。

7.2　农业社会化服务体系的发展历程和政策演变

7.2.1　计划经济阶段

新中国成立到改革开放以前，我国逐步建立和完善了以政府为主导的农业服务体系，即在这一时期基本建立了从制种、配种、植保、农机到林业、水利、畜牧兽医等较齐全的自上而下的农业服务组织体系（穆娜娜和钟真，2022）。这一时期的农业社会化服务体系完全由国家控制，农业社会化服务内容和形式缺乏弹性，经营缺乏活力（杨汇泉和朱启臻，2010）。尽管如此，这一时期的农业服务一定程度上满足了当时的农业生产需求，但是难以满足国家的农业发展战略要求。

1949 年以后，我国封建地主土地所有制转变为农户土地所有制。由于当时生产资料匮乏，农户为了加快恢复农业生产，开始成立农户互助小组。随着国家计划经济体制的确立，农户互助小组演变成合作社乃至人民公社，至此我国的农业服务体系趋向稳定，由人民公社、生产大队、生产队三级分别承担相应的农业生产服务职能，供销合作社和国营商业机关提供农业物资销售、农产品收购、资金信贷等服务。

具体来说，产前环节的农业生产资料如化肥、农药、薄膜、种子的供应服务由供销合作社和国营商业机关提供，育种则通过高校、研究所等科研单位及各级农业部门（主要是种子站）进行农业科学的试验研究工作。对于产中环节，我国陆续建立了拖拉机站、技术推广站和畜牧兽医站等提供农业产中环节作业服务，满足农业生产技术需求。有关统计资料显示，新中国成立以后十几年间，全国 1 100 多个县建立了农科所，近 2.7 万个人民公社建立了农科站，3.3 万多个生产大队的近 224 万多个生产队建立了农科组，全国农技推广站达到 1.6 万多个，配备干部 9.4 万余人（杨汇泉和朱户臻，2010）。截至改革开放前夕，全国普遍建立了县、人民公社、生产大队、生产队四级农科网（韩长赋，2019）。至于农产品产后环节服务，1953 年 11 月中央明确要求在全国范围内实行粮食计划收购和计划供应，供销合作社和国营商业机关垄断了农副产品的收购流通。

新中国成立初期供销合作社为农户、农业互助组、农业生产合作社等提供贷款服务。1952～1953 年，中央先是提出"有计划地建立信贷部和信用合作社"。而后要求推广和改进信用小组、信用合作社或供销社信用部等农村信用合作社发展形式，通过农村信用合作社为农业生产提供资金信贷服务（芦千文，2019）。

7.2.2　改革开放初期阶段

改革开放以后，广大农户的农业社会化服务需求日益增长。随着家庭联产承包责任制实施和推广，广大农户再次成为农业经营决策的基本单位。但是，我国农村人多地少，农户平均每户的土地经营规模很小，分散经营使得单个小农户获取农业技术信息和市场信息的渠道有限、资金能力较弱、在市场中处于相对弱势地位，从而使得农户对社会化服务的需求也越来越多。改革开放初期，我国农村基本经营制度总体上处于探索阶段，农业社会化服务成为了保证农村基本经营制度稳定发展的重要手段，但是必须转变原有的农业服务组织职能，发展新的服务组织（宋洪远，2010）。这一时期各类农业经营主体对农业社会化服务的迫切需求主要是农业物资采购、农产品销售、农业技术信息和生产资金等，而计划经济阶段的供销社系统已经无法满足广大农户的农业服务需求，例如原有的四级农科网已经难以覆盖所有农户的农业技术信息服务需求。1983 年，中共中央印发《当前农村经济政策的若干问题》，要求各地"通过技术承包制，建立科技示范户、技术服务公司、生产科技联合体、科技普及协会"，同时指出合作经济要向广大农业经营主体迫切需要的各项产前产后服务领域拓展。1984 年中央一号文件进一步提出要"加强社会服务，促进农村商品生产的发展"，认为"它是商品生产赖以发展的基础，是合作经济不可缺少的运转环节"，同时"必须动员和组织各方面的力量，逐步建立起比较完备的商品生产服务体系，满足农户对技术、资金、供销、储藏、加工、运输和市场信息、经营辅导等方面的要求"。1985 年中央一号文件明确要改革农产品统派购制度，允许农产品多渠道直线流通。1986 年中央一号文件进一步明确指出："农村商品生产的发展，要求生产服务社会化。"1987 年中央要求明确"支持农民组织起来进入流通"。随着城乡集贸市场的完全放开，农产品市场体系逐步建立起来，收购市场、批发市场、期货市场、零售市场等多层次农产品市场迅速发展。从政策上看，这一阶段放开了政府对农资和农产品市场的控制，鼓励各种形式的社会化服务组织发展，鼓励农户和其他市场主体开展合作。在这种背景下，农民技术协会、农业服务户、涉农服务公司等市场化主体迅速兴起（芦千文，2019）。

值得强调的是，随着广大农户的农业服务需求日益强烈，各个地区陆续出现了各种农业社会化服务的探索尝试。例如，20 世纪 80 年代初个别地区出现了"一体化服务、系列化服务、全程服务、社会服务"的说法和现象。部分地区开始逐渐打破原有部门或行业垄断的界限，出现了综合性合作服务组织，同时，部分地区出现了由国营、集体、个体等多主体联合投资组建的具有混合性质、结合多种主体优越性的社会化服务组织。需要特别强调的是，各地不断探索和形成适应当地社会经济发展水平的服务主体和形式，即使在同一地区内部也有不同服务主体和形式存在。

在此背景下，国家把发展和完善农业社会化服务作为稳定农业生产的重要措施，对农业社会化服务组织建设进行了调整。在政策支持和市场化发展双轮推动下，我国在先前的农业服务体系基础上完善了农业社会化服务体系建设，农业社会化服务主体从单一向多元化方向发展。改革开放以前的农业服务由政府独办，改革开放以后各类农业服务主体和服务业务应运而生，呈现出多形式、多元服务主体联合发展的基本趋势。我国开始形成以乡村集体服务组织为基础，以有关经济技术部门和下属企事业单位为依托、以民企服务组织或个人为补充的多渠道、多层次的农业社会化服务体系（宋洪远，2010）。与此同时，农业社会化服务主体和服务对象的经济关系由无偿服务逐步向以市场机制为主的有偿和无偿服务并存发展。这一时期的农业社会化服务主体及其提供的服务内容包括：乡村集体经济组织开展统一供种、统一机耕、统一排灌、统一植保、统一收割等农业生产服务；农林水部门所属的农技站、农机站、水管站、林业站、畜牧兽医站、经营管理站提供各农业技术指导和科学管理服务；信用社、供销社及商业部门提供资金、销售服务；科研院所开展技术咨询、集团承包、人才培训服务；农业专业技术协会或农业专业户提供专项服务。

7.2.3　市场化产业化探索发展阶段

20 世纪 90 年代，我国广大农户对产中环节的农业社会化服务需求迅速上升。从 1984 年开始，国家对农户自由流动的限制有所松动，允许农户自带干粮进城务工，但是农户进城务工仍然存在较大障碍。1992 年邓小平同志南方谈话以后，我国经济进入高速发展阶段，非农领域的劳动力需求大幅度增加；同时，农村大量剩余农业劳动力得以释放，使得 20 世纪 90 年代我国出现大量农民工。大量农业劳动力不断涌向工业部门，造成产中环节农业社会化服务需求不断增加。因此，中央关于农业社会化服务的政策定位是满足农村家庭联产承包责任制条件下分散经营的广大农户在农业生产环节的服务需求，明确提出建立和完善农业社会化服务的内容、形式、发展原则和具体政策。

随着社会主义市场经济改革进一步深化，我国农业社会化服务进一步向市场化、产业化方向发展。关于产前环节，国家对农资供应的控制逐步放开，20 世纪 90 年代初期化肥等农业生产资料仍维持计划供应制度，由各级供销社下属的农资公司实行专营，但是 20 世纪 90 年代中后期，国家逐步对农资流通体制进行改革，取消计划供应，由专营调整为以各级供销社农资公司作为主渠道，农业"三站"技物结合（技术服务和物资供应相结合）和工厂直销作为辅助渠道。于是，农资经营渠道逐渐放开，使得个体和民营经济大量涌入这个领域。在产后环节，国家开始改革农产品流通体制，放开农产品价格和经营，推进农产品市场发展。随着农产品市场化程度不断提高，我国农业社会化服务，例如农产品收购、仓储、加工等，也进一步向市场化方向发展。在政策和市场双轮驱动下，龙头企业、专业经济技术部门和农民专业合作经济组织等农业社会化服务主体得到较大发展。20 世纪 90 年代末，我国农村有 15 万个专业技术协会，入会农户 500 多万个（宋洪远，2010）。2000年，农机作业服务收入达到 1 656 亿元，农机服务户达到 2 715 万户（芦千文，2019）。

20 世纪 90 年代到 21 世纪初，我国农业金融服务仍然发展较为滞后，但是农村金融机构逐渐从单一向多元方向发展。20 世纪 90 年代中期，我国开始农村金融机构改革，推进了中国农业银行与农村信用社脱钩。具体而言，中国农业银行"收缩农村，扩展城市"，农村信用社成为向广大农户提供信贷金融服务的主力军。但是，农村信用社规模较小，经营风险相对较高，同时农村几乎没有证券交易网点和非银行金融机构，保险机构也不健全，难以满足广大农户和其他农业社会化服务主体的金融服务需求。2000 年以来，我国不断深化农村金融体制改革，各地农村信用社积极推进组建地级和省级联社试点。2006 年，我国开始允许民间资本和产业资本到农村地区新设银行，增设村镇银行、贷款公司和农村资金互助社等金融机构，逐步放开农村金融市场。

农业社会化服务主体呈现明显的多元发展特点。这一阶段出现了"农户 + 企业""农户 + 合作社 + 企业"等农业社会化服务新形式。具体而言，这段时期更多民营企业和其他社会组织成为农业社会化服务主体，以政府为主、企业和其他社会组织为辅的农业社会化服务体系格局逐渐向两者并行发展的特点转变。随着农业生产需求的深刻演变，我国逐渐出现新的农业社会化服务模式即订单农业服务形式，这种形式涉及产前、产中、产后多个环节，不同的订单农业服务形式涉及不同主体之间的合作。其中，"企业 + 农户"形式即合作企业向合作农户提供生产资料、生产技术、资金等，合作农户按合作企业的生产计划和技术规范进行农业生产，农业产出由合作企业按照约定价格收购销售。在"企业 + 合作社 + 农户"形式的订单农业服务中，由农户自己成立的合作社或农业专业组织与合作企业达成一致，由合作社或农业专业组织提供服务，从而有效降低农户的违约率和合作企业的交易成本。"企业 + 政府 + 农户"形式的订单农业服务是指合作企业和乡镇政府（或其他政府机构）对接，利用政府组织资源来连接广大农户，从而减少企业与农户交易成本的服务形式。除此以外，"公司 + 村委会 + 农户"订单农业服务形式即企业通过村委会作为中介和广大农户对接（罗重谱和高强，2022）。显而易见，后三种订单农业服务形式都是在企业与广大农户之间加入第三方，以提高双方对于合作的信任度，从而减少沟通成本或增加违约代价。总的来说，这一阶段的农业社会化服务是我国农村基本经营制度稳定发展的重要支撑，我国农村整体上初步形成具有一定规模的农业社会化服务体系。

我国农业社会化服务体系市场化产业化发展伴随着国家政策的相应演变。1990 年《中共中央　国务院关于一九九一年农业和农村工作的通知》中提出"稳定完善以家庭联产承包为主的责任制，建立健全农业社会化服务体系"，这是中央首次提出"农业社会化服务体系"的概念。1991年《关于加强农业社会化服务体系的通知》，对农业社会化服务体系建设作出了全面部署和安排，指出"农业社会化服务，是包括专业经济技术部门、乡村合作经济组织和社会其他方面为农、林、牧、副、渔各业发展所提供的服务"，"农业社会化服务的形式，要以乡村集体或合作经济组织为基础，以专业经济技术部门为依托，以农户自办服务为补充，形成多经济成分、多渠道、多形式、多层次的服务体系"。1993年《中共中央　国务院关于当前农业和农村经济发展的若干政策措施》在强调"稳定、完善以家庭联产承包为主的责任制和统分结合的双层经营体制""乡村集体经济组织要积极做好为农户提供生产、经营、技术等方面的统一服务"的同时提出，"建立比较完备的农业社会化服务体系，是保障我国农业生产稳步增长的必备条件"，进一步表明加强农业社会化服务体系建设，对于稳定和完善以家庭联产承包为主的责任制、健全双层经营体制具有重要意义。2003年党的十六届三中全会通过《中共中央关于完善社会主义市场经济体制若干问题的决定》，强调"健全农业社会化服务、农产品市场和对农业的支持保护体系"，表明健全农业社会化服务体系是发展市场经济的一部分。

我国政府积极推进农业社会化服务主体多样化发展，包括前述章节所说的政府农技推广体系改革以及大力发展农民专业合作经济组织等。2001年4月，国务院发布《农业科技发展纲要》（2001～2010年）提出要积极稳妥推进农技推广体系改革，调动农户、企业等社会力量参与农技推广工作，逐步形成国家扶持和市场引导相结合、有偿服务与无偿服务相结合的新型农技推广体系。2001年中共中央、国务院《关于做好2001年农业和农村工作的意见》提出，合作组织"只要有市场、有效益、能够增加农户收入都要一视同仁，给予扶持"。2003年，党的十六届三中全会通过《关于社会主义市场经济若干问题的决定》，提出发展多种形式的农村专业合作组织。2004年中央一号文件要求，中央和地方要安排专门资金，支持农民专业合作组织开展信息、技术、培训、质量标准与认证、市场营销等服务。2005年中央一号文件进一步要求适当减免农民专业合作组织有关税费。截至2006年底，全国农民专业合作经济组织15万个，农民专业合作组织成员3 878万户，占全国农户总数15.6%（宋洪远，2010）。2006年10月，《中华人民共和国农民专业合作社法》颁布，进一步鼓励农民专业合作组织发展。2008年党的十七届三中全会指出要求"发展各种农业社会化服务组织，鼓励龙头企业与农户建立紧密型利益联结机制"。2010 年和 2012 年中央一号文件分别提出"积极发展农业农村各种社会化服务组织"和"培育和支持新型农业社会化服务组织"。

7.2.4　市场化产业化深入发展阶段

为了适应农业农村发展形势的新变化，党的十八大以来我国农业社会化服务进一步向市场化产业化方向深入发展。一是政府鼓励涉农事业单位和部分公益性机构转型成龙头企业或服务公司；探索政府订购、定向委托、招投标等支持形式，引导经营性服务主体提供公益性服务；整合涉农服务机构资源，搭建区域综合服务平台；主要农产品购销完全放开；企业进入农资经营领域（芦千文，2019）。二是供销合作社、邮政系统、国有粮食企业等借助原有业务扩展了相关的农业社会化服务。三是多元农业金融服务体系初步形成，农业银行、农村信用社、邮储银行等不断完善乡镇营业服务点，创新农村金融产品，健全农业保险体系。各地推广农户小额信用贷款和农户联保贷款，探索龙头企业、专业合作组织、中介组织为农户承贷承还、提供担保或帮助参加保险等。农业社会化服务随着社会分工程度加深，不断出现新的服务主体和服务形式。具体来说，新的服务主体包括提供土地流转服务的专业机构，各地区创建农业品牌所需的品牌设计和产品认证相关专业公司，提供法律、咨询、财务服务的中介组织，提供营销和供应链管理服务的农业电子商务平台，提供经营管理服务的农业职业经理人等。新的服务形式包括农业生产托管服务。

党的十八大以来，我国大力发展农业社会化服务以创新和完善农村基本经营制度。2014 年中央一号文件在"构建新型农业经营体系"部分，提到要"健全农业社会化服务体系"。2015 年中央一号文件提出"鼓励发展规模适度的农户家庭农场，完善对粮食生产规模经营主体的支持服务体系"，表明家庭农场等规模经营主体培育发展，需要农业社会化服务支持。2017 年党的十九大报告则提出"健全农业社会化服务体系，实现小农户和现代农业发展有机衔接"。无论是培育发展家庭农场、合作社、龙头企业等新型农业经营主体，还是改造提升普通家庭承包经营农户，都较大程度上依赖于农业社会化服务发展。2018 年 9 月，中共中央、国务院印发《乡村振兴战略规划（2018～

2022 年)》，提出"大力培育新型服务主体，加快发展'一站式'农业生产性服务业"，"强化农业生产性服务业对现代农业产业链的引领支撑作用"。得益于上述政策推动，我国农业生产性服务业新模式新业态不断涌现。2019 年《关于促进小农户和现代农业发展有机衔接的意见》进一步强调，"促进小农户和现代农业发展有机衔接是巩固完善农村基本经营制度的重大举措"。党的十八大之后，建立健全农业社会化服务体系是我国实现农村基本经营制度创新完善的重要路径。

2013 年起，中央财政专门安排资金支持农业生产社会化服务，通过先服务后补助等方式，支持农村集体经济组织、农民专业合作社、农业服务专业户和服务类企业面向小农户开展社会化服务，重点支持小农户在粮棉油糖等重要农产品规模化生产中的关键和薄弱环节，推动实现农业社会化服务对现代农业发展的有效支撑。2013～2020 年期间，中央财政共安排支持农业生产社会化服务资金 190 亿元，其中 2020 年增加到 45 亿元，项目实施省份达到29 个（见图 7–1）。

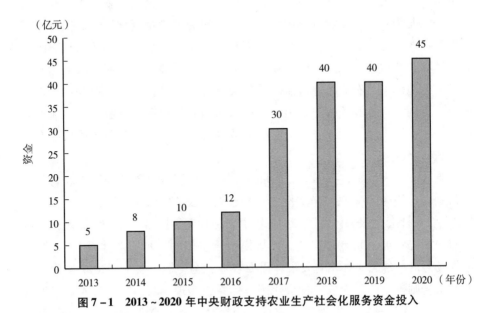

图 7–1　2013～2020 年中央财政支持农业生产社会化服务资金投入

资料来源：财政部（2020）。

《新型农业经营主体和服务主体高质量发展规划（2020～2022 年）》显示，截至 2018 年底，全国从事农业生产托管的社会化服务组织数量达到 37 万个。2020 年 5 月农业农村部新闻办公室发布的《促进新型农业经营主体和服务主体高质量发展》提到，截至 2019 年底，全国从事农业生产托管的社会化服务组织数量 42 万个。2021 年 5 月农业农村部发展规划司发布的《农业现代化辉煌五年系列宣传之二：守住粮食安全底线　端牢中国人的饭碗》提到，截至 2020 年 6 月底，全国从事农业生产托管的社会化服务组织数量达到 44 万个，托管面积超过 15 亿亩次，覆盖小农户 6 000 万户，农业生产组织化和规模化水平不断提高。2021 年召开的全国农业社会化服务工作座谈会指出，2020 年全国农业社会化服务组织达到 95.5 万个，服务面积 16.7 亿亩次，服务小农户 7 800 多万。因此，我国农业社会化服务体系已经比较完善地建立起来了，随着农业生产发展而不断丰富，服务内容由单环节服务向全链条联合服务发展，服务主体由单一向多元市场主体拓展，服务对象由各类经营主体向小农户倾斜。

7.3　农业社会化服务体系的信息传递作用

我国不仅具有世界上规模最大的政府农技推广体系（胡瑞法等，2004；胡瑞法和李立秋，2004），而且以市场化产业化为主要特征的非政府性质的社会化服务体系也已初具规模且日益发挥重要作用。如前所述，过于庞大的政府农技推广体系及农业行政部门对乡镇农技推广人员的断层式管理导致农技推广人员将更多的精力用于乡镇行政工作而非向广大农户提供技术推广服务（胡瑞法等，2004；2009）。知识老化、非专业人员过多及政府对技术推广培训投入过少导致政府农技推广体系难以保障广大农户的技术服务需求（胡瑞法等，2004；2006；2012）。同时，政府农技推广体系的管理体制存在的问题使得农技员缺乏自我提高和做好为广大农户服务的积极性（胡瑞法等，2006；2012；黄季焜等，2009）。在政府农技推广服务减弱的同时，种子、饲料、化肥和农药等方面的农资企业在某些方面和领域已经超过政府农技推广体系而成为农技推广服务的重要力量，而农民合作组织和非政府性质的服务组织也开始在农村各地发展并为广大农户提供各种各样的技术推广服务（苑鹏，

2001；王曙光，2010；伊藤等，2012；杨丹和刘自敏，2012；梁巧等，2015）。然而，农民合作组织发展受到各种因素制约，其为农业生产提供的技术推广服务并未能达到令人满意的程度（陈淑祥，2010）；非政府性质的社会化服务组织虽然在一些地区拓展农技推广服务，但整体规模仍然有待进一步扩大（农业部农村经济研究中心课题组，2005）。

总体而言，包括政府农技推广体系在内的农业社会化技术服务组织为我国的农业生产做出了重要贡献。但是，在目前我国农业社会化技术服务体系不断发展和农业经营主体发生深刻变化的背景下，不同农业社会化服务组织为农户提供了哪些农业技术通过服务？不同的社会化服务组织提供的技术服务内容存在哪些差异？农户实际采用的农技推广服务都来自哪些农业社会化服务组织？科学回答这些问题，特别是比较政府农技推广体系和非政府性质的农业社会化技术服务组织的技术推广服务差异，对于如何进一步改善农业社会化技术服务体系的技术推广服务效果具有重要政策意义。本章采用全国7个省2 293个农户的调查数据，从供给侧和需求侧两个方面分析了我国农业社会化服务体系的信息传递作用。

本章研究数据来自对湖北、江苏、浙江、贵州、广东、陕西和山东7省2 293个农户的调查，抽样方法在前述章节已有介绍，在此不再赘述。农户调查的内容涵盖范围广泛，包括农业决策人的个人特征及其务农和非农工作经历、家庭特征、耕地经营、主要农作物生产的投入产出、农业知识水平以及家庭财富等。本章采用的数据包括农户参与不同类型农业社会化服务组织提供的农业技术培训及其在农业生产中的农业技术信息来源和采用等，而农业技术信息来源和采用主要以化肥和农药施用为例。

7.3.1　供给侧视角下农业社会化服务体系的信息传递作用

（1）政府农技推广体系是农业技术服务的最大提供者，具有十分重要的信息传递作用。农户调查显示，2 293个农户在2014～2016年期间共计接受了2 462次不同农业社会化服务组织提供的技术培训（见图7-2）。其中，政府农技推广体系提供的技术培训达1 578次，占农户接受的全部培训的64.1%（见图7-2）。这表明，自从20世纪80年代末商业化改革以后，尽管政府农技推广体系的农业技术服务职能严重弱化（胡瑞法等，2004），但是到目前为止政府农技推广体系仍然是我国农业技术服务的最大提供者，在农技推广领域扮演了十分重要的角色。

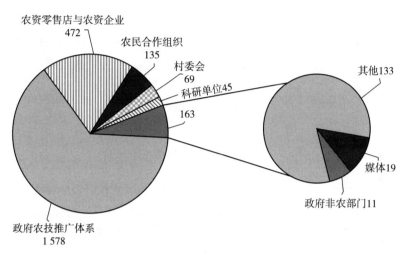

图 7 - 2　2014~2016 年农户参加农业社会化服务组织技术培训的次数

资料来源：笔者实地调查。

（2）农资零售店与农资企业、农民合作组织、村委会、科研单位、媒体、政府非农部门及其他组织也是农业技术提供服务的重要提供者，扮演了日益重要的信息传递作用。尤其值得注意的是，农资零售店与企业提供的农业技术培训占全部技术培训的 19.2%（见图 7 - 2）。与此类似，农民合作组织在农业技术服务方面扮演的角色仅次于政府农技推广体系和农资零售店与企业，为农户提供的技术培训占全部技术培训的 5.5%（见图 7 - 2）。需要说明的是，农资零售店与企业是现代农村市场经济的主要参与者，而农民合作组织也是市场经济的重要产物，因此本研究的调查数据也表明，我国农业社会化服务体系的形成和发展具有重要的市场化特征。

（3）各种农业社会化服务体系的技术培训内容以田间管理、病虫害防治和施肥技术为主。不同农业社会化技术服务组织提供的技术培训以田间管理、病虫害防治和施肥技术为主，其培训次数分别占所有培训次数的 45.6%、19.5% 和 21.3%（见表 7 - 1）。改革开放以后，我国政府非常重视种苗（新品种）技术培训，且这个方面的技术培训长期位于农户技术培训强度前三位

（胡瑞法和路延梅，1998；乔方彬等，1999）。但是，2014～2016 年期间，种苗（新品种）技术培训次数仅占全部培训次数的 2.6%（见表 7－1）。此外，农机、农产品加工及质量安全等方面的技术培训也开始出现，但所占比例相对较低。长期以来，我国农业政策体系最主要的目标提高农产品产量，产量导向型的农业政策体系对于维护国家粮食安全起到了十分重要的积极作用，但是也导致了农业生产的结构性矛盾，例如农产品产量较高而质量问题较为突出（魏后凯，2017）。因此，加强农产品加工以及质量安全等方面的技术服务应成为农业社会化服务体系发展和改革的重要目标。

表 7－1　　　　2014～2016 年参加各种农业社会化服务
组织技术培训的农户比例　　　　单位：%

分类	合计	田间管理	病虫害防治	施肥	种苗	农机	加工	质量安全	其他
培训内容：									
合计	100.0	45.6	19.5	21.3	2.6	3.4	3.3	0.4	3.9
政府农技推广体系	100.0	49.7	19.1	17.0	2.5	4.2	3.4	0.5	3.6
农资零售店与农资企业	100.0	31.8	23.1	34.7	3.6	2.1	2.5	0.4	1.7
农民合作组织	100.0	46.7	23.0	20.7	1.5	1.5	4.4	0.0	2.2
村委会	100.0	58.0	11.6	27.5	1.4	0.0	0.0	0.0	1.4
科研单位	100.0	55.6	6.7	13.3	2.2	0.0	8.9	0.0	13.3
媒体	100.0	52.6	0.0	21.1	0.0	5.3	0.0	0.0	21.1
政府非农部门	100.0	54.5	0.0	9.1	0.0	0.0	9.1	0.0	27.3
其他	100.0	33.8	21.1	25.6	2.3	3.8	3.8	0.0	9.8
培训组织：									
合计	100.0	100.0	100.0	100.0	100.0	100.0	100.0	100.0	100.0
政府农技推广体系	64.1	69.8	62.8	51.1	61.9	78.6	65.9	80.0	60.0
农资零售店与农资企业	19.2	13.4	22.7	31.3	27.0	11.9	14.6	20.0	8.4
农民合作组织	5.5	5.6	6.4	5.3	3.2	2.4	7.3	0.0	3.2
村委会	2.8	3.6	1.7	3.6	1.6	0.0	0.0	0.0	1.1
科研单位	1.8	2.2	0.6	1.1	1.6	0.0	4.9	0.0	6.3

续表

分类	合计	田间管理	病虫害防治	施肥	种苗	农机	加工	质量安全	其他
媒体	0.8	0.9	0.0	0.8	0.0	1.2	0.0	0.0	4.2
政府非农部门	0.4	0.5	0.0	0.2	0.0	0.0	1.2	0.0	3.2
其他	5.4	4.0	5.8	6.5	4.8	6.0	6.1		13.7

资料来源：笔者实地调查。

（4）不同农业社会化服务组织对农户提供的技术推广服务内容存在较明显差异。不同服务组织在向农户提供各种技术推广服务内容方面显示了各自独特的分工。一是农作物田间管理技术培训主要由政府农技推广体系承担，其培训次数占该项内容全部培训次数的69.8%，而仅次之的农资零售店与农资企业的培训次数则只占该项内容全部培训次数的13.4%（见表7-1）。二是对病虫害防治技术和施肥技术的培训，虽然政府农技推广体系仍然占主导地位，但农资零售店与农资企业的培训次数占这两项内容各自全部培训次数的比例也分别达到了22.7%和31.3%，体现了其在病虫害防治和施肥技术服务方面的重要作用（见表7-1）。上述结果表明，不同农业社会化服务组织对农户的技术推广服务具有比较明显的分工，农资零售店与农资企业对农户的技术培训可能主要以产品销售（化肥、农药）为目的。

特别注意的是，与政府农技推广体系的技术培训不同，虽然农资零售店与农资企业对农户的病虫害防治与施肥技术的培训次数比例较高，分别达到了其提供的全部技术培训次数的23.1%和34.7%，但其对田间管理技术培训次数的比例也高达31.8%（见表7-1）。一方面表明农资零售店与农资企业向农户提供与其销售产品直接相关的技术培训的同时，也为农户提供配套的田间管理技术从而更好地发挥其所销售的农药和化肥的技术效果。另一方面也表明农资零售店与农资企业对农户的技术培训，已不是单纯地销售农药和化肥，同时也赋予其技术培训活动一定的公益性质，从而可以一定程度上替代政府农技推广体系的技术推广服务，这对未来协调处理政府农技推广体系和农资零售店与农资企业在农业技术服务中的关系具有一定的参考价值。

7.3.2　需求侧视角下农业社会化服务体系的信息传递作用

（1）仅 1/3 的农户参加了各类农业社会化服务组织的技术推广培训，其中政府农技推广体系的技术服务覆盖面最广。虽然各类农业社会化服务组织为农户提供了大量的技术培训服务，然而仅 34.3% 的农户参加了相关的培训活动（见图 7-3）。与此同时，不同省份的农户参加农业技术服务培训的比例存在明显差异。其中，2014~2016 年期间陕西和山东两省参加不同农业社会化服务组织技术培训的农户比例较高，但也仅为 50.6% 和 46.8%，远高于浙江的 17.5%、广东的 25.2% 和贵州的 29.6%，而湖北和江苏两省参加不同农业社会化服务组织技术培训农户比例也分别仅为 39.3% 和 30.5%（见图 7-3）。上述结果表明，尽管农业社会化服务体系不断发展，但是其提供的技术服务的覆盖面仍有待提高，且为农户提供技术服务的不同类型服务组织在不同省份和不同作物之间的发展并不平衡。这可能主要有两个方面的原因。一是包括政府农技推广体系在内的农业社会化服务体系尚有较大的发展和完善空间，其为农户提供农业技术服务的潜力有待进一步挖掘。二是作为农业社会化服务体系主体的政府农技推广体系向农户提供的农业技术服务与农户的实际技术需求不一致，导致广大农户参加农业技术培训的积极性有限。

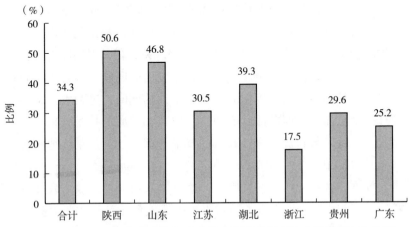

图 7-3　2014~2016 年各省参加农业社会化服务组织技术培训的农户比例

资料来源：笔者实地调查。

　　虽然农户接受农业社会化服务组织技术培训情况在不同省份间不平衡，但农户参加次数最多的技术培训仍主要来自政府农技推广体系。2014 ~ 2016 年期间，尽管只有 34.3% 的农户参加过不同农业社会化服务组织提供的农业技术培训，但是参加过政府农技推广体系技术培训的农户比例为 25.2%，约占所有参加过技术培训农户的 3/4（见图 7 - 3）。相比而言，参加农资零售店与农资企业、农民合作组织和村委会的技术培训的农户占比仅分别为 9%、2.2% 和 1.4%，表明绝大部分农户参加最多的农业技术培训仍然主要由政府农技推广体系提供（见图 7 - 3）。

　　（2）个人经验是农户施肥和病虫害防治技术信息的第一来源。经过了四十多年的改革开放，我国农户采用的施肥与病虫害防治技术信息仍以个人经验为第一来源，其中分别有 71.9% 和 53.7% 的农户依据自己的经验来决定如何施肥和防治病虫害（见表 7 - 2）。与以往研究相比（张蕾等，2009；陈昭玖等，2012；胡瑞法等，2012），虽然施肥技术依据个人经验的比例仍居高不下，但农户的病虫害防治技术依据个人经验的比例则显著下降。需要特别说明的是，在苹果生产中，农户采用病虫害防治技术信息来源于个人经验的比例为 41.6%，低于来源于农资零售店与农资企业的 43.7%（见表 7 - 2）。上述结果表明，相对于不同类型的农业社会化服务组织，农户更愿意根据自己的经验来决定如何施用化肥和防治病虫害，这可能与商业化改革之后政府农技推广服务长期无法满足农户的技术服务需求使得农户不得不依据自身的务农经验来决定技术采用有密切关系。

表 7 - 2　　　　　　　　　2016 年采用各种化肥施用和病虫害
防治技术信息来源的农户比例　　　　　　　　　单位：%

信息来源	全部样本	水稻	苹果	设施蔬菜	茶叶
施肥技术信息					
个人经验	71.9	75.4	55.2	68.3	81.4
父母传授	1.2	1.6	0.9	0.5	1.0
亲戚邻居	2.7	2.6	4.9	0.5	2.3
生产大户	0.9	1.0	1.1	0.0	0.7
政府农技员	9.2	10.6	8.0	9.4	6.0

续表

信息来源	全部样本	水稻	苹果	设施蔬菜	茶叶
农资零售店与农资企业	10.9	6.3	25.2	20.2	5.0
农民合作组织	0.9	0.2	0.7	0.5	2.5
手机和电脑网络	0.2	0.0	1.1	0.0	0.0
电视	1.2	1.8	1.1	0.0	0.2
其他	0.9	0.6	1.8	1.0	1.0
病虫害防治技术信息					
个人经验	53.7	45.9	41.6	64.4	81.9
父母传授	0.6	0.7	0.7	0.5	0.7
亲戚邻居	1.8	1.1	4.5	1.9	1.0
生产大户	1.2	1.6	0.9	0.0	0.8
政府农技员	16.6	26.1	6.2	7.2	5.8
农资零售店与农资企业	21.8	19.4	43.7	23.6	6.5
农民合作组织	0.9	0.4	0.7	1.0	2.2
手机和电脑网络	0.1	0.1	0.2	0.0	0.0
电视	2.1	3.8	0.2	0.0	0.0
农药说明书	0.3	0.2	0.4	0.0	0.3
其他	0.9	0.8	0.9	1.4	0.8

资料来源：笔者实地调查。

（3）农资零售店与农资企业超过政府农技员成为农户施肥和病虫害防治技术信息的重要来源。总体而言，虽然政府农技员向农户的技术培训次数均远超过农资零售店与农资企业，但农户采用的施肥和病虫害防治技术信息来源于农资零售店与农资企业的比例却分别达到了 10.9% 和 21.8%，高于来自政府农技员的 9.2% 和 16.6%（见表 7-2）。其中，苹果和设施蔬菜的施肥技术信息来源于农资零售店与农资企业的比例（分别为 25.2% 和 20.2%）分别远高于来自政府农技员的比例（分别为 8.0% 和 9.4%）；但是，水稻和茶叶施肥技术信息来源于农资零售店与农资企业的比例（分别为 6.3% 和 5.0%）则分别略低于来自政府农技员的比例（分别为 10.6% 和 6.0%）（见

表 7 - 2）。苹果、设施蔬菜和茶叶的病虫害防治技术信息来源于农资零售店与农资企业的比例（分别为 43.7% 和 23.6%）分别远高于来自政府农技员的比例（分别为 6.2% 和 7.2%）；但水稻的病虫害防治技术信息来源于农资零售店与农资企业的比例（19.4%）则低于来自政府农技员的比例（26.1%），茶叶的病虫害防治技术信息来源于农资零售店与农资企业及政府农技员的比例则差不多，分别为 6.5% 和 5.8%（见表 7 - 2）。事实上，在政府农技推广服务无法满足农户的技术服务需求的背景下，农户获取农业技术服务面临较高的信息成本（李君甫，2003）。因此，农户在购买化肥、农药等农资时可以通过向农资零售店与农资企业直接询问与所购买农资产品相关的技术信息来规避信息成本（左两军等，2013）。

（4）农药说明书是农户决定农药用量的重要信息来源。除了在水稻生产中是第四大农药用量信息来源以外，农药说明书是农户在苹果、茶叶和设施蔬菜生产中农药施用量的第三大信息来源，分别为 15.4%、17.8% 和 5.8%，仅次于个人经验以及农资零售店与农资企业。无论是施用的农药品种、防治时期及施用量，其技术信息来源于农药说明书的比例均远低于农资零售店与农资企业，这是我国农户普遍过量施用农药的原因之一（黄季焜等，2001），表明农药说明书目前未能在农户的病虫害防治中发挥足够的作用。在当前农药零增长和负增长的要求下，除了加强农户的病虫害防治和农药施用技术培训之外，探索如何更好地引导和方便农户自行根据农药说明书来决定农药施用，从而更好地发挥农药说明书的作用应该成为将来农技推广服务的目标之一。

（5）生产大户及农民合作组织的示范作用不强。近二十多年来，各级政府试图将当地的生产大户培养和树立为可以向广大农户推广农业新技术的示范户。然而，调查发现农户的施肥技术与病虫害防治技术信息来源于生产大户的比例仅分别为 0.9% 和 1.2%（见表 7 - 2）。虽然该比例在不同作物间略有差异但均不高，表明在目前条件下依靠生产大户示范并推广新技术的措施难以奏效。与生产大户示范类似，各地农业行政部门也试图通过农民合作组织向农户扩散新技术（郑义等，2012；魏立国，2016）。但是，农户的施肥技术与病虫害防治技术信息来源于农民合作组织的比例均低于 1%（见表 7 - 2），表明在目前条件下依靠农民合作组织推广新技术的效果也极其有限。导致上述结果的原因可能是生产大户和农民合作组织并不具有广泛性，且在不同地区和不同作物间的发展具有明显差异。因此，除了大力推动生产大户和农民合作组织形成和发展之外，还应着力加强生产大户和农民合作组织在农业技术推广方面的作用。

（6）手机和电脑网络作为农户施肥和病虫害防治技术信息重要来源的角色有待进一步加强。值得一提的是，近年来一些学者对网络新媒体在农技推广方面的作用寄予较高期望（马九杰等，2008；林少丽和方平平，2010）。不过，农户的施肥与病虫害防治技术信息来源于手机、电脑等网络新媒体的比例仅分别为 0.2% 和 0.1%，甚至远低于来自传统的电视媒体的 1.2% 和 2.3%（见表 7-2），这可能与调查时农户仍缺乏主动通过手机、电脑查找相关农业技术信息的能力有关。因此，如果未形成技术信息对农户手机或电脑的有效推送方式，依靠农户自己通过手机、电脑等新媒体学习农业新技术难以取得理想的效果。不可否认，网络新媒体可以大幅降低农户获取农业技术信息的信息成本，但需加强网络新媒体在农技推广方面的服务平台和载体建设，同时充分引导广大农户从平台建设业已成熟的网络新媒体获取农业技术信息。值得强调的是，近年来我国越来越多的农户依靠手机、电脑等设备通过互联网获取施肥和病虫害防治技术信息。例如，朱晓柯等（2021）对陕西和山东 479 个苹果种植户的调查发现，52.4% 农户的苹果生产技术信息来自互联网平台。类似地，陈瑞剑等（2022）、孙生阳等（2022）对贵州、湖北、江苏和浙江 1 122 个农户的调查发现，14% 的农户通过互联网获取农业生产技术信息。

7.4　主要结论和政策建议

农业社会化服务主要是指各类组织和个人为农业生产的产前、产中、产后各个环节提供有偿或者无偿的相关服务，作为农业生产过程各个环节的专业化分工，是提高农业生产力和发展现代农业的有效方式。

我国农业社会化服务既具有国外社会化服务的共同特征，又具有基于我国现实国情的中国特色。我国农业社会化服务主体可以分为政府及政府相关的农业社会化服务组织和以营利为目的、通常以自身利益最大化为目标，为农业生产者提供物资、代工、运输、加工、销售等各环节的有偿服务的非政府性质的农业社会化服务组织及个人。农业社会化服务主要包括为农户提供的产前、产中和产后全过程综合配套服务，大致包括物资供应、产品销售、科技信息和其他服务。各个地区针对农业社会化服务形式进行了大量创新，形成了政府农技推广服务、地生产托管服务、订单农业服务等各种各样农业社会化服务形式。新中国成立以来，我国农业社会化服务体系发展经历了计划经济阶段、改革开放初期阶段、市场化产业化探索发展阶段和市场化产业化深入发展阶段。

虽然多元化农业社会化服务体系已给我国广大农户提供了大量的技术培训，但无论是从为农户提供技术培训的次数或者从接受各种类型技术服务的农户比例来看，政府农技推广体系主导农业技术培训服务的局面未曾改变。与此同时，农户接受的农业技术服务的信息来源不仅包括农资零售店与农资企业，也包括科研单位、政府非农部门、媒体、村委会、农民合作组织等非政府性质的农业社会化技术服务组织，表明多元化的农业社会化技术服务体系已逐渐发展并开始为农户提供农业技术服务，且农业社会化服务体系的形成和发展具有明显的市场化特征。

不同类型农业社会化服务组织对农户的技术服务多元化且存在着分工。不同类型农业社会化服务组织对农户的技术培训仍以田间管理、病虫害防治和施肥技术为主，而对农机服务、农产品加工及质量安全的培训尽管开始出现但仍然远远不足。与此同时，虽然政府农技推广体系对农户的施肥与病虫害防治技术培训均远超过农资零售店与农资企业，但农户采用的施肥和病虫害防治技术来源于农资零售店与农资企业的比例却高于来自政府农技推广体系的比例，表明不同农业社会化服务组织对农户的技术培训服务具有一定分工，而农资零售店与农资企业对农户的技术培训主要以产品销售为目的。21世纪初以来，一些地方政府投入经费将当地的生产大户和农民合作组织作为示范户培养并期望其向农户推广新技术。然而，农户的技术信息来源于生产大户或者农民合作组织的比例极低，表明在目前条件下依靠生产大户示范及农民合作组织向农户推广新技术的措施不一定有效。网络新媒体在农业技术推广领域被寄予厚望，但是其在信息传递方面的作用有待进一步加强和完善。

本章认为在发展和完善农业社会化技术服务体系方面，需要分类施策，充分考虑不同技术服务组织的特点及其为农户提供技术服务方面扮演的角色。其中，政府农技推广体系作为农业技术服务的最大提供者，应充分结合广大农户的技术需求发挥其在公益性技术服务领域的重要作用，同时在农机、农产品加工和农产品质量安全等方面加强对农户的技术服务支持。农资零售店与农资企业提供的技术服务与其销售的农资产品相关，在当前化肥农药零增长和负增长的要求下，应加强对农资零售店与农资企业的科学引导、市场监管和激励措施，使其在向农户提供科学正确的化肥农药施用技术信息方面发挥更大更积极的作用。此外，应着力加强生产大户和农民合作组织在农业技术推广方面的作用并加快网络新媒体在农技推广方面的服务平台和载体建设。

第 **8** 章

农药零售店的技术信息推荐
对农户农药施用的影响

伴随着政府农技推广体系职能不断演变，我国农业社会化服务体系逐渐发展成型。其中，农药零售店是我国农业社会化服务体系的重要组成部分，在向广大农户提供植保和农药施用技术信息方面发挥了日益重要的作用。但是，农药零售店的技术信息推荐如何影响农户的农药施用还缺乏扎实的实证研究。本章基于 7 省 28 县 242 个农药零售店和 2 293 个农户的调查数据，比较系统地分析了农药零售店的经营现状、技术信息获取现状和技术信息推荐现状，在此基础上建立计量经济模型实证分析农药零售店的农药施用技术信息推荐对农户农药施用的影响。

8.1 引　言

作为重要的农业生产要素，农药的施用显著减少了农作物病虫害造成的产量损失、提高了农作物产量以及保障了国家粮食安全（张超等，2019；孙生阳等，2020）。但是，在农业生产过程中我国农户存在着较为普遍的农药过量施用现象（黄季焜等，2008），这是导致农业面源污染、生态环境恶化及农产品质量安全问题的重要原因之一（唐丽霞和左停，2008；维吉尔和布比斯，2013；王常伟和顾海英，2013；张超等，2015；赖汪洋，2017；希恩等，2017）。这在前述章节已经做了详尽的介绍和分析，本章不再赘述。以往文献针对农户农药施用的影响因素进行了有益的研究，而农户的农药施用技术信息是影响其农药施用的关键因素之一（黄季焜等，2008；米建伟等，2012；孙生阳等，2019；潘丹等，2020；郑沃林等，2020）。

近年来，以农药零售店为代表的服务主体逐渐成为农户获取农药施用技术信息的重要来源之一（金书秦等，2015；陈欢等，2017），并在很大程度上影响着农户的生产决策（罗小娟等，2019）。在过去几十年期间，我国政府农技推广体系曾经一度是农户获取农业生产技术信息的最主要渠道（胡瑞法等，2004；2009）。但是，20世纪80年代末的商业化改革以来，我国政府农技推广体系在向农户提供生产技术信息方面的作用大幅度减弱（胡瑞法等，2009；胡瑞法和孙艺夺，2018；孙生阳等，2018）。相比而言，越来越多的农户倾向于在购买农药的同时通过农药零售店获取技术信息（金书秦等，2015）。大量研究表明，我国相当一部分农户的病虫害防治和农药施用的技术信息主要来自农药零售店（高春雨，2011；金书秦等，2015；蔡键和左两军，2018）。例如，孙生阳等（2019）的调查发现，将近30%农户的农药品种选择信息来自农药零售店，而从政府农技推广体系获取这些信息的农户仅占15%左右。其他一些研究也得到了类似结论（王永强和朱玉春，2012；张超等，2015）。尽管大多数农户依赖个人经验进行农药施用决策，但是农药零售店也扮演了十分重要的角色（高春雨，2011）。在大力推动农药减量增效的背景下，准确把握农药零售店的技术信息推荐对农户农药施用的影响具有重要政策意义。

需要说明的是，以往关于农药零售店的技术信息推荐研究主要停留在简单的描述性统计分析层面，而在控制其他因素条件下针对农药零售店技术信息推荐和农户农药施用关系的实证分析远远不足。因此，本章在分析我国农药零售店经营现状、技术信息获取和技术信息推荐概况的基础上，建立计量经济模型定量分析农药零售店的技术信息推荐对农户农药施用量的影响。

8.2　研究数据

本章的研究数据来自2016年10～12月7省28县242个农药零售店和2 293个农户的随机抽样调查。概括而言，分别选取了长江中下游、华南和西南地区的水稻和茶叶，以及黄土高原和环渤海的苹果和设施蔬菜主产区的农药零售店和农户作为调查对象。其中，具体研究范围包括湖北、江苏（水稻），浙江、广东、贵州（水稻、茶叶），陕西（苹果）以及山东（苹果和设施蔬菜）。在每个样本省，按照农村居民收入将全部县分为高收入和低收入两组，在每组随机抽取两个县作为样本县。最终，本章研究数据设计的样本县包括湖北的谷城、武穴、孝昌和钟祥，江苏的大丰、靖江、射阳和响水；浙江的安吉、海盐、龙游和嵊州，广东的大浦、丰顺、饶平和英德，贵州的凤冈、湄潭、平坝和紫云；陕西的洛川、淳化、富县和白水；以及山东的东阿、胶州、寿光和招远。

在每个样本县，对全部乡镇按照农村居民收入排序随机抽取 2 个样本乡镇，但是在山东的东阿、胶州和招远分别随机抽取了三个样本乡以分别调查苹果和设施蔬菜种植户。采取同样的方法在每个样本乡镇分别随机抽取两个样本村。为了保障农药零售店样本的平衡性和代表性，在每个样本县的县城、样本乡镇政府所在地、样本村分别随机抽取四个、两个和一个农药零售店作为调查对象。由于部分县城、乡镇政府所在地缺乏足够的农药零售店数量或者样本村没有农药零售店，最后选取了 242 个农药零售店。其中，经营场所在县城的农药零售店为 78 个，经营场所在乡镇政府所在地的农药零售店为 96 个，而经营场所在样本村的农药零售店为 68 个，分别占全部农药零售店的 32.2%、39.7% 和 28.1%（见图 8 - 1）。

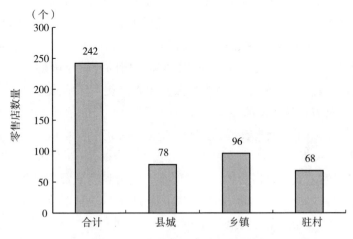

图 8 - 1　农药零售店的位置分布

资料来源：笔者实地调查。

对于每一个样本村，按照农户花名册随机选取 20 个左右农户，共计 2 293 个农户。问卷调查内容包括农药零售店经营者的个人特征、家庭特征以及农药经营现状、技术信息获取和技术信息推荐行为，以及农户的个人基本特征、家庭特征、技术信息来源以及农药施用行为等。

8.3 农药零售店的经营现状、技术信息获取和技术信息推荐

8.3.1 农药零售店的经营现状

本章从经营年限、农资和其他产品经营情况、工商注册状态和注册资本以及农药销售代理等维度简要分析所调查农药零售店的基本经营现状。图 8-2 汇报了农药零售店的平均农药经营年限。调查发现，全部 242 个农药零售店的平均农药经营年限长达 14.1 年。但是，进一步观察可知不同类型的农药零售店的平均经营年限存在比较明显的差异。例如，经营场所在县城的农药零售店的平均经营年限为 14.1 年，这和全部农药零售店的平均经营年限相同。相比而言，经营场所在乡镇政府所在地的农药零售店的平均经营年限最长，达到了 16.2 年，比经营场所在县城的农药零售店的平均经营年限长 2.1 年。经营场所在样本村农药零售店的平均经营年限尽管最短，但也达到了 11.3 年。目前绝大多数所调查的农药零售店的经营年限均在 10 年以上，意味着这些农药零售店在农药销售方面和向农户提供了病虫害和农药施用技术信息方面具有比较丰富的经验。

图 8-3 汇报了所调查农药零售店的农资产品和其他商品的经营情况。在所调查的 242 个农药零售店中，仅销售包括农药在内的农资产品的农药零售店有 220 个，占全部农药零售店的比例为 90.9%；同时销售农资产品和其他商品的农药零售店为 22 个，占全部农药零售店的比例为 9.1%。其中，仅销售农药的零售店为 127 个，占全部农药零售店的 52.5%。进一步观察发现，经营场所在县城、乡镇政府所在地和样本村的仅售农资产品的农药零售店分别为 76 个、88 个和 56 个；而其中仅销售农药的农药零售店分别为 51 个、37 个和 39 个。

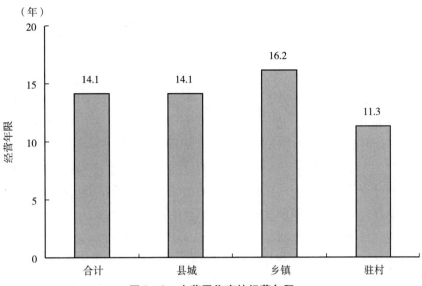

图 8 - 2　农药零售店的经营年限

资料来源：笔者实地调查。

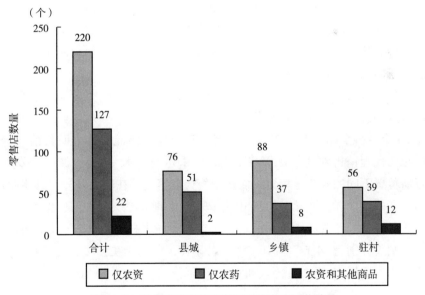

图 8 - 3　农药零售店的农资和其他商品经营情况

资料来源：笔者实地调查。

图 8 - 4 汇报了所调查农药零售店的工商注册情况和注册资本水平。调查数据显示，绝大多数农药零售店是经过工商部门注册的拥有合法资质的农药零售店。在全部 242 个农药零售店中，经过工商部门注册的农药零售店为 216 个，占全部农药零售店的 89.3%。但是，经营场所位置不同的农药零售店的工商注册比例也存在较大差异。其中，经营场所在县城且通过工商注册的农药零售店为 74 个，占全部经营场所在县城的农药零售店比例高达 94.9%，而经营场所在乡镇政府所在地和样本村的农药零售店的工商注册比例分别仅为 86.5% 和 86.8%，比经营场所在县城且通过工商注册的农药零售店的比例分别低 8.4 个百分点和 8.1 个百分点。从农药零售店注册资本的角度看，全部 242 个农药零售店的平均注册资本为 31.5 万元。其中，经营场所在县城的农药零售店的平均注册资本最大，达到了 56.3 万元。相比而言，经营场所在乡镇政府所在地和样本村的农药零售店的平均注册资本均比较低，分别仅为 20.4 万元和 18.5 万元。因此，经营场所在县城的农药零售店的平均注册资本分别为后两者的 2.8 倍和 3.0 倍。但是需要强调的是，尽管将近 90% 的农药零售店都取得了合法的农药经营资质，但仍然存在 10% 的农药零售店缺乏农药经营合法资质，这种问题对于经营场所在乡镇政府所在地和样本村的农药零售店更为严重。这是农药市场监管需要重点关注的问题。部分农药零售店缺乏农药经营资质导致我国农药销售市场混乱，提高了农户获取技术信息面临的信息不对称程度。

农药零售店代理农药销售是其重要的经营模式。图 8 - 5 汇报了农药零售店的农药销售代理情况。在全部 242 个农药零售店中，代理农药销售的零售店为 54 个，占全部农药零售店的比例为 22.3%。因此，这表明目前我国农药零售店代理销售农药的比例并不高，尚未达到 1/4。但是，调查也发现经营场所位置不同的农药零售店的农药销售代理情况存在较大差异。具体而言，经营场所在县城的农药零售店中有 29 个代理销售农药，其比例达到了 37.2%。但是，经营场所在乡镇政府所在地和样本村的代理农药销售的零售店占比则仅分别为 14.6% 和 16.2%，分别比经营场所在县城的代理农药销售的零售店占比低 22.6 个百分点和 21.0 个百分点。

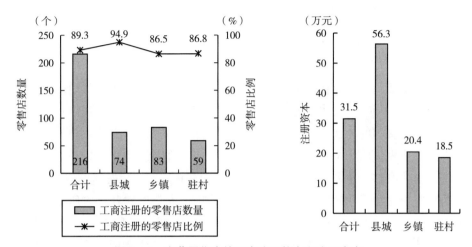

图8-4 农药零售店的工商注册状态和注册资本

资料来源：笔者实地调查。

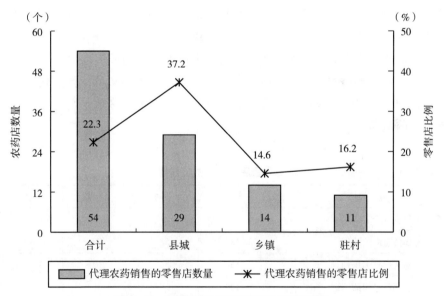

图8-5 农药零售店的农药销售代理情况

资料来源：笔者实地调查。

8.3.2　农药零售店的技术信息获取

调查发现，农药零售店的技术信息来自政府部门和非政府部门的技术培训。如表 8 - 1 所示，180 个农药零售店参加了政府部门组织的技术培训，占全部农药零售店的比例为 74.4%。其中，参加政府部门组织的农药施用技术培训的农药零售店为 160 个，占全部农药零售店的比例为 66.1%。除了政府部门，非政府部门也是农药零售店技术信息的主要来源。根据调查，108 个农药零售店参加了非政府部门组织的技术培训，占全部农药零售店的比例为 44.6%，而其中参加非政府部门组织的农药施用技术培训的农药零售店为 86 个，占全部农药零售店的比例也达到了 35.5%。但是经营场所位置不同的农药零售店参加政府部门和非政府部门组织的技术培训的比例仍然存在一些差异。其中，经营场所在县城和乡镇政府所在地的农药零售店参加政府部门和非政府部门组织的技术培训的比例相比更高。例如，经营场所在县城的农药零售店中参加政府部门技术培训的农药零售店占 74.4%，经营场所在乡镇政府所在地的农药零售店中参加政府部门技术培训的农药零售店占 76.0%，而经营场所在样本村的农药零售店中参加政府部门技术培训的农药零售店仅占 72.1%。与此同时，农药零售店参加的技术培训中绝大多数是与农药施用技术相关的培训。

表 8 - 1　　　　　　　　农药零售店参加技术培训情况

技术培训类型	合计	县城	乡镇	驻村
零售店数量（个）				
政府部门组织的培训	180	58	73	49
农药施用技术培训	160	56	62	42
非政府部门组织的培训	108	38	46	24
农药施用技术培训	86	31	38	17
零售店比例（%）				
政府部门组织的培训	74.4	74.4	76.0	72.1

技术培训类型	合计	县城	乡镇	驻村
农药施用技术培训	66.1	71.8	64.6	61.8
非政府部门组织的培训	44.6	48.7	47.9	35.3
农药施用技术培训	35.5	39.7	39.6	25.0

资料来源：笔者实地调查。

8.3.3　农药零售店的技术信息推荐

近年来，农药零售店逐渐成为农户获取农药施用技术信息的重要来源。调查发现，在所调查的 242 个农药零售店中，向农户推荐技术信息的农药零售店为 79 个，占全部农药零售店的比例为 32.6%，接近 1/3（见图 8-6）。但是，经营场所位置不同的农药零售店向农户推荐技术信息的比例略有差异。其中，在 78 个经营场所在县城的农药零售店中有 30 个向农户推荐技术信息，占比为 38.5%（见图 8-6）。但是，在 96 个经营场所在乡镇政府所在地的农药零售店中有 27 个向农户推荐技术信息，占比仅为 28.1%，比前者低 10.4 个百分点（见图 8-6）。与此同时，在 68 个经营场所在样本村的农药零售店中有 22 个向农户推荐技术信息，占比为 32.4%，比向农户推荐技术信息且经营场所在县城的农药零售店占比低 6.1 个百分点，但是比向农户推荐技术信息且经营场所在乡镇政府所在地的农药零售店占比高 4.3 个百分点（见图 8-6）。对于农户而言，在政府农技推广服务相对缺乏的条件下，购买农药时向农药零售店咨询农药施用技术的信息成本相对较低。

但是，农药零售店向农户推荐的技术信息可能推高了农户的农药施用量，这主要是因为农药零售店向农户推荐的农药施用量大于农药的科学施用量。根据农药零售店调查，242 个农药零售店面向农户的 586 个农药施用推荐实例中，过量推荐农药施用量的实例数量为 335 个，占全部农药施用推荐实例的 57.2%（见图 8-7）。这也就是说，在将近六成的农药施用推荐实例中，农药零售店选择引导农户施用比科学施用量更多的农药。这可能是造成农户在农业生产过程中经常过量施用农药的主要原因之一。

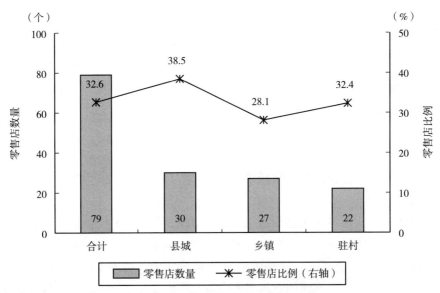

图 8-6　向农户推荐技术信息的农药零售店分布情况

资料来源：笔者实地调查。

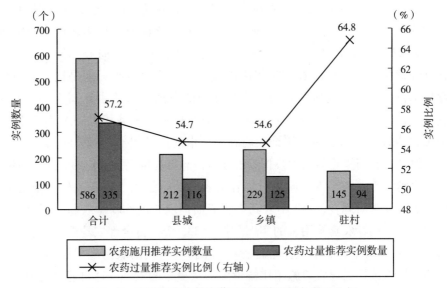

图 8-7　农药零售店的农药过量推荐实例数量及比例

资料来源：笔者实地调查。

此外，经营场所位置不同的农药零售店向农户推荐农药施用量时差异较大。总体而言，经营场所在样本村的农药零售店过量推荐农药施用量的农药施用推荐实例的比例高达64.8%，比经营场所在县城和乡镇政府所在地的农药零售店过量推荐农药施用量的农药施用推荐实例的比例分别高10.1个百分点和10.2个百分点（见图8-7）。但是现实问题在于，我国农户从经营场所在样本村的农药零售店获取农药施用技术信息的频次远高于其从经营场所在县城和乡镇政府所在地的农药零售店获取农药施用技术信息的频次（张超等，2015；孙生阳等，2019）。

从农户的角度看，农药零售店是农户最主要的外源性农药施用技术信息来源。调查发现，46.9%的农户以个人经验为农药施用量的技术信息来源（见表8-2）。农药施用量技术信息来自农药零售店的农户比例为24.8%，农药施用量技术信息来自政府农技员的农户比例仅为13.1%，而农药施用量技术信息来自父母亲其邻居经验的农户比例也仅为10.4%。在不同农作物生产过程中，农药施用量技术信息来自农药零售店的农户比例均远大于农药施用量技术信息来自政府农技员的农户比例。这些结果充分证明，农药零售店的确已经发展成为我国农户获取农药施用技术信息的最重要外源性来源，这和以往的许多研究结论高度一致（李世杰等，2013；金书秦等，2015），导致这一结果的原因可能和农户获取农药施用技术的信息成本有关。一般而言，政府农技推广服务的灵活性不足使得农户获得农药施用技术的信息成本较高，而通过农药零售店获取农药施用技术的信息成本较低。

表 8-2　　　　2016 年农户农药施用量的不同技术信息来源比例　　　　单位：%

技术信息来源	合计	水稻	苹果	茶叶	设施黄瓜	设施番茄
个人经验	46.9	36.9	40.5	74.3	54.7	52.0
农药零售店	24.8	27.6	35.4	11.8	20.1	26.7
政府农技员	13.1	21.6	3.3	3.3	5.8	4.0
父母亲戚邻居经验	10.4	8.2	16.3	6.6	18.0	17.3
农药企业	0.6	0.1	1.6	0.5	1.4	0.0
农业生产大户	0.9	1.3	0.5	1.0	0.0	0.0

续表

技术信息来源	合计	水稻	苹果	茶叶	设施黄瓜	设施番茄
其他来源	3.3	4.3	2.5	2.5	0.0	0.0
农户数	2 293	1 223	449	602	139	75

注：部分农户种植两种作物。
资料来源：笔者实地调查。

8.4　农药零售店的技术信息推荐对农户
农药施用影响的实证分析

8.4.1　研究假设

农户通过农药零售店获取农药施用技术信息时，两者均存在双重身份，正是由于两者的双重身份使得农药零售店的技术信息推荐影响农户农药施用量成为可能。农户在购买农药时，既是农药的购买者，也是农药施用技术信息的需求者。需要说明的是，农药是"物技分离"的生产要素，即农户购买农药和施用农药是两个独立环节（蔡键和左两军，2018）。在面临较高农药施用技术信息成本的条件下，农户更愿意"物技结合"，即在购买农药时获取其施用技术信息（张蒙萌和李艳军，2014）。当掌握充分的技术信息或者获取技术信息的成本足够低时，农户仅是农药的购买者。但是，当未能掌握农药施用知识和信息且面临较高信息获取成本时，农户就会在购买农药时直接向农药零售店咨询农药施用技术信息（张蒙萌和李艳军，2014）。大量研究表明，我国农户的农药施用技术知识水平较低，同时面临较高的技术信息获取成本（张超等，2015；孙生阳等，2019）。

与此同时，农药零售店既是农药的销售者，也农药施用技术信息的提供者。如果农药零售店仅仅是农药销售者，则不会对农户的农药施用产生影响。当农户掌握充分的农药施用技术信息时，则农药零售店无法对农户的农药施用行为产生影响。但是，一般情况下农药零售店相对于农户拥有更充分的农药施用技术信息，这种信息不对称使得农药零售店处于优势地位（张蒙萌和李艳军，2014）。这种优势地位决定了其在销售农药时，可能为了追求自身利益最大化而利用术信息不对称优势向农户推荐更高的农药施用量（李世杰等，2013；罗小娟等，2019）。

基于上述简要分析，相比于通过其他来源获取农药施用技术信息的农户，通过农药零售店获取农药施用技术信息的农户在农业生产中的农药施用量会更高。

8.4.2　实证模型

为了实证分析不同技术信息来源对农户农药施用量的影响，本章的计量经济模型如下所示：

$$\ln Y_i = \beta_0 + \beta_1 Ind_i + \beta_2 Ext_i + \beta_3 Oth_i + \beta_4 Male_i + \beta_5 Age_i + \beta_6 Educ_i + \beta_7 Cadre_i$$
$$+ \beta_8 Fyear_i + \beta_9 \ln Dist_i + \beta_{10} Pop_i + \beta_{11} \ln Wealth_i + \beta_{12} \ln Size_i + \beta_{13} Crop_i$$
$$+ \beta_{14} Prov_i + u_i \tag{8.1}$$

其中，$\ln Y_i$ 表示第 i 个农户农药施用量的对数，Ind_i 表示农户的农药施用技术信息来自个人和父母亲戚邻居经验，Ext_i 表示农户的农药施用技术信息来自政府农技人员，Oth_i 表示农户的农药施用技术信息来自农业生产大户和其他来源，$Male_i$ 表示农户的性别，Age_i 表示农户的年龄，$Educ_i$ 表示农户的受教育程度，$Cadre_i$ 表示农户担任村干部，$Fyear_i$ 表示农户最近一次返乡后的务农年限，$\ln Dist_i$ 表示农户家庭到乡镇政府距离的对数，Pop_i 表示农户的家庭人口，$\ln Wealth_i$ 表示农户家庭财产（即当年房产估价）的对数，$\ln Size_i$ 表示农户种植面积的对数，$Crop_i$ 表示农户种植的农作物类型，$Prov_i$ 表示农户所在的省份。此外，$\beta_0 \sim \beta_{14}$ 为待估系数，u_i 表示随机误差项。部分变量取对数是为了尽可能地减弱异方差性，以提高计量经济估计的准确性。

本章需要对部分变量定义和使用作一些说明。对于被解释变量，本章采用单位面积农药施用量和单位产量农药施用量。其中，单位面积农药施用量是衡量农药施用强度的最主要变量。为了进行稳健性检验，本章考虑使用单位产量农药施用量替换单位面积农药施用量。

对于农药施用技术信息来源，本章以农药零售店为参照，在计量经济模型中加入个人和父母亲戚邻居经验、政府农技员以及农业生产大户和其他来源的虚拟变量。在这种情况下，个人和父母亲戚邻居经验、政府农技员以及农业生产大户和其他来源虚拟变量的估计系数则可以反映相比于农药零售店，各种技术信息来源对农户农药施用的影响，从而评估农药零售店的技术信息推荐对农户农药施用的影响。需要说明的是，农药施用技术信息来源于父母亲戚邻居经验、农药企业、农业生产大户和其他来源的农户比例均较低，为了避免过度分类造成的估计偏误，本章将父母亲戚邻居经验合并到个人经验、农药企业合并到农药零售店、农业生产大户合并到其他来源。

需要说明的是，本章的 2 293 个农户包括 1 223 个水稻生产农户、449 个苹果生产农户、602 个茶叶生产农户、139 个设施黄瓜生产农户和 75 个设施番茄生产农户，其中部分农户种植了多种农作物。因此，本章计量经济模型估计时的样本量为 2 488 个。

本章主要变量的描述性统计结果见表 8 - 3。

表 8 - 3　　　　　　　　　　主要变量的描述性统计

变量	均值	标准差
单位面积农药施用量（千克/公顷）	8.21	18.74
单位产量农药施用量（千克/吨）	1.90	12.64
技术信息来源		
个人和父母亲戚邻居经验（1＝是，0＝否）	0.58	0.49
政府农技员（1＝是，0＝否）	0.12	0.33
农药零售店（1＝是，0＝否）	0.25	0.43
其他技术信息来源（1＝是，0＝否）	0.04	0.20
个人特征		
男性（1＝是，0＝否）	0.95	0.22
年龄（岁）	53.99	9.82
受教育程度（年）	7.31	3.16
村干部（1＝是；0＝否）	0.11	0.31
最近一次返乡后务农年限（年）	33.71	13.65
家庭特征		
离乡镇政府距离（千米）	7.63	7.77
家庭人口（人）	4.72	2.04

续表

变量	均值	标准差
家庭财产（万元）	27.88	111.87
种植面积（公顷）	1.73	16.07
种植作物类型		
水稻	0.49	0.50
苹果	0.18	0.38
茶叶	0.24	0.43
设施黄瓜	0.06	0.23
设施番茄	0.03	0.17
样本量	2 488	

注：由于部分农户种植两种作物，因此个人特征和家庭特征变量的描述性统计量存在重复。
资料来源：笔者实地调查。

8.4.3　结果分析

考虑到单位面积农药施用量和是单位产量农药施用量均为连续变量，因此本章采用普通最小二乘法对式（8.1）进行计量经济估计，同时采用稳健标准误修正可能存在的异方差问题，结果如表 8 - 4 所示。调整后的 R^2 分别为 0.43 和 0.22，表明本章的计量经济模型解释力较强。

表 8 - 4　　　　技术信息来源对农户农药施用量影响的估计结果

变量	单位面积农药施用量对数		单位产量农药施用量对数	
	系数	稳健标准误	系数	稳健标准误
个人和父母亲戚邻居经验	- 0.33 ***	0.10	- 0.38 ***	0.10
政府农技员	- 0.24 **	0.11	- 0.31 ***	0.12
其他技术信息来源	- 0.38 **	0.18	- 0.47 **	0.20
男性	0.11	0.24	- 0.18	0.26
年龄	- 0.02 **	0.01	- 0.02 **	0.01
受教育程度	- 0.04 ***	0.02	- 0.05 ***	0.02

续表

变量	单位面积农药施用量对数		单位产量农药施用量对数	
	系数	稳健标准误	系数	稳健标准误
村干部	- 0.36 **	0.16	- 0.37 **	0.17
最近一次返乡后务农年限	0.00	0.01	0.00	0.01
离乡镇政府距离对数	0.03	0.06	0.09	0.06
家庭人口	- 0.03	0.03	- 0.04	0.03
家庭财产对数	0.13 ***	0.04	0.12 ***	0.04
种植面积对数	- 0.22 ***	0.04	- 0.12 ***	0.04
种植作物类型虚拟变量	是		是	
省份虚拟变量	是		是	
常数项	0.93 *	0.49	- 9.45 ***	0.49
调整后的 R^2	0.43		0.22	
样本量	2 488		2 488	

注：技术信息来源变量中以农药零售店为对照。*、** 和 *** 分别为在 10%、5% 和 1% 水平上显著。

总体而言，农药零售店的技术信息推荐会显著提高农户的单位面积农药施用量。其中，相比于农药零售店的技术信息推荐，个人和父母亲戚邻居经验可以降低农户的农药施用量。计量经济估计显示，个人和父母亲戚邻居经验虚拟变量的估计系数在 1% 的水平上显著为负，在其他因素不变的条件下，农户根据个人和父母亲戚邻居经验决定的单位面积农药施用量相比于根据农药零售店技术信息推荐决定的单位面积农药施用量低 33% 左右（见表 8 - 4）。政府农技员虚拟变量的估计系数在 5% 的水平上显著为负，表明相比于以农药零售店为技术信息来源的农户，以政府农技员为技术信息来源农户的单位面积农药施用量更低。在其他因素不变的条件下，农户根据政府农技员的技术信息决定的单位面积农药施用量比根据农药零售店技术信息推荐决定的单位面积农药施用量低 24%（见表 8 - 4）。此外，农户根据农业生产大户及其他技术信息来源决定的单位面积农药施用量比根据农药零售店技术信息推荐决定的单位面积农药施用量在 5% 的水平上显著地低 38%（见表 8 - 4）。如前所述，农药零售店的技术信息推荐对于农户单位面积农药施用量的显著提高作用，主要是农药零售店作为农药销售者和农药施用技术信息提供者双重身份条件下的趋利行为导致的。

除了农户的技术信息来源，农户的单位面积农药施用量也受到其他一些因素的显著影响。例如，年龄变量的估计系数在5%的水平上显著为负，农户年龄每增加1岁，其单位面积农药施用量降低2%左右（见表8-4）。这可能是农户的年龄与其农作物植保经验相关，因此年龄更大的农户由于具有更丰富的病虫害防治经验，从而对于农药施用的依赖性更弱。受教育程度变量的估计系数在1%的水平上显著为负，在其他因素不变的条件下，农户的受教育年限每增加1年，其单位面积农药施用量降低4%（见表8-4）。农户接受更好更高层次的教育一方面有助于其学习更优的病虫害防治技术，另一方面也更容易使其注重生态环保以及农产品质量，这两者都有利于减少农业生产过程中的单位面积农药施用量。村干部虚拟变量的估计系数在5%的水平上显著为负，表明担任村干部的农户在农业生产过程中的单位面积农药施用量更低。在其他因素不变的条件下，担任村干部可以使得农户的单位面积农药施用量减少36%。（见表8-4），这与以往研究结论一致（田云等，2015）。家庭财产变量的估计系数在1%的水平上显著为正，表明在其他因素不变的情况下，农户的家庭财产每增加1%会使得其单位面积农药施用量增加0.13%（见表8-4）。此外，农户种植面积和单位面积农药施用量存在显著的负向关系，在其他因素不变的条件下，农户种植面积每增加1%，其单位面积农药施用量显著下降0.22%。

如前所述，本章使用单位产量农药施用量替换单位面积农药施用量进行稳健性检验，结果亦如表8-4所示。总体而言，农药零售店的技术信息推荐会显著提高农户的单位产量农药施用量。根据计量经济估计结果，相比于农药零售店的技术信息推荐，个人和父母亲戚邻居经验、政府农技员的技术信息以及其他来源技术信息可以有效降低农户的单位产量农药施用量。在其他因素不变的条件下，农户根据个人和父母亲戚邻居经验、政府农技员以及其他技术信息来源决定的单位产量农药施用量相比于根据农药零售店技术信息推荐决定的单位产量农药施用量分别低38%、31%和47%左右（见表8-4）。这表明，替换被解释变量前后的计量经济估计结果高度一致，即本章的计量经济估计结果具有较好的稳健性。

8.5　主要结论和政策建议

　　本章基于 7 省 28 县 242 个农药零售店和 2 293 个农户的调查数据，比较系统地分析了农药零售店的经营现状、技术信息获取现状和技术信息推荐现状，在此基础上建立计量经济模型实证分析农药零售店的农药施用技术信息推荐对农户农药施用的影响。研究结果表明，目前我国农药零售店绝大多数为经营 10 年以上且拥有合法资质的专业农药零售店，其中 1/5 以上的农药零售店代理上游企业的农药产品，2/3 以上的农药零售店参加过各级政府部门组织的农药施用技术培训。换言之，目前我国农药零售店的专业化程度较高，基本实现了专业化经营。农药零售店在向农户销售农药的同时，也向农户提供农药施用技术信息，甚至直接向农户提供技术培训。其中，将近 1/3 的农药零售店向农户提供了农药施用技术培训。这意味着农药零售店已成为我国农药施用技术信息的重要提供者。但是，农药零售店比较普遍地向农户过量推荐农药施用量。从农户角度而言，农药零售店成为仅次于个人经验的第二大农药施用技术信息来源，也是农药技术信息的最大外源性来源。计量经济模型估计结果表明，农药零售店的技术信息推荐会显著地提高农户的单位面积和单位产量农药施用量。这表明，具有农药销售者和农药施用技术信息提供者双重身份的农药零售店在追逐最大化利益的过程中，可能向农户推荐更大的农药施用量，从而导致农户的农药过量施用。同时，政府农技员提供的农药施用技术信息可以显著地降低农户的单位面积和的单位产量农药施用量。因此，从推动化肥农药减量增效的角度来看，农药零售店目前还无法替代政府农技推广服务。

　　根据上述研究结论，本章提出以下三点政策建议。第一，应根据目前农户接受农药施用技术信息现状开展针对性改革。确保政府农技推广体系向农户提供农药施用技术服务的主导地位，加强政府农技推广体系的公益性技术推广服务。近年来，许多地方的基层政府农技推广机构行政化改革，从体制上削弱了政府农技推广体系向农户提供公益性技术推广服务的可能性与机会，减少了政府农技员为农户提供公益性技术推广服务的积极性（胡瑞法和孙艺夺，2018；孙生阳等，2018）。这也是广大农户的农药施用技术信息主要来源于农药零售店而不是政府农技员的重要原因。因此，调整和优化基层政府农技推广机构的行政化改革，确保其公益性技术推广服务的主导地位是当务之急。事实上，政府农技推广体系的公益性技术推广服务不仅可以有效提高农户收入水平从而带动经济发展（胡瑞法等，2006），同时也有助于提高农药零售店为农户提供良好的技术推广服务的能力。第二，加强对农户的农业技术培训。新中国成立以来，政府非常重视对广大农户的技术培训，农药施用技术得到极大程度普及。20 世纪 80 年代以来，我国产量主导型农业政策体系下各项政策与技术措施都在一定程度上鼓励农户在农业生产中施用更多农药。例如，20 世纪 80 年代末允许政府农技推广机构和人员销售农药，是导致我国农药过量施用的重要制度性原因（黄季焜等，2001；胡瑞法等，2004；2007；2009）。对广大农户开展农药减量增效的技术培训，将有效减少农药施用量，真正实现农药减量增效（雅克等，2011）。第三，制定有针对性的政策，培训专业的农药销售人员。政府应该针对农药零售店的农药销售者和农药施用技术信息提供者双重身份特征，制定有针对性的政策对其进行培训，鼓励和引导其为农户提供正确有效的农药施用技术信息。

第 9 章

邻里信息交流对农户
农药施用的影响

邻里信息交流严格意义上不属于农业社会化服务，但是近年来的较多调查研究发现，农户之间的邻里信息交流现象十分频繁。越来越多农户实际上通过邻里信息交流获取农业技术信息，这使得邻里信息交流的实际技术服务作用日益凸显。现有文献关于邻里效应的分析并不鲜见，但是从农户的农药施用角度分析邻里信息交流的实证研究尚不多见。从某种意义上，邻里信息交流成为政府农技推广和农业社会化服务的重要补充，因此本章把邻里信息交流也当作一种特殊的"农业社会化服务"形式。本章采用 2016 年我国贵州、湖北、江苏和浙江 1 113 个水稻种植户的随机抽样调查数据实证分析了邻里信息交流对农户农药施用的影响及其异质性，并在此基础上提出了相关政策建议。

9.1 引　　言

如前所述，作为重要的现代农业生产要素，农药对农作物单位面积产量的提高具有显著正向影响（达马拉斯，2009）。20 世纪 80 年代末以来，我国农药施用量迅速增长（孙生阳等，2020）。全国农产品成本收益资料汇编数据显示，1990 年我国稻谷生产过程中每亩农药费为 6.88 元，占每亩物质费用的 7.53%（国家发展和改革委员会，2004）。到 2018 年，我国稻谷生产过程中每亩农药费增至 53.60 元，占每亩物质与服务费用的 10.41%（国家发展和改革委员会，2019）。基于农户微观调查数据的研究发现，我国水稻农户在经济意义和技术意义上均存在农药过量施用现象（朱淀等，2014；张超等，2015；潘丹等，2018）。值得注意的是，农药过量施用导致了严重的生态失衡、农业面源污染、食品质量安全以及农药暴露引发的健康风险等问题（赖汪洋，2017；黄季焜等，2018）。在当前农药过量施用问题没有根本改变的背景下，深入考察农户农药施用的决定因素对有效推动农药减量增效、遏制农业面源污染具有重要意义。

国内外学者围绕农户农药施用的决定因素展开了充分讨论，得到了一些有价值的研究结论。概括起来，农户的个人与家庭特征（王文宇等，2017）、知识水平（黄季焜等，2008）、风险偏好（潘丹等，2020）、种植规模（祝伟和王瑞梅，2021）和技术培训（李昊等，2017）等是影响农户农药施用的主要因素。然而，上述研究均将农户的农药施用看作个人独立决策的结果，而农户农药施用可能存在的邻里效应未能得到深入的研究。事实上，大量研究表明，农户的生产行为极有可能受群体内其他农户生产行为的影响（萨瑟兰等，2012；洪名勇和何玉凤，2020）。在我国农村，村庄是一个集血缘、亲缘和地缘相互交织的熟人社会，邻里之间的信息交流和相互模仿成为影响农户生产行为的关键因素（姚瑞卿和姜太碧，2015；李立朋和李桦，2020）。尽管部分研究已经发现农户通过邻里交流的方式获取农药施用的技术信息（陈欢等，2017），但基于微观调查数据实证考察农户农药施用邻里效应的研究极其不足。本章基于贵州、湖北、江苏和浙江 4 省 1113 个水稻种植户的调查数据，采用工具变量法解决内生性问题基础上实证考察了农户农药施用的邻里效应。

相较于以往研究，本章研究的贡献主要体现在两个方面。第一，丰富了农药施用的决定因素研究。以往研究主要从个人与家庭特征等视角考察了农户农药施用的决定因素，但忽略了农村熟人社会与信息传递渠道闭塞狭窄这一特点（李明月等，2020），在农户的农业社会化服务需求尚未得到充分满足的条件下，邻里信息交流可能对农户的农药施用具有重要影响。第二，在识别邻里效应的研究方法上进行了有益探索。由于农户在农药施用方面存在着潜在的相互影响，因此在进行农户农药施用邻里效应的实证分析时可能存在内生性问题。因此，本章采用工具变量法解决内生性问题，从而可以得到农药施用邻里效应的无偏估计结果。

9.2 文献综述和研究假设

关于农户农药施用的决定因素，现有文献主要从户主个人特征、技术采用与培训、病虫害发生类型和社会经济制度等方面进行分析。其中，王文宇等（2017）基于 452 个男性农户和 178 个女性农户的研究发现，男性农户的农药施用知识水平要高于女性农户，但女性农户更倾向于在农药施用过程中采取防护性措施。侯建昀等（2014）基于 635 个农户的研究发现，农户的年龄与农药施用呈正相关关系，即年龄越大的农户的单位面积农药施用量越高。展进涛等（2020）基于 524 个农户的研究发现，农户受教育程度与过量施用农药的概率呈负相关关系，即受教育程度越高的农户过量施用农药的概率越低。还有研究认为技术培训是影响农户农药施用的重要因素，特别是在农户缺乏相关专业植保知识的情况下，科学正确的技术培训能够引导农户减少农业生产中的农药施用量（李昊等，2017）。应瑞瑶和朱勇（2015）的研究发现，农业技术培训能够显著降低农户在水稻生产中的农药施用量，且农业技术培训具有一定的技术扩散效果。高塔姆等（2017）对孟加拉国农户的调查也得到了相似的结论。另外一些研究在考虑了样本的选择性偏误问题后，发现技术培训对农户农药施用减量的影响效果并不显著（应瑞瑶和朱勇，2016）。也有研究从农业社会化服务的角度考察农户农药施用。胡瑞法等（2009）的研究则发现，20 世纪 80 年代末农业技术推广体系商业化改革导致了农户农药施用量的增加。农药零售商在向农户提供技术信息时可能存在因追求利润而导致其向农户过量推荐农药施用量，从而造成农户农药施用量的增加（金书秦等，2015）。也有部分研究认为生产要素与农产品价格也是影响农户农药施用的关键因素（孙生阳等，2020）。

上述文献多数将农户视为农药施用的独立决策者，但也有文献指出农户行为也可能由于自身知识水平和判断能力的局限性而呈现与邻里农户趋同的特点（杨唯一和鞠晓峰，2014）。近年来随着对邻里效应研究范围的拓展，农户生产行为中的邻里效应也得到了越来越多的关注。其中，刘可等（2020）的研究发现，邻里观察性学习、交流感受对农户的技术采纳具有显著正向影响。李明月等（2020）的研究指出，邻里信息交流对农户采纳绿色农业生产技术具有显著的促进作用。农药施用作为农业生产中的重要环节，也有研究关注到了农户邻里信息交流的影响。其中，艾达（2018）通过对菲律宾农户的调查发现，农户的农药施用量并非根据病虫害的发生程度而是通过模仿邻居农户的农药施用量决定的。李立朋和李桦（2020）的研究发现邻里施药信息交流对农户农药施用量的增加具有显著正向影响。

然而，目前鲜有文献实证研究农户农药施用的邻里效应。对于我国农户来说，农药施用的邻里效应主要来自三个方面。第一，邻里农户农药施用量的增加可能在观念上改变其他农户农药施用的决策。由于农户农药施用满足理性经济人的全部假设，其农药施用的目标在于追求利润最大化（孙生阳等，2020）。如果邻里农户增加了农药施用量，其可能因为担心农药施用不足导致的收益下降从而模仿邻里农户的农药施用决策（姚瑞卿和姜太碧，2015）。第二，邻里农户农药施用量的增加可能在病虫害防治压力上改变农户农药施用的决策。由于病虫害具有迁飞性和跨越农田物理边界的属性，同一群体农户面临病虫害暴发的时间、种类和程度是一致的（张超等，2015；孙生阳等，2021）。如果邻里农户在病虫害防治中增加了农药施用量，那势必会导致群体内其他农户病虫草害防治压力的增加，从而在生产中提高农药施用量。第三，邻里农户之间交流的农药施用技术信息可能更容易被农户接受并采纳。农村人口流动性较低的属性决定了农村熟人社会的特征，在农业社会化服务发展尚不充分的条件下（胡瑞法等，2019），邻里信息交流不仅是农户获取农药施用技术信息最直接的渠道，也降低了农户搜寻技术信息的成本。基于上述分析，本章提出的主要研究假设是：

假设 9.1：农户农药施用存在邻里效应，同村其他农户平均农药施用量对农户农药施用量有显著正向影响。

需要指出的是，农户农药施用的邻里效应可能在户主年龄和受教育程度方面存在异质性，这主要是由农户的务农经验和农药施用具有较强的技术性所决定的。第一，姜太碧（2015）的研究发现，邻里效应主要来自农户盲目地跟从学习和模仿。但对于老龄农户来说，年龄越大意味着从事农业生产的时间越长，且具有更为丰富的务农经验（谢贤鑫和陈美球，2020）。因此，老龄农户的农药施用决策可能更倾向于依赖个人经验，受邻里效应的影响程度较低。第二，在当前农户农药施用技术知识普遍偏低的情况下（孙生阳等，2019），技术培训是提高农户知识水平的主要途径（李昊等，2017）。但研究表明，对于受教育程度较低的农户来说，其参加技术培训的意愿也较低（李浩和李登旺，2021）。因此信息成本低、路径短和效率高的邻里交流可能成为其获得技术信息的重要来源（沃茨和斯特罗加茨，1998），故其在农药施用中可能受邻里信息交流的影响程度较大。基于上述分析，本章提出农户农药施用邻里效应的异质性假设如下：

假设9.2：对于年龄较大的农户来说，同村其他农户平均农药施用量对农户农药施用量有较低程度的显著正向影响。

假设9.3：对受教育程度较低的农户来说，同村其他农户平均农药施用量对农户农药施用量有较高程度的显著正向影响。

9.3　数据来源和计量经济模型

9.3.1　数据来源

本章以长江流域为研究区域分析农户农药施用是否存在邻里效应。长江流域是我国水稻种植面积最大的区域之一，长江流域的水稻产量占全国水稻总产量的60%以上（国家统计局，2019）。2019年，生态环境部、国家发展和改革委员会印发了《长江保护修复攻坚战行动计划》的通知，其中包括关于在长江流域实施农药施用量负增长行动的相关制度安排，以及开展农药减量利用和替代利用的行动方案。因此，以长江流域为研究目标地区考察农户农药施用的邻里效应对于推动该地区农药减量增效具有重要现实和政策意义。

本章研究数据来自2016年10~11月对长江流域贵州、湖北、江苏和浙江4省水稻种植户的问卷调查。总体上，主要采用随机抽样方法选取农户样本。具体而言，该调查的抽样方法如下：选择长江上游流域的贵州，长江中游流域的湖北以及长江下游流域的江苏和浙江作为样本省份开展农户调查，并采用多阶段随机抽样的方法在上述样本省份内抽取了样本县、乡、村与农户。具体来说，首先将每个省份的所有县按照人均国内生产总值分为高低2组，在每一组随机选取2个县；其次，按照类似方法在每个县随机选取2个乡，在每个乡随机选取2个村；最后，根据村委会提供的农户花名册采用等距抽样法在每个村随机选取 20 个左右的水稻种植户。在剔除了部分不施用农药的调查样本后，本章最终包括 1 113 个有效的水稻种植户样本。在 1 113 个农户中，对每户最大的水稻种植地块进行投入情况调查，调查内容主要包括农户的个人与家庭特征、水稻种植特征和投入产出等信息。其中，水稻种植户的农药施用行为被给予了特别关注，调查的内容包括农户在整个水稻生长期内的农药施用次数、施用时间、化学名称、有效成分含量、施用量、单位价格和防治病虫草害名称等信息。

9.3.2　计量经济模型

本章的主要研究目标是考察农户农药施用是否存在邻里效应。由于农户农药施用不仅受同村其他农户农药施用的影响，还受农户个人和家庭特征等因素的影响。因此，本文建立一个农户农药施用量决定因素的多元回归模型如下：

$$Y_i = \alpha + \beta N_i + X'_i \gamma + u_i \tag{9.1}$$

其中，i 表示第 i 个农户。Y_i 是农户的农药施用量；N_i 是同村其他农户的平均农药施用量，亦即本章的核心解释变量；X_i 是影响农户农药施用量的控制变量；α、β 和 γ 是待估系数；u_i 是随机误差项。

如果核心解释变量不存在内生性，则采用普通最小二乘法对式（9.1）进行估计可以得到无偏一致结果。但是，农户农药施用量存在相互影响，因此核心解释变量可能具有内生性。借鉴以往研究，处理内生性问题的主要方法是工具变量法（袁舟航等，2018；马旺林和郑宏运，2022）。具体而言，首先需为内生变量 N_i 寻找合适的工具变量 W_i，而工具变量需与内生解释变量相关，且与扰动项不相关。在此基础上，本章建立内生变量决定因素模型如下：

$$N_i = \lambda + \theta W_i + X'_i \pi + \varepsilon_i \tag{9.2}$$

其中，W_i 是同村其他农户平均家庭房产价值；λ、θ 和 π 是待估系数；ε_i 是随机误差项。在考虑内生性问题时，本章使用两阶段最小二乘法对式（9.1）和式（9.2）进行联立估计。

9.3.3 变量定义和描述性统计

为了实证分析农户农药施用的邻里效应，本章计量经济模型中的变量共包括四类：被解释变量、核心解释变量、控制变量和工具变量。

（1）被解释变量。本章在地块层面分析农户的农药施用行为。在以往文献中，农户的单位面积农药施用量是衡量农户农药施用的主要指标（林锐等，2018），因此本章以农户在最大水稻种植地块的单位面积农药施用量作为被解释变量。由于杀虫剂是农户水稻生产中施用量最高的农药（维达斯基等，1998），本章也将农户的单位面积杀虫剂施用量作为被解释变量，进一步对农药施用的邻里效应进行稳健性检验。农药施用量和杀虫剂施用量均按照有效成分比例折算。

（2）核心解释变量。本章的核心解释变量为同村其他农户的平均农药施用量，即同村其他农户在水稻生产中最大水稻种植地块单位面积农药施用量的平均值。在稳健性检验的实证模型中，本章采用同村其他农户单位面积杀虫剂施用量的平均值作为核心解释变量。

（3）控制变量。本章借鉴以往文献，控制了一系列其他可能影响农户农药施用的变量（刘美辰和黄季焜，2013；高晶晶和史清华，2019）。这些控制变量主要包括户主的性别、年龄、受教育程度、自我健康评估、是否接受技术培训、农药价格和家庭离县城的距离等。考虑到水稻种植特征对农户农药施用的影响，本章的控制变量也包括水稻种植总面积、地块类型、水稻类型和水稻品种等。与此同时，不同县域的病虫害暴发程度存在较大差异，从而可能对农户的农药施用产生影响，因此本章也将县级地区虚拟变量包括在内。

（4）工具变量。黄季焜等（2008）的研究指出，农户的家庭财产水平对农户农药施用量有显著的负向影响。从理论上来说，同村其他农户平均家庭房产价值与同村其他农户的平均农药施用量具有负相关关系，满足相关性条件；同村其他农户平均家庭房产价值对农户的农药施用量并无直接影响，满足外生性条件。因此，本章采用同村其他农户平均家庭房产价值作为工具变量。在实证分析过程中，需要进一步检验同村其他农户平均家庭房产价值的有效性。

　　表 9 - 1 汇报了本章主要研究变量的描述性统计结果。农户农药施用量的平均值为 4.53 千克/公顷，其中杀虫剂施用量的平均值为 1.94 千克/公顷。在 1 113 个水稻生产农户中，有 90% 的户主为男性，平均年龄为 57.06 岁，平均受教育程度为 6.62 年。此外，有 39% 的户主认为自己比同村同龄人更为健康，有 24% 的户主接受过农业技术培训。在水稻种植方面，1 113 个水稻生产农户的平均水稻种植总面积为 1.96 公顷，种植晚稻和采用杂交品种的农户占比为 48% 左右。

表 9 - 1　　　　　　　　　主要变量的描述性统计

变量名称	变量定义或说明	农户数	平均值	标准差
农药施用量	千克/公顷	1 113	4.53	7.31
杀虫剂用量	千克/公顷	1 113	1.94	5.41
同村其他农户平均农药施用量	千克/公顷	1 113	4.53	2.51
同村其他农户平均杀虫剂施用量	千克/公顷	1 113	1.94	1.92
男性	1 = 是，0 = 否	1 113	0.90	0.29
年龄	岁	1 113	57.06	9.66
受教育程度	年	1 113	6.62	3.28
自我健康评估	1 = 健康，0 = 不健康	1 113	0.39	0.49
接受技术培训	1 = 是，0 = 否	1 113	0.24	0.43
农药价格	元/千克	1 113	134.92	128.14
杀虫剂价格	元/千克	1 113	185.96	207.36
水稻种植总面积	公顷	1 113	1.96	11.00
平地	1 = 是，0 = 否	1 113	0.69	0.46
晚稻	1 = 是，0 = 否	1 113	0.48	0.50
杂交稻品种	1 = 是，0 = 否	1 113	0.48	0.50
离县城距离	千米	1 113	20.54	11.35
同村其他农户平均房产估计价值	万元	1 113	32.95	40.00

　　资料来源：笔者实地调查。

9.4 结果和讨论

9.4.1 基准回归

表9-2是邻里信息交流对农户农药施用量影响的基准回归结果。不难看出，在不考虑核心解释变量内生性的条件下，同村其他农户平均农药施用量的估计系数等于0.280，且在1%的水平上显著，这表明农户农药施用的确存在显著的邻里效应。具体而言，在其他因素不变的情况下，同村其他农户平均农药施用量每增加1%，农户的农药施用量将增加0.280%。这一结果初步印证了假设9.1。此外，控制变量的估计结果也与以往文献的结论相一致（李昊等，2017；孙生阳等，2020）。接受技术培训的估计系数等于-0.169，且在5%的水平上显著，这表明接受技术培训可以显著降低农户的农药施用量。农药价格的估计系数等于-0.496，且在1%的水平上显著，这表明农户的农药施用行为符合理性经济人假设，即农药价格越高，农户的农药施用量越少。

表9-2　邻里信息交流对农药施用量影响的普通最小二乘法估计结果

变量	农药施用量对数	
	估计系数	稳健标准误
同村其他农户平均农药施用量对数	0.280 ***	0.092
男性	0.004	0.106
年龄对数	0.142	0.197
受教育程度对数	-0.021	0.028
自我健康评估	-0.024	0.065
接受技术培训	-0.169 **	0.070
农药价格对数	-0.496 ***	0.067

续表

变量	农药施用量对数	
	估计系数	稳健标准误
水稻种植总面积对数	0.014	0.027
平地	− 0.059	0.093
晚稻	0.061	0.074
杂交稻品种	− 0.077	0.109
离县城距离对数	− 0.020	0.066
县级虚拟变量	已控制	
农户数	1 113	

注：*** 和 ** 分别表示在 1% 和 5% 的水平上显著。

9.4.2　内生性问题

如前所述，农户农药施用可能存在相互影响，从而使得本章的核心解释变量即同村其他农户平均农药施用量存在内生性。如果不解决这一内生性问题，将无法得到无偏一致的计量经济估计结果。为了解决内生性问题，本章在基准回归的基础上引入工具变量法进行两阶段最小二乘法估计。表 9 - 3 汇报了使用工具变量法估计同村其他农户平均农药施用量对农户农药施用量影响的结果。本章首先需要分析内生性是否存在以及工具变量是否有效。第一，豪斯曼检验的卡方（χ^2）统计量在 1% 的水平上显著等于 12.15，表明基准回归模型的确存在内生性问题，因此采用工具变量法是合适且必要的。第二，两阶段最小二乘法的第一阶段模型中工具变量即同村其他农户平均房产价值的估计系数在 1% 的水平上显著等于 − 0.266，表明同村其他农户平均家庭房产价值每增加 1%，同村其他农户平均农药施用量显著降低 0.266%。第三，弱工具变量检验结果表明，克拉格 - 唐纳德（Cragg - Donald）检验的沃德（Wald）统计量为 92.29，大于斯托克 - 优格（Stock - Yogo）弱工具变量识别检验临界值中 10% 偏误的临界值，故不存在弱工具变量问题。第四，同村其他农户平均房产价值与农户农药施用量的皮尔逊（Pearson）相关系数等于 − 0.006，但在统计上并不显著，表明同村其他农户平均房产价值满足工具变量的排他性约束。因此，本章选取的村其他农户平均农药施用量是有效的工具变量。

表 9 - 3　邻里信息交流对农药施用量影响的两阶段最小二乘法估计结果

变量	同村其他农户平均农药施用量对数		农药施用量对数	
	系数	稳健标准误	系数	稳健标准误
同村其他农户平均农药施用量对数			1. 224 ***	0. 303
男性	0. 007	0. 041	- 0. 006	0. 111
年龄对数	- 0. 014	0. 073	0. 124	0. 202
受教育程度对数	- 0. 014	0. 010	0. 000	0. 029
自我健康评估	- 0. 040 *	0. 023	0. 023	0. 070
接受技术培训	0. 019	0. 027	- 0. 163 **	0. 075
农药价格对数	- 0. 047 ***	0. 015	- 0. 453 ***	0. 063
水稻种植总面积对数	- 0. 009	0. 009	0. 017	0. 027
平地	- 0. 060 *	0. 034	0. 021	0. 101
晚稻	- 0. 071 ***	0. 027	0. 161 **	0. 081
杂交稻品种	- 0. 136 ***	0. 039	0. 042	0. 114
离县城距离对数	0. 015	0. 025	- 0. 095	0. 071
同村其他农户平均房产价值对数	- 0. 266 ***	0. 026		
县级虚拟变量	已控制		已控制	
豪斯曼检验：卡方统计量	12. 15 ***			
弱工具变量克拉克 - 唐纳德检验：沃德统计量	92. 29			
排他性约束检验：皮尔逊相关系数	- 0. 006			
农户数	1 113			

注：*** 、** 和 * 分别表示在 1%、5% 和 10% 的水平上显著。

表 9 - 3 的估计结果显示，解决内生性问题后，农户的农药施用量表现出更强的邻里效应。同村其他农户平均农药施用量的估计系数为 1. 224，且在 1% 的水平上显著，这表明在其他因素不变的情况下，同村其他农户平均农药

施用量每增加 1%，农户农药施用量将增加 1.224%。因此，如果不解决内生性问题将导致农户农药施用量邻里效应的低估。更为重要的是，本章研究结果发现农户农药施用的邻里效应会强化农户的农药施用行为。在农户获取同村其他农户农药施用量时，会在此基础上选择更高的农药施用量，这种邻里效应的强化可能是加剧农药过量施用的重要原因。

如表 9-3 所示，除了同村其他农户平均农药施用量以外，户主是否接受技术培训、农药价格与水稻类型也对农药施用量具有显著影响。其中，接受技术培训的估计系数等于 -0.163，且在 5% 的水平上显著，这表明接受技术培训可以显著降低农户的农药施用量。农药价格的估计系数等于 -0.453，且在 1% 的水平上显著，这表明在控制其他因素的条件下，农药价格每增加 1% 将使得农户的农药施用量降低 0.453%。这与以往文献中指出的农药价格提高有利于减少农户农药施用量的结论相一致（孙生阳等，2020）。在控制其他因素的条件下，种植晚稻农户的农药施用量显著高于非种植晚稻农户的农药施用量。

9.4.3　稳健性检验

表 9-4 汇报了使用工具变量法估计同村其他农户平均杀虫剂施用量对农户杀虫剂施用量影响的估计结果。豪斯曼检验结果表明模型存在内生性，使用工具变量法是合适的。工具变量也满足相关性和排他性约束。两阶段最小二乘法的第一阶段估计结果表明，同村其他农户平均家庭房产价值的估计系数为 -0.420 且在 1% 的水平上显著，表明在控制其他因素的条件下，同村其他农户平均家庭房产价值每增加 1%，同村其他农户平均杀虫剂施用量将会降低 0.420%，这也与上述表 9-3 结论相一致。同时，排他性约束检验也证明工具变量符合要求。

稳健性检验结果表明，农户杀虫剂施用也存在显著的邻里效应（见表 9-4）。同村其他农户平均杀虫剂施用量的估计系数为 1.172，且在 1% 的水平上显著，这表明在其他因素不变的情况下，同村其他农户平均杀虫剂施用量每增加 1%，农户杀虫剂施用量将增加 1.172%。除上述结果外，户主是否接受技术培训和杀虫剂价格的估计系数与显著性均与表 9-3 的结果较为接近，从而表明研究结果具有较强的稳健性。

表9-4 邻里信息交流对杀虫剂施用量影响的两阶段最小二乘法估计结果

变量	同村其他农户平均杀虫剂施用量对数		杀虫剂用量对数	
	系数	稳健标准误	系数	稳健标准误
同村其他农户平均杀虫剂施用量对数			1.172 ***	0.221
男性	-0.052	0.049	-0.007	0.139
年龄对数	-0.067	0.091	-0.085	0.255
受教育程度对数	-0.018	0.011	0.004	0.039
自我健康评估	-0.057 *	0.031	0.027	0.086
接受技术培训	0.054	0.038	-0.214 **	0.102
杀虫剂价格对数	-0.052 ***	0.017	-0.472 ***	0.058
水稻种植总面积对数	-0.024 **	0.011	0.017	0.035
平原	-0.130 ***	0.046	0.094	0.125
晚稻	-0.080 **	0.038	0.141	0.108
杂交品种	0.012	0.045	-0.045	0.131
离县城距离对数	-0.068 *	0.036	-0.149 *	0.084
同村其他农户平均房产价值对数	-0.420 ***	0.032		
县级虚拟变量	已控制		已控制	
豪斯曼检验：卡方统计量	16.64 ***			
弱工具变量克拉克-唐纳德检验：沃德统计量	121.24			
排他性约束检验：皮尔逊相关系数	-0.006			
农户数	1 113			

注：***、** 和 * 分别表示在1%、5% 和10% 的水平上显著。

9.4.4 异质性分析

本章对农户农药施用的邻里效应分别按照户主年龄与受教育程度进行异质性分析。在年龄分组方面，55 岁及以上农户为一组，55 岁以下的农户为另一组。表9-5 的结果表明，同村其他农户平均农药施用量对两组农户农药施用量均存在显著的正向影响，但是影响程度存在差异。对于户主年龄在55 岁

及以上农户来说，同村其他农户平均农药施用量的估计系数等于 1.197 且在
1% 的水平上显著；对于户主年龄在 55 岁以下农户来说，同村其他农户平均
农药施用量的估计系数等于 1.227 且在 5% 的水平上显著。相比而言，邻里
信息交流对 55 岁以下农户农药施用量的正向影响较大。

表 9 - 5 　　　　邻里信息交流对不同年龄农户农药施用量
影响的两阶段最小二乘法估计结果

变量	≥55 岁农户农药施用量对数		<55 岁农户农药施用量对数	
	系数	稳健标准误	系数	稳健标准误
同村其他农户平均农药施用量对数	1.197 ***	0.356	1.227 **	0.497
男性	− 0.099	0.151	0.007	0.162
年龄对数	0.479	0.487	− 0.064	0.389
受教育程度对数	− 0.019	0.030	0.130	0.093
自我健康评估	0.142	0.087	− 0.138	0.113
接受技术培训	− 0.010	0.107	− 0.355 ***	0.106
农药价格对数	− 0.495 ***	0.051	− 0.419 ***	0.130
水稻种植总面积对数	0.036	0.042	0.005	0.037
平地	0.118	0.123	− 0.087	0.160
晚稻	0.094	0.092	0.228	0.162
杂交稻品种	0.134	0.138	− 0.095	0.202
离县城距离对数	0.0002	0.108	− 0.205 **	0.098
县级虚拟变量	已控制		已控制	
农户数	663		450	

注：***、** 和 * 分别表示在 1%、5% 和 10% 的水平上显著。上述两阶段最小二乘法估计结果
均通过工具变量的各项检验，受篇幅限制，仅汇报第二阶段的估计结果。

按照户主受教育程度分组时，户主受教育程度在小学及以下的农户为一
组，户主受教育程度在小学以上的农户为另一组。表 9 - 6 的结果表明，同村
其他农户平均农药施用量的估计系数在两组结果中均显著为正，表明不同受
教育程度的农户在农药施用中均受到同村其他农户平均农药施用量的影响。

然而，对受教育程度在小学及以下的农户而言，邻里信息交流对其农药施用量影响的程度大于对受教育程度在小学以上农户农药施用的影响。

表 9-6　　　　　邻里信息交流对不同受教育程度农户农药施用量
影响的两阶段最小二乘法估计结果

变量	小学及以下农户农药施用量对数		小学以上农户农药施用量对数	
	系数	稳健标准误	系数	稳健标准误
同村其他农户平均农药施用量对数	1.366***	0.323	1.286**	0.508
男性	-0.012	0.142	-0.072	0.192
年龄对数	0.385	0.340	0.025	0.296
受教育程度对数	-0.013	0.035	-0.285	0.236
自我健康评估	0.027	0.098	0.028	0.100
接受技术培训	-0.249**	0.123	-0.127	0.098
农药价格对数	-0.414***	0.090	-0.501***	0.065
水稻种植总面积对数	0.080*	0.047	-0.011	0.033
平地	-0.041	0.151	0.086	0.135
晚稻	0.138	0.119	0.246**	0.111
杂交稻品种	0.106	0.172	-0.022	0.154
离县城距离对数	-0.128	0.117	-0.105	0.096
县级虚拟变量	已控制		已控制	
农户数	530		583	

注：***、**和*分别表示在1%、5%和10%的水平上显著。上述两阶段最小二乘法估计结果均通过工具变量的各项检验，受篇幅限制，仅汇报第二阶段的估计结果。

9.5　主要结论和政策建议

本章基于对长江流域贵州、湖北、江苏和浙江4省1 113个水稻种植户的随机抽样调查数据，研究了邻里信息交流对农户农药施用的影响及其异质性。结果表明，农户农药施用存在显著的邻里效应，同村其他农户平均农药施用量对农户农药施用量存在着显著的正向影响。本章在进一步采用工具变量法解决邻里效应的内生性问题后，依然得到了一致并且稳健的估计结果。异质性分析发现，在 1 113 个水稻种植户中，对户主年龄在 55 岁以下的农户与受教育程度在小学及以下的农户来说，其农药施用量对同村其他农户农药施用量的反应更为敏感。

　　上述研究结论具有重要的政策含义。第一，政府部门应充分认识到邻里信息交流对农户农药施用的影响，重点引导专业大户、科技示范户和乡土人才在生产中科学适量施用农药，并通过邻里效应来发挥其引导其他农户在水稻生产中农药施用量的降低。第二，政府部门应在完善基层农技推广服务体系建设的基础上，重点关注不同年龄结构和受教育程度农户对农药施用技术服务的差异化需求，减少邻里信息交流对其农药施用造成的不利影响。第三，农户的农药施用量与农药价格呈显著的负相关关系，即农药价格越低，农户在水稻生产中将会施用更多的农药。因此，采取价格措施将可以有效干预农户的农药施用行为。

第四篇

现代通信技术篇

第 10 章

现代通信技术

随着科技进步不断取得新突破，以互联网为基础的现代通信技术及平台不断渗透进人们的日常生产生活，也逐渐成为我国广大农户获取农业生产技术信息的重要渠道。人类社会的文明进步与通信技术发展密切相关。自史前时期的"鸣金收兵""烽火狼烟"到现代社会的微波、电磁波等对语音、图像和视频的传输，通信技术不断演进和发展。随着科学技术和社会经济的快速发展，我们正逐步进入信息化时代。现代通信技术正逐步渗透进农户的生产生活，实现了人与人、人与机器设备、设备与作物之间的通信和信息交流，为农业生产提供了强大的信息技术支撑。本章的主要目的是在介绍现代通信技术基本概念、发展历程及在我国农村应用政策演变的基础上，从数字农业和信息传递两个视角阐述现代通信技术在农业领域应用的关键作用，同时简要分析我国农户通过现代通信技术获取农业技术信息面临的问题。

10.1 现代通信技术概述

我国坚持实行科教兴农战略，不断加强对现代科学技术的研究开发和推广应用。2010 年，胡锦涛同志在两院院士大会上指出，要大力发展现代农业科学技术，推进农业信息化、数字化、精准化。运用现代科学技术改造传统农业，是改革开放以来我国农业生产方式改造的主要方向。现代通信技术逐步融入农业生产的诸多领域，为我国农业发展提供了重要技术支撑，使得农业的产业功能得以不断延伸和拓展。

10.1.1　现代通信技术的基本概念

通信，是指按照一致的约定传递信息。通信的基本形式是在信源（始端）与信宿（末端）之间通过建立一个信息传输（转移）通道（信道）来实现信息的传递。换句话说，通信是指人与人、人与自然、物体与物体之间通过某种行为或媒介进行的信息传递与交流（纪越峰，2020）。传统意义上的通信主要是指信息的传递，即人们通过自身的感官去感知和获取相关信息，进而通过通信进行传递和交流。现代通信在意义上进一步延伸和发展。在信息获取内容层面，除传统意义上的信息外还包含了通过仪器、仪表、书籍、新闻等获取的信息，与此同时通信在传递方式上也发生进一步拓展。现代通信所指的信息不再是原有的电话、电报等单一媒体信息，而是将声音、文字、图像、数据等合为一体的多媒体信息（纪越峰，2020）。随着现代科技的不断进步，现代通信技术拓宽了以通信技术为基础的现代通信网。现代通信技术运用多媒体技术改变了以往以单一的信息传递功能为主的信息服务模式，逐步演变至对信息获取、传递等领域进行综合处理，以期更好地实现信息互通和共享。

通信系统是用以完成信息传递过程的技术系统的总称，现代通信系统主要借助电磁波在自由空间的传播或在导引媒体中的传输机理来实现；前者称为无线通信系统，后者称为有线通信系统（西蒙·赫金，2003）。为实现多方的相互通信，需要将多个通信系统进行联结组成一个有机整体进行协同工作，即形成通信网。通信网是指由一定数量的节点（包括终端设备、交换和路由设备）和连接节点的传输链路相互有机地组合在一起，以实现两个或多个规定点间信息传输的信息体系；其基本组网拓扑形式主要包含网状型、星型、复合型、环型、总线型和树型等，使用适宜的组网拓扑形式和多级交换的节点设施即可实现端到端的业务传送，从而提供快速、有效、可靠的信息传递等服务（纪越峰，2020）。与传统通信网不同，现代通信网受科学技术发展和用户需求个性化趋势的影响，正逐步由传统的传输、交换和终端形式演变成为更加复杂的网络体系。根据网络的结构特征，依据逻辑功能以垂直化实现进程形式，由上到下将网络分为业务与终端、交换与路由和接入与传送。其中，"业务与终端"为面向用户的各种通信业务与通信终端的类型和服务种类的功能与技术特征表现；"交换和路由"为支持各种业务的提供手段和服务种类的功能与技术特征表现；"接入与传送"为支持所接入业务的传送媒质和基础设施的功能与技术特征表现（纪越峰，2020）。现代通信技术与各层级通信网的有机深度融合，将进一步推进信息服务的多样化发展。

　　基于垂直化分类的现代通信网，各个分层均包含着不同的基础支撑技术。现代通信技术与各分层正逐步实现有机融合，推动着各层级的发展。在业务与终端技术层面，主要包含通信业务和通信终端两方面。在通信业务方面，现代通信技术对原有的基础通信业务即音频业务、视频业务和数据通信业务的传输效果和信息综合处理等方面进行了提升。对于多媒体通信业务，其主要技术支撑为移动多媒体技术，它是移动通信技术和多媒体通信技术有机结合的产物。该技术除支撑其信息服务功能外，同时推动了即时通信、协同工作等功能的进一步发展，更好地满足了使用者的业务和服务质量需求。现代通信技术还带来新的通信业务，主要包含物联网业务和第五代移动通信技术（5G）背景下的其他业务。物联网业务的主要技术支撑即物联网技术。物联网（Internet of Things，IoT）是对现有通信网络、互联网络的延伸和应用拓展，它利用感知技术和智能装置对物理世界进行感知识别和智能监控，通过网络传输互联进行数据计算、处理、知识挖掘和分析决策，实现物与物、人与物、人与人信息交互和无缝链接，达到对物理世界进行实时控制、精确管理和科学决策的目的（纪越峰，2020）。物联网作为一种新型的连接模式，其有效地拓展了互联网的边界，并形成了新的复杂的产业链体系。具体技术涵盖多个方面，关键技术主要包括射频识别技术、无线传感网络、无线网络技术、云计算技术等。各项技术有力地支撑了海量数据的提取、分析、加工和处理等功能业务，更好地满足了不同用户的个性化需求。第五代移动通信技术的建立和发展，进一步推动了通信业务的广度和深度。其能耗低、覆盖面广等特点，贯穿通信业务的各个环节，将通信业务推入了一个新的发展层面。在通信终端方面，作为业务的直接使用工具，主要承担着信息接入、信息呈现等方面的任务。通信终端技术主要包括：音频通信终端技术、视频通信终端技术、数据通信终端技术、多媒体通信终端技术和新兴通信终端技术。不同的通信业务对应着不同的通信终端，为用户提供不同的通信服务体验。在交换与路由技术层面，各类通信业务的提供是基于不同类的业务网。业务网的形成是基于不同类型网络节点设备的交换和路由功能的实现。业务节点设备主要包括各种交换机、路由器和数字交叉连接设备等；业务网包括电话网、数据网、智能网、移动网、IP 网等；涉及的支撑技术主要包括电路交换及分组交换技术、IP 网技术和软交换与 IMS 技术（纪越峰，2020）。该技术层面是网络的主要组成部分，它在通信网上建立起信息传递的桥梁，以实现信息转移的高速化、经济化和多元化等。在接入与传送技术层面，从物理实现角度看，其技术支撑主要包含传输媒质、传输系统、传输节点以及接入设备（纪越峰，2020）。当前，通信网络正逐步向数字化、智能化等方向快速发展，衍生出了多种综合性的接入或传送技术。现代通信技术与各层级的融合，在实现了各自本身的演进的基础上，同时促进了各技术间的协同融合，突破了单一技术应用的局限性。在科技发展的强大推动力下，新型通信技术的研发和应用正逐步成熟，较有代表性的支撑技术包括量子通信技术、可见光通信技术和水下通信技术。随着这些技术研究工作的逐步推进，相信在不远的将来这些技术会为人类的通信事业提供更为完善的技术支撑和做出更大的贡献。

10.1.2　现代通信技术的发展历程

自远古时代起，人类社会就已出现通过原始简单的方式进行内容相对单一的信息交流与交换。人类通信的历史十分悠久，先后经历了远古时代、蒸汽机时代、电力时代和信息时代四个阶段。电报的诞生是现代通信技术的开端（邓元慧和王国强，2019）。电话的发明使声音的远距离传递成为现实。此后，电话通信不断革新，并与无线电技术的融合发展出无线电语音通话，进而发展至广播和电视。广播和电视的应用和推广，扩宽了信息传递的方式，使得人们可以便捷及时地获取信息。1978 年，美国贝尔实验室发明了高级移动电话服务（Advance Mobile Phone Service，AMPS）系统，即大容量蜂窝移动通信系统正式建立。随着人们对移动通信需求的增加，1986 年第一代移动通信技术于美国芝加哥诞生，由此开启了现代移动通信的大门（邓元慧和王国强，2019）。到 21 世纪初，第二代移动通信技术迅速发展，为满足用户对于更高速率和更高频谱效率的需求，后续代际的移动通信技术相继诞生。2010 年，美国、韩国的主流运营商开始大规模建设第四代移动通信技术（4G）并推出长期演进技术（Long Term Evolution，LTE）。2013 年欧盟开始加快第五代移动通信技术的发展。2018 年第一个第五代移动通信技术标准 Release－15 由第三代合作伙伴计划（3rd Generation Partnership Project, 3GPP）发布。到 2020 年，Release－16 版本标准发布，重点对低延时、高可靠业务进行支持，实现对 5G 车联网、工业互联网等应用的支持（陈嘉兴等，2022）。

我国移动通信业的发展起始于 20 世纪 80 年代。2019 年，工业和信息化部向中国电信、中国移动、中国联通、中国广电发放第五代移动通信技术商用牌照，标志着我国正式进入第五代移动通信技术商用（陈嘉兴等，2022）。至 2022 年 9 月末，我国第五代移动通信技术基站总数已达 222 万个，第五代移动通信技术移动电话用户达 5.1 亿户（工业和信息化部，2022）。相较于过去第二代移动通信技术阶段在国际中处于全面落后局面，经过几十年的发展积累，我国在第五代移动通信技术时代正在迅速缩小与世界先进水平的差距，尤其在量子通信领域的研究当前已处于国际领先地位。在国际上首次实现了安全距离超过百千米的光纤量子通信和首个全通型量子通信网络，建成了首个规模化城域量子通信网络，首次将自由空间量子通信的距离突破到百千米量级（陈嘉兴等，2022）。

当前我国的现代通信技术呈现快速发展的态势，现阶段主要呈现出通信数字化、通信容量大、通信网络系统化和通信计算机化四个方面的特征（宋学清和王双，2008）。2015 年模拟广播电视播出的停播，预示着我国通信已逐步由模拟通信时代过渡至数字通信时代。通信数字化在使得信息的处理、储存和交换更加便捷的同时，增强了信息传输的抗干扰能力，削弱了失真幅度，以及拓宽了传输范围。通信容量大主要体现在与以往电信通信相比，光纤通信容量拓展了近 10 亿倍。通信网络系统化主要是指其扩大了信息传递范围，对信息利用率起到有效提升作用，从而实现资源共享。通信计算机化指通信与计算机技术的有机结合，主要体现在信息的综合处理及呈现等相关方面。现代通信技术的未来发展趋势主要涵盖五个方面，即综合化、融合化、宽带化、智能化和泛在化。通信业务综合化体现在基于社会生产生活的需要，对于通信业务的需求出现了更为丰富的类别需求倾向。无论是一网专用还是多网并存均不能对该需求倾向进行有效应对，若进行统筹综合化处理即可实现一网多用的目的。网络互通融合化表现为以电话网络为代表的电信网络和以因特网为代表的数据网络以及广播电视网络的互通与融合正在逐步加快。

除此之外，网际互联协议（IP）数据网与光网络的融合、移动通信与光纤通信的融合、无线通信与互联网的融合等也正逐步推进。宽带化发展是通信网络发展的必然趋势，其能够实现为用户提供高速和全方位信息服务的目标。当前，超高速路由交换、高速互联网关、超高速光纤传输、高速无线数据通信等新技术已成为新一代信息网络的关键技术。智能化趋势体现在网络管理智能化采用开放式结构和标准接口结构。通过合理运用其具有灵活性、智能分布性、对象个体性、入口综合性和网络资源利用有效性等的特征手段，可以解决信息网络在性能、安全、可管理性、可扩展性等方面出现的诸多问题。尤其是人工智能、机器学习等先进技术可以在通信网络中得到应用，这对通信网络的发展具有重要影响。通信网络泛在化具体指可以实现任何人或物体在任何地点、任何时间与任何其他地区的任何人或物体进行任何业务方式的通信；其服务对象不仅包括人和人之间，还包括物与物之间和人与物之间（纪越峰，2020）。由"五化"发展趋势可以看出，未来通信技术正向更高速、更高效、更多功能方向发展。现代通信技术极大地改变了人们工作、学习和生活的方式，满足了人们日益增长的信息需求，推动着社会信息化、数字化的发展。现代通信技术发展体系的不断完善，将会为人们的生活带来更好的通信服务。

10.1.3 农村现代通信技术应用的政策演变

现代通信技术应用十分广泛，伴随着技术革新，其应用领域和层面也进一步扩展。它所涉及的领域范围涉及道路交通、电力系统、远洋船舶、精准农业、军事体系等多个方面，涉及层面自业务终端到交换传送均有所覆盖。物联网和第五代移动通信技术的应用是当前现代通信技术应用的重点落地方向。现代通信技术在我国农村的应用主要体现在农业生产和农户日常生活方面，正逐步成为支撑农业生产的重要基础。当前现代通信技术已对移动终端、个人计算机终端及物联网终端进行了覆盖，实现了多主体、多方位的全面连接。

当前，国家政策大力支持农业发展与各类科学技术相结合，相关行业迎来了加速发展的政策机遇期（见表10-1）。2006年中央一号文件指出，要加快乡村基础设施建设，积极推进农业信息化建设，充分利用和整合涉农信息资源，强化面向农村的广播电视电信等信息服务，重点抓好"金农"工程和农业综合信息服务平台建设工程。2007 年中央一号文件出台了一系列与农业科技创新相关的新思路和新政策，要加快农业信息化建设，用信息技术装备农业；加强信息服务平台建设，加快建设一批标准统一、实用性强的公用农业数据库，同时鼓励有条件的地方在农业生产中积极采用全球卫星定位系统、地理信息系统、遥感和管理信息系统等技术。2012 年中央一号文件提出要充分利用现代信息技术手段，发展农产品电子商务等现代交易方式，降低流通成本，规避生产风险。随着现代通信技术的进步，2014 年农业发展转向建设以农业物联网和精准装备为重点的农业全程信息化和机械化技术体系。2017 年中央一号文件明确了以"农业供给侧结构性改革"为主线，推进农业物联网和农业装备化。2018～2021 年中央一号文件连续对实施数字乡村战略提出明确意见，要求加强对农村地区宽带网络和第四代移动通信网络覆盖等基础设施方面的建设，并开发适应"三农"特点的信息技术、产品、应用和服务，推动现代信息技术在农业领域的应用，逐步推动农业向着数字化、智能化建设的方向发展。2022 年中央一号文件中提出实施"数商兴农"工程，推进电子商务进乡村；提出要推进智慧农业发展，促进信息技术与农机农艺融合应用；推动"互联网＋政务服务"向乡村延伸覆盖；拓展农业农村大数据应用场景；加强农村信息基础设施建设。显而易见，我国政府历来高度重视现代通信技术与现代农业相融合。

表 10-1　　　　　　　　　　2006～2022 年我国的中央一号文件

年份	文件名称	相关内容
2006	《中共中央　国务院关于推进社会主义新农村建设的若干意见》	积极推进农业信息化建设，充分利用和整合涉农信息资源，强化面向农村的广播电视电信等信息服务，抓好"金农"工程和农业综合信息服务平台建设工程
2007	《中共中央　国务院关于积极发展现代农业扎实推进社会主义新农村建设的若干意见》	加快农业信息化建设，用信息技术装备农业
2012	《中共中央　国务院关于加快推进农业科技创新持续增强农产品供给保障能力的若干意见》	突出农业科技创新重点，充分利用现代信息技术手段，创新农产品流通方式

续表

年份	文件名称	相关内容
2014	《中共中央　国务院印发关于全面深化农村改革加快推进农业现代化的若干意见》	推进农业科技创新，建设以农业物联网和精准装备为重点的农业全程信息化和机械化技术体系
2015	《中共中央　国务院关于加大改革创新力度加快农业现代化建设的若干意见》	强化农业科技创新驱动作用，创新农产品流通方式
2016	《中共中央　国务院关于落实发展新理念加快农业现代化　实现全面小康目标的若干意见》	大力推进"互联网＋"现代农业，应用物联网、云计算、大数据、移动互联等现代信息技术，推动农业全产业链改造升级。大力发展智慧气象和农业遥感技术应用
2017	《中共中央　国务院关于深入推进农业供给侧结构性改革　加快培育农业农村发展新动能的若干意见》	加快科技研发，实施智慧农业工程，推进农业物联网和农业装备智能化，发展智慧气象，提高气象灾害监测预警水平
2018	《中共中央　国务院关于实施乡村振兴战略的意见》	加快农村地区宽带网络和第四代移动通信网络覆盖步伐，开发适应"三农"特点的信息技术、产品、应用和服务，推动远程医疗、远程教育等应用普及，弥合城乡数字鸿沟
2019	《中共中央　国务院关于坚持农业农村优先发展做好"三农"工作的若干意见》	深入推进"互联网＋农业"，扩大农业物联网示范应用。推进重要农产品全产业链大数据建设，加强国家数字农业农村系统建设。继续开展电子商务进农村综合示范，实施"互联网＋"农产品出村进城工程。全面推进信息进村入户，依托"互联网＋"推动公共服务向农村延伸
2020	《中共中央　国务院关于抓好"三农"领域重点工作确保如期实现全面小康的意见》	依托现有资源建设农业农村大数据中心，加快物联网、大数据、区块链、人工智能、第五代移动通信网络、智慧气象等现代信息技术在农业领域的应用。开展国家数字乡村试点
2021	《中共中央　国务院关于全面推进乡村振兴加快农业农村现代化的意见》	推动农村千兆光网、第五代移动通信（5G）、移动物联网与城市同步规划建设。建立农业农村大数据体系，推动新一代信息技术与农业生产经营深度融合。完善农业气象综合监测网络，提升农业气象灾害防范能力

年份	文件名称	相关内容
2022	《中共中央　国务院关于做好 2022 年全面推进乡村振兴重点工作的意见》	推进智慧农业发展，促进信息技术与农机农艺融合应用。加强农户数字素养与技能培训。以数字技术赋能乡村公共服务，推动"互联网+政务服务"向乡村延伸覆盖。着眼解决实际问题，拓展农业农村大数据应用场景。加快推动数字乡村标准化建设，研究制定发展评价指标体系，持续开展数字乡村试点。加强农村信息基础设施建设

　　我国还出台了多项行业配套政策进一步促进现代通信技术与农业深度融合。这些政策主要包含互联网、科技创新、新型农业主体、农村电商等内容。2016 年，中共中央办公厅、国务院办公厅印发《国家信息化发展战略纲要》，指出要把信息化作为农业现代化的制高点，推动信息技术和智能装备在农业生产经营中的应用，培育互联网农业，建立健全智能化、网络化农业生产经营体系，加快农业产业化进程。通过鼓励科技创新进一步加快农业生产方式转变，利用科技赋能现代农业的发展，提高生产经营效率。2021 年，农业农村部《关于加快发展农业社会化服务的指导意见》指出要"推进信息化、智能化同农业社会化服务深度融合"。2022 年 4 月，工业和信息化部等五部委联合印发《2022 年数字乡村发展工作要点》，提出到年底第五代移动通信技术网络实现重点乡镇和部分重点行政村覆盖。2022 年 11 月，农业农村部科技教育司印发了《2022~2023 年国家乡村振兴重点帮扶县"农村青年主播"培育工作方案》，这表明我国开始聚焦于农村电商短视频和直播领域，正逐步大力推进数字助农工程建设，鼓励利用互联网等技术发展农村电子商务，提高农村商品流通效率等。现代通信技术的发展和应用，改变了农户与信息间的二元关系，让人、物均成为信息的一部分，进而对农业生产结构和生产方式产生影响。

10.2　现代通信技术和农业转型

　　2011 年，科学技术部设立"农村与农业信息化科技发展"重点专项，对农业物联网技术、数字农业技术、农业精准作业技术、现代农业信息化关键技术集成与示范等 7 项重点任务进行了部署。自专项实施以来，先后研究了大田作物精准监测、轻简农田作业机械自动导航、规模化旱/水田环境精准栽植、肥药精准施用等农业精准作业关键技术和装备；开发完善了农村农业信息资源整合与共享服务工具、基于情境感知与个性化智能推送技术的农业信息资源多网发布系统以及农业资源整合业务流引擎（赵春江等，2018）。

10.2.1　现代通信技术和农业精准化

为实现农业精准作业的有效实施，农户需要及时获取和捕捉农业现场环境信息，及时发现生产问题、找寻问题源头、及时作出反馈。借助现代通信技术，目前我国部分农作物生产已开始采用现代化的农业生产单项技术。这些技术通过有效链接多个传感器节点，结成多个满足多样化农业生产需求的监控网，实现了农业实时监测、远程控制等功能。现代通信技术使得生产体系得以信息化，提高了农业机械装备的智能化水平，推动了农业的规模化、标准化生产。在这个方面应用较为广泛的现代通信技术主要是短距离无线通信技术、广域无线通信技术和物联网技术。其中，短距离无线通信技术主要涉及蓝牙技术和紫蜂（ZigBee）技术，后者广泛应用于现场灌溉、农业资源监测和无线传感器网络建设中；广域无线通信技术适用于有线通信基础设施成本较高的农业作业场所，在农业生产中主要用于远程监测和远程控制；物联网技术在农业生态环境监控、生产管理和农产品安全溯源等方面发展较为成熟，但农业物联网技术应用目前仍处于试验示范与发展阶段，离大规模推广应用还有较大距离（王海洋等，2021）。

现代通信技术在农业精准作业装备方面的主要落地功能是实时监测、及时接收和远程控制。它为生产设备创造了高速率、高质量、连续性的通信空间，建立起实时精准的响应技术体系。通过应用现代通信技术，各类设备的联网数量、传输速度、数量量级和精度将大大增加，从而使得设备接收指令的速度更快，响应更加精准。2018 年我国的农业遥感、导航和通信卫星应用体系已初步确立，适合农业观测的高分辨率遥感卫星"高分六号"成功发射。遥感技术（Remote Sensing，RS）、全球卫星定位系统（Global Positioning System，GPS）和地理信息系统（Geographic Information System，GIS）的出现，催生出了一种以农业智能化、自动控制系统与工程装备为主要内容，广泛应用现代信息技术参与管理的先进农业体系即"精准农业"（precision agriculture）。以往的大田种植模式，得益于新技术发展衍生出的监测与管理、预报及应急反应功能而产生了改变。它通过集成农业物联网技术等多项技术，形成优势互补，对大田作物进行精准监测。准确、客观、实时地向农户提供实地环境信息和农作物生长信息，为农户在播种、施肥、除草等各个生产环节决策制定提供了精准的信息支撑。在不额外增加农户劳动量的基础上，改变了农户仅仅依靠以往经验进行种植的生产习惯。

通过运用现代通信技术，农业精准作业的信息获取量、获取速度和精准度均有所提升。现阶段现代通信技术在农业精准作业信息获取方面的技术应用场景主要为设施农业、病虫害监测预警体系和农机监理与调度方面。设施农业使得农作物可使用温室大棚在其非自然生长季节进行育苗和栽培。在相关技术支持下，可采用现代通信手段对生产环节进行自动化、智能化生产管理。李莉和刘刚（2006）基于蓝牙技术设计了温室环境监测系统，对温室大棚中的土壤温湿度、二氧化碳含量等影响作物生长的关键性因素指标进行及时监测和处理，保证了作物生长质量，解决了传统温室现场布线烦琐等问题。孙忠富等（2006）基于通用分组无线业务（General Packet Radio Service，GPRS）和互联网技术提出了温室环境信息采集系统方案，可有效对具有多样性、多变性及偏僻分散等特点的农业对象进行实时监测。目前农业较为发达的国家已建立起以政府为主导，融合采集、分析和发布功能为一体的较为成熟的病虫害监测网和预警体系。该体系主要由卫星遥感辅助地面站系统组成，获得主要农作物病虫害的迁飞及发生信息，通过地面系统进行实时验证，对于各类病虫害进行实时监测进而向农户提供实时预报。其中，最具代表性的是美国农业部的信息监测预警，现已成为影响农场主、经营者和需求者生产决策的重要预警工具。我国也结合通信技术研发出各类系统并建立相应平台。例如，武守忠等（2007）将掌上电脑（Personal Digital Assistant，PDA）、全球卫星定位系统、可扩展标记语言（Extensible Markup Language，XML）等综合集成研发了草原鼠害数据采集系统，实现了草原害鼠数据采集的半自动化，提高了草原鼠害监测的规范性、数据采集效率和数据传输的实时性。

现代通信技术还可以有效改善机械设施装备条件，优化农机监理与农机跨区作业调度。农业机械对全球卫星定位系统的卫星定位技术、无线通信技术等进行利用，可以实现对农机实时位置信息的获取、装备运行状态的采集、远程控制和调度等功能。农机导航和控制技术对数据传输效率要求较高，需要实时更新相关地势信息，并做出控制判断。在大田作业领域，因其地势情况相对简单、变化较少，可实现一对多的农机操控管理或农机自动化作业。2021 年，我国农作物耕种收综合机械化率超过 72%，农机应用北斗终端超过60 万台套，全国全系统装备北斗导航设备作业面积超过 6 000 万亩。物联网监测设施的加速推广，使其应用于农机深松整地作业面积已累计超过 1.5 亿亩。随着技术发展，机耕队服务可超越地域限制，同时为机械服务的供需双方提供更加精准的服务信息，从而提高农业机械的使用和管理效率，有效节约生产使用成本，实现节能减排（黄季焜，2017）。由此可见，农业生产管理过程正逐步由传统的以人工、历史经验为主的生产模式转向以信息交互和终端调控的生产模式。通过大量使用各类智能化、可进行远程控制操作的农业生产设备，进一步提升了农业生产效率，促进了农业发展方式的转变。

10.2.2　现代通信技术和农业智能化

现代通信技术可以通过综合利用物联网、移动互联等对农业生产各个环节进行信息采集、数据传输、智能处理与控制等操作。农户可以实现对农业生产各个环节的智能控制，有效将农业生产资源进行整合。通过提高农业资源利用率和农业劳动生产效率，达到降低成本和提高农业生产效率的目的，实现用较低的成本获取更大的收益。

在现代通信技术支持下，农户可以实现定时定量和及时调整对于不同地块的精准智能施肥、施药和灌溉，从而有效减少化肥、农药等生产资料投入品的使用，节约农户生产成本，减少农业生产造成的环境污染。研究发现传统的喷药方式会降低农药利用率，传统农药喷洒方式仅使得沉积于病虫害上的药剂量不足 1%，可起到病虫害防治作用的剂量不足 0.03%（梅特卡夫，1980）。由于农药利用率水平较低，为达到杀虫的目的，农户会加大农药喷洒剂量，从而引发生态破坏和环境污染问题。现代通信技术可以有效提高农业信息化水平，当前日本、欧盟等已成功结合相关技术有效提升了农业资源利用率，其单位面积化肥使用量仅为中国的 1/3，农药利用率达 50%（罗锡文等，2016）。相较于传统农机，信息农机具有较好的交互性，可提高作业效率 50%～60%（陈源平和盛国成，2014）。肖克辉等（2010）研发了基于无线传感器网络的精细农业智能节水灌溉系统，其田间实验结果表明，相较于传统灌溉方式，基于无线传感器网络的精细农业智能节水灌溉系统可使得节水效率提高 23.51%～30.46%。朱秋博等（2019）采用手机信号、互联网和移动网络的接通作为信息化的度量，研究发现信息化发展通过提高农业技术效率促进了农业全要素生产率的增长。

随着城镇化进程的推进，农业生产领域开始出现老龄化趋势，大量年轻劳动力开始向城市非农部门转移，实际在农村进行农业生产的多为年龄较大的群体，劳动力结构不平衡问题开始显现，农业生产机会成本也越来越高。设施农业通过借助与现代通信技术相融合的农业物联网技术，使农户可通过智能手机、电脑等终端，随时随地获取大棚内的环境信息。在相关监测指标出现异常时，可远程控制大棚内的相关设备实现自动管理和调控。它通过智能化管理，确保了大棚内生产环境持续处于稳定状态，有效提升了土地的产出水平，提高了农业生产劳动率，降低了作物对外部环境的依赖性。通过各类智能监测平台，对作物信息和现场环境进行即时采集和控制，可以省去农户很大一部分时间和精力，从而为农户腾出更多的时间，使其有更多的时间可以用在作物的精细管理上，或是用在种植规模的扩大上。现代通信技术的进步提高了信息采集的精准性，农户不必再为采集而花费时间和精力，在平台运行期间可以放心地去完成一些更重要的劳动，降低了机会成本。农户可以通过智能终端实时观测到现场情况，解决了劳动强度的问题，减少了对人力的需求程度，降低了劳动用工成本。现代通信网络的建设与普及加速了现代农业技术的落地与应用、转变了传统农业的生产经营方式，催生出规模化、组织化、智慧化的新农业生产模式，让农业变得简单、确定、可计算，提高了农业劳动生产效率，有效降低了农业生产成本。

10.3　现代通信技术和农业技术信息传递

10.3.1　现代通信技术的基础设施建设和设备拥有概况

1988 年我国启动"广播电视村村通工程"，开始在农业生产区域进行大规模的信息基础设施建设。2004 年 1 月，信息产业部出台了《农村通信普遍服务——村通工程实施方案》以着手解决农村通信基础设施落后等方面的问题，显著提高了农村移动通信网络覆盖率。"十三五"初期，我国约 5 万个行政村未通宽带，截至 2021 年 11 月底我国现有行政村已全面实现"村村通宽带"，打通了广大农村接入数字经济时代的"信息大动脉"，农村光纤平均下载速率超过 100 兆比特每秒（Mbps）。国家统计局数据显示，2010 年我国农村宽带接入用户为 2 475.7 万户，到 2020 年增长至 14 189.7 万户，增长4.73%（见图 10 - 1）。由此可见，我国的农村通信基础设施建设落后的状况已得到有效改善。

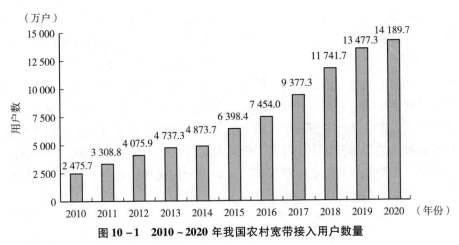

图 10 - 1　2010 ~ 2020 年我国农村宽带接入用户数量

资料来源：2021 年《中国统计年鉴》。

　　手机、电脑已不再简单地作为通信工具出现在农户的生活中，而成为信息获取的主要渠道。国家统计局数据显示，2006 年全国农村居民家庭移动电话拥有量为 62.1 部/百户，平均每户不足一部（见图 10 - 2）。到 2020 年，全国农村居民家庭移动电话拥有量为 260.9 部/百户，平均每户农村居民家中就有两部到三部移动电话（见图 10 - 2）。全国各省 2006～2020 年农村居民家庭移动电话拥有量均有所增加。如表 10 - 2 所示，2006 年农村居民家庭平均移动电话拥有量最高的是北京，平均每百户移动电话拥有量为 157.9 部，而最低的西藏平均每百户农村居民家庭平均移动电话拥有量仅为 11.7 部，两者相差 146.2 部/百户。到 2020 年，农村居民家庭平均移动电话拥有量最高的是甘肃，达到了 309.9 部/百户，与 2006 年相比增长了 6.21 倍。同期农村居民家庭平均移动电话拥有量最低的上海为 207 部/百户，各省份之间的差距明显缩小。2020 年全国大部分省份每百户农村居民家庭平均移动电话拥有量均超过了全国平均水平，其中甘肃以 309.9 部/百户位居全国第一，而处于末位的上海也实现了每户农村居民家庭拥有两部移动电话。

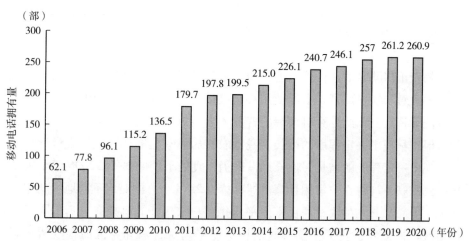

图 10 - 2　2006～2020 年我国农村居民家庭平均每百户移动电话拥有量

资料来源：2007～2021 年《中国统计年鉴》。

表 10 - 2 　　　　　　2006 年和 2020 年部分省份农村居民
家庭平均每百户移动电话拥有量

省份	2006 年	2020 年
北京	157.9	251.1
上海	148.0	207.0
河北	50.6	250.9
山西	51.8	211.9
广西	72.3	283.4
贵州	26.7	299.8
西藏	11.7	262.8
陕西	81.4	259.9
甘肃	42.6	309.9
青海	53.0	291.9
宁夏	58.5	292.9
新疆	29.3	236.5

資料来源：2007 年、2021 年《中国统计年鉴》。

　　相较于移动电话，计算机价格相对较为昂贵，农户对计算机终端的购买力较弱。对于农户而言，学习使用移动电话的门槛较低，移动电话还具备灵活方便等特点。因此计算机终端的普及率未能像移动电话一样出现大幅度变化，但也呈现出一定程度的增长。我国农村居民家庭的计算机拥有量近年来虽呈现出一定程度的增长，但长期以来仍一直处于较低水平。2006 年全国农村居民家庭平均每百户家用计算机拥有量为 2.73 台。同时，不同地区间差异较大，上海和北京的农村居民家庭平均每百户家用计算机拥有量远远高于其他地区。2020 年，我国全国农村居民家庭平均每百户计算机拥有量增长至 28.3 台，虽有所增长但平均每户拥有量仍处于较低水平。尽管不同地区间差异有所缩小，但是北京和上海仍处于前列。

　　互联网是最典型的现代通信技术。2022 年中国互联网络信息中心在京发布第 50 次《中国互联网络发展状况统计报告》，该报告显示，2022 年 6 月我国互联网普及率达 74.4%，较 2021 年 12 月提高了 1.4 个百分点。网民规模达 10.51 亿，其中手机网民规模达 10.47 亿，占比为 99.62%。值得注意的是，我国农村网民规模达 2.93 亿，占网民整体的 27.9%，农村地区互联网普及率为 58.8%，较 2021 年 12 月提升了 1.2 个百分点，城乡间互联网普及率已缩小至 24.1 个百分点。

10.3.2　现代通信技术的信息传递形式

相较于农业精准作业领域，当前现代通信技术发挥的作用更多体现在农业技术信息传递方面。它使得农户获取农业技术信息内容更具完整性和全面性，扩宽了信息获取渠道，提升了信息获取速率，完善了农业技术信息服务体系。现代通信技术现已深入农户的生产与生活中，在农业技术信息获取上的应用多体现为实现了对农户农业技术信息服务的精准提供以及农户对农业生产资料供应信息的实时和个性化提取等方面。

现代通信技术的普及催生出了新型农业咨询推广模式即电子农务。电子农务是借助现代通信网络，以手机短信、语音、互联网和手机上网等方式，向农户提供专业、权威、及时的农业科技、政策、市场行情等各类信息的农业推广咨询形式（高启杰，2018）。农户可以通过短信订制和获取各类农技信息，还可以通过拨打电子农务服务专线获得农业咨询服务。随着移动热点（Wi-Fi）、高速无线网的快速发展，农户可以通过互联网浏览和检索农业生产上所需的产品信息和相关技术信息。电子农务平台涉及的信息服务内容十分广泛，包含供求信息、价格行情、农业生产技术信息、专家答疑、政策法规和跟踪式服务等。

2012 年新修订的《中华人民共和国农业技术推广法》明确指出，国家鼓励运用现代信息技术等先进传播手段，普及农业科学技术知识，创新农技推广方式方法，提高推广效率。现代通信技术实现了农业信息的互通互联，解决了农业信息服务"最后一公里"问题。现以其为依托已建立起各类多样化的农技推广渠道，实现了农户、农技推广人员和农业技术专家的有效对接。以中国农技推广信息服务平台为例，其"三位一体"（即第三方应用程序、网页端、微信公众号）的技术推广渠道，其汇聚多方主体构建了具有及时、协同、多样化的网络沟通体系。现拥有专家用户 2 040 名，基层农技推广人员 13 581 名，活跃农户的数量达 125 万。它满足了不同类型农业经营主体对农技推广服务的多样化需求，提供了更为便捷、精准的跨时空24小时高效服务，农户足不出户就可解决困扰自身的农业技术难题。随着现代通信技术在农村地区不断普及，视频能弥补文字、图片、语音等信息传播方式中环境缺失、"在场"不足等问题，使得技术操作生动化、具体化和场景化。农户可以通过使用摄像功能向技术人员展示现场实际情况和进行提问，从而获取更为准确的诊断和解决方案。与视频交互技术的融合，使得农技培训不仅突破了时间和空间壁垒，还可以更高效便捷地向多方及时形象地传输农业技术操作方法，反馈农业生产过程中遇到的各类问题，实现以相对较低的沟通成本达到最大化的信息交流效果。由此可见，现代通信技术的进步催生出了新的农业技术信息传递和获取渠道。

随着基础设施建设的不断完善，我国开始搭建各类与农业相关的综合化信息服务平台，以进一步完善农业技术信息服务体系。其中，最具代表性的是1996年由农业部信息中心主办建设运行的中国农业信息网，它是农业综合信息服务网站，主要为农户、涉农企业和广大社会用户，提供分行业（分品种）、分区域的与其生产经营活动以及生活密切相关的各类资讯信息及业务服务。目前，该网站的访问量在国内农业网站中处于首位，全球农业网站处于第二位。2002年8月中共中央办公厅、国务院办公厅转发《国家信息化领导小组关于我国电子政务建设指导意见》，将"金农工程"列为国家电子政务重点建设的12个系统之一。"金农工程"的目的是加速和推进农业和农村信息化，建立"农业综合管理和服务信息系统"；现已构建起了部省统一的农业电子政务应用支撑平台、国家农业综合门户网站和31个农业行业电子政务应用子系统，实现了部省数据共享，提高了各级农业行政管理部门的履职能力，促进了服务型政府、法制型政府、责任型政府建设，拓宽了农业部门面向社会的服务渠道，提升了"三农"服务的能力和水平，为农业农村经济发展提供了有力保障（贾善刚，2000）。到2021年，我国乡村信息服务体系已逐步健全，累计建设运营益农信息设施46.7万个，提供各类服务9.8亿人次。随着技术的发展以及不同技术间的融合渗透，我国正在逐步推进农业专家系统、农业信息数据库等更加专业化的信息平台建设。随着现代通信技术的普及和发展，使得各类信息获取平台的服务效果和功能性也日趋完善。

10.3.3　现代通信技术的信息传递机制

作为 20 世纪后半叶以来最具影响力的技术创新之一，以互联网为代表的现代通信技术凭借其显著优势正逐渐成为近年来农户获取农业技术信息的重要渠道（阿克尔，2011）。现代通信技术使得信息数据突破了时间和空间限制，有效地降低了农业生产过程中的信息搜寻和获取成本，缩短了农户信息获取的路径，改善了其长期处于信息不对称的劣势局面，有助于农户制定更为科学有效的农业生产经营决策，并衍生出了诸多新业态新模式，多方助力农户增产增收。因此，越来越多的农户开始通过互联网获取农业生产技术、土壤管理、病虫害防治、天气和自然灾害预测预报等方面的知识信息（朱晓柯等，2021；马旺林和郑宏运，2022）。农户通过移动互联网获取相关技术信息，有效降低了自身生产的不确定性，提升新技术和新产品的采用程度。面对来源广泛、类型多样、结构复杂的海量农业数据，相关技术的融合应用还实现了个性化的精准农业信息推送服务。各大资讯平台，基于人工智能算法，借助计算机网络构建多维信息资源特征模型和用户兴趣模型，运用基于用户分类和情景感知的信息智能推荐方法，充分挖掘用户的潜在偏好表征，从而向用户提供了信息精准投送的个性化服务。农户可基于互联网获取海量的知识信息，所获取的信息内容可实现对传统农业生产的各个环节全覆盖，具体包含种子遴选、产品培育、施肥选择、天气预报信息、病虫害预警等方面，为农户提供了实质性便利。充分利用现代通信技术潜力，可以将海量的知识信息及时传送至农户手中，使其获得更为准确的农业相关资料，得到及时准确的最新市场信息，农户的信息弱势群体身份逐步弱化，农户的生产生活方式发生了改变。

现代通信技术使得农业信息服务体系得以不断完善，农户可以随时随地借助智能手机、电脑等，通过互联网获取技术或产品信息。农户还可以通过衍生的各大信息交流平台，足不出户就能够远程学习农业知识，观看农业科普讲座、市场行情解读等内容。此外，农户可以通过专家系统和多样化的信息终端获得农业领域专家的在线远程协助，指导农户的农业生产经营。通过网络获取信息和技术等内容，已深入农户的日常生活。现代通信技术为农业信息服务建设提供了有力支撑，为农业新的发展方向奠定了基础，因此农业将逐步进入信息化、数字化、精准化的新发展阶段。现代通信技术的进步使得由文字形式转变为视音频形式的信息得以更好的传递。农技推广服务人员可以通过互联网为农户"图像并茂"地讲解农业知识，避免了其因受教育程度较低等原因造成的知识理解困难。与此同时，具备合理表现形式的信息可以以互联网作为传输媒介、以智能设备如手机、计算机等为接收终端，有效地将信息送达至农户手中。同时，现代通信技术可以很好地为信息多元化表现形式提供传播路径，并依据自身优势使农户可以通过便捷的智能终端进行信息接收。现代通信技术的普及使得农户可使用移动电话拨打"12316"等"三农"咨询热线来及时获取相关农业信息服务，还可以利用智能手机和计算机从网上获取大量的农事方面的相关信息。随时随地、足不出户即可获取对自己所需的农业生产信息和得到农业技术专家所提供的相关技术服务，用于规划和指导农业生产。农业生产与现代通信技术的不断融合，为"智能互联"的发展注入新的动能，有望改变现有的农业生产现状，提高农业生产效率，提升农产品质量，提高农业"靠天吃饭"的现状，驱动农业变革。

现代通信技术提供了海量、多样化的信息内容和拓宽了信息获取渠道，有效改善了农户长期处于信息不对称弱势地位的局面。具体体现在，农户可以及时得到相关技术信息服务，做出更好的农业生产决策。通过农业市场信息的获取，农户可以提高农产品供需匹配度，降低农业生产资料获取成本，对其生产行为做出及时调整，从而破解产销结构失衡困境。与此同时，农户可以凭借现代通信技术的信息传递作用盘活农业生产资源，推进土地规模经营，提高农业生产效率，促进农户增收。与此同时，它还衍生出新的商业模式和农村电子商务，打开了农产品销售渠道，提升了农户的生产积极性。通过对农产品交易数量、价格、地区分布等产销大数据信息的及时搜集和分析，现代通信技术可以将市场需求精准、迅速地反馈到生产端即农户手中，有效缓解了产销对接信息不对称的问题。农户可依据相关信息，及时调整其生产原料的购买和农业、畜牧业等产品生产和销售决策，更好地应对市场需求，有效降低生产和交易成本（黄季焜，2017）。岛本等（2015）研究发现，农户通过使用手机获取市场信息可以提高大米的销量和价格水平，提高农户的收入水平。胡伦和陆迁（2019）运用贫困地区 793 份农户调查数据进行研究，结果显示互联网信息技术使用会降低农户信息搜寻成本、形成较强价格效应，对农户农业总收入效应为 29.6%。现代通信技术的融入使得农业正逐步向面向市场需求的订单式农业发展，一定程度上缓解了小农户与大市场间存在的矛盾，一定程度上实现了与现代农业的有效衔接。

完善的网络基础设施对农产品电子商务具有重要的支撑作用。《2021 全国县域农业农村信息化发展水平评价报告》分析显示农产品网络零售占比与互联网普及率、家庭宽带入户率具有明显的相关性。以互联网为代表的现代通信技术，在推动农产品走出去的同时，还促使了农村人才走回来。在互联网的助推下，农产品出村进城工程初显成效，使得农业生产和市场需求得以有效衔接。农户可通过淘宝、京东、微信小程序等各类第三方交易平台及生鲜电商销售农产品。平台借助互联网的信息超高速流通和规模优势，将消费端的分散性需求在时间和空间上形成归集效应，大幅度拓展了农产品消费市场的纵深度。农产品销售流通渠道的扩大，降低了交易和流通成本，解决了农产品价格逐步攀升而农户收益未显著增长的问题，一定程度上提高了农户收入、扩宽了农户收入来源，使小农户对接大市场成为可能。2020 年我国县域网络零售额达 35 303.2 亿元，比上年增长 14.02%，占全国网络零售额的比重为 30.0%，提高了 0.9 个百分点；其中县域农产品网络零售额为 3 507.6 亿元，同比增长了 29.0%（农业农村部信息中心和中国国际电子商务中心，2021）。以直播电商为代表的互联网新模式发挥带货能力，成为引领农产品网络销售的出村新路径。农户借助各类平台，就可以在不谋面的情况下完成交易活动。网络化、便捷化的交易行为削减了农产品传统流通中的诸多环节，减少了交易活动中的流通成本，提高了农户收入。更为重要的是，以互联网为代表的现代通信技术的快速普及提高了返乡入乡创业就业层次，短视频、直播等正在成为新的农业生产工具，为农户创造了新的职业选择，全面增加了农产品有效供给，有效提升了农业生产质量。

10.3.4 信息传递视角下现代通信技术存在的问题

我国正逐步加强以种植业为核心的农业生产格局与现代通信技术产业的耦合程度，借助现代通信技术推动农业生产标准化管理、专业化生产经营等方面的发展，以期取得更高的农业生产经济收益。现代通信技术的引入使得农业生产的各环节更加标准化、自动化和智能化。对农户而言，农业生产变得具有可计划性、可控性和可操作性。但是，相较于发达国家，我国农户对于现代通信技术的使用程度仍存在较大发展空间。

从宏观层面进行考量，大国小农是我国的基本国情农情。长期以来，我国农业生产经营方式主要以小农户为主导。细碎化、分散化的规模经营制约着劳动生产率的提高和农业现代化的推进。相较于发达国家，我国缺乏标准化、规范化的生产方式，对于农业生产过程的管理主要是基于农户自身的经验。我国农业发展的传统模式是小农生产，农户保持着小农意识即相对保守的农业生产观念和模式，这使得新技术推广和采用受到诸多约束。第三次《全国农业普查主要数据公报》（第二号）显示，2016 年全国农业经营户为 20 743 万户，其中规模农业经营户 398 万户，占比仅为 1.9%；规模农业经营户和农业生产经营单位实际耕种的耕地面积占全国实际耕种的耕地面积的 28.6%。小规模生产使得各类机械装备难以投入使用，部分地区机耕道难以满足大中型机械通行的要求。除此之外，我国农业生产的标准化程度较低，不同农户间由于存在生产经验方面的差异，难以形成统一的农业生产操作规范。

从微观层面即农户自身角度出发，农户符合"理性小农"的自利行为模式，除长期保留着自给自足和小富即安的传统思想、"等靠要"的旧有习惯外，仍然十分注重成本问题。以当下较为普及的温室大棚为例，其虽可产生较为可观的经济收益，但除去大棚建设本身诸如水泥支撑、大棚自动化装置等方面的材料成本和建设所需的劳动力成本外，还有相关设备和技术的采用成本。目前，温室大棚较难在短期展现出较大的经济效益，成本回收周期较长，农户难以在短时间内感受到技术采用所带来的实际收益。甚至是在发展较为成熟的美国，农户对于精准农业变量施肥技术的采纳率于 1999 年达到峰值后，也出现过较为明显的回落现象。目前，大部分传统农业经营主体对于采用物联网系统持观望甚至是消极态度，主要是受物联网系统实施成本较高、数据质量控制较难等方面因素的影响（康提奥斯等，2018；阮俊虎等，2020）。物联网技术属于高新技术，一套完整的农业物联网设备可花费数十万元，我国目前的相关项目基本均属政府示范工程，依靠政府资金进行推动和支持（朱岩等，2020）。企业化的经营模式虽能凭借其强大的资金实力，一定程度地发挥了规模经济的优势，但也存在着资本监督劳动的高成本、农业工人激励不足等方面的问题（周绍东，2016）。在当前发展较为迅速的农产品电子商务方面，农户与电商平台等尚未建立起有效利益联结和分配机制，不利于长期稳定关系的建立和发展。除此之外，农户也承受着来自信息污染的威胁。过量的、虚假的信息等加大了农户对于技术信息获取的难度和信任度。基于目前的发展环境，现代通信技术应用难以在短期内显现出较大的成本缩减和信息优化效果。因此，如何提高现代通信技术在农户群体中的有效采用率仍是一个较大的技术问题。我国农业具有资源禀赋多元性的特征，现代通信技术的推广应因地制宜地结合当地实际情况进行发展，促进农户增产增收，促进农业生产向现代化、可持续性发展，依据我国的国情走自己的发展道路。

总体而言，我国正处在信息化和农业农村现代化的历史交汇时期，正逐步推进现代通信技术在农业生产领域的应用，各项融合技术的应用也处于不断发展的阶段。当前农户对于采用现代通信技术获取农业技术信息具有较高的意愿，但受限于自身教育水平、成本问题等多方面约束，其实际采用程度还有待提升。

10.4　主　要　结　论

当前我国现代通信技术呈现快速发展的态势以及通信数字化、通信容量大、通信网络系统化和通信计算机化四个方面的特征。现代通信技术在我国农村的应用体现在农业生产和农户日常生活方面，正逐步成为支撑农业生产的重要基础。一方面，通过采用现代通信技术，我国部分农作物生产已开始采用现代化的农业生产单项技术，有效链接多个传感器节点，结成多个满足多样化农业生产需求的监控网，实现农业实时监测、远程控制等功能，推动农业精准化。另一方面，现代通信技术可以通过综合利用物联网、移动互联等对农业生产各个环节进行信息采集、数据传输、智能处理与控制等操作，促进农业智能化转型。

我国现代通信技术应用取得巨大进展。20 世纪 80 年代末以来，我国农村通信基础设施建设落后的状况已得到有效改善。手机、电脑成为信息获取的主要渠道，扩宽了信息获取渠道，提升了信息获取速率，完善了农业技术信息服务体系，催生了新型农业咨询推广模式，解决了农业信息服务"最后一公里"的问题，实现了农户、农技推广人员和农业技术专家的有效对接。

第一，现代通信技术使得信息数据突破了时间和空间限制，有效地降低了农业生产过程中的信息搜寻和获取成本，缩短了农户信息获取的路径，改善了其长期处于信息不对称的劣势局面。第二，现代通信技术使得农业信息服务体系得以不断完善，农户可以随时随地借助智能手机、电脑等，通过互联网获取技术或产品信息。第三，现代通信技术提供了海量、多样化的信息内容和拓宽了信息获取渠道，有效改善了农户长期处于信息不对称弱势地位的局面。

但是，信息传递视角下我国现代通信技术应用还存在一些需要解决的问题。我国大国小农的基本国情农情，使得小农户仍然是主要的农业经营主体，细碎化、分散化的规模经营制约着劳动生产率的提高和农业现代化的推进。这使得现代通信技术的应用和推广受到诸多约束。此外，农户"理性小农"的自利行为模式，使其难以在短时间内感受到技术采用所带来的实际收益。大部分传统农业经营主体对于采用物联网系统一直持观望甚至是消极态度，主要是受物联网系统实施成本较高、数据质量控制较难等方面因素的影响。因此，在目前的发展环境下，现代通信技术应用难以在短期内显现出较大的成本缩减和信息优化效果，如何提高现代通信技术的有效采用率是一个重要技术问题。

第 **11** 章

互联网技术信息获取对
农户农药施用的影响

作为现代通信技术的基础，互联网近年来在我国农业领域的应用愈加广泛。尽管精准农业、数字农业和智慧农业在我国尚处于探索阶段，但是互联网凭借其在信息传播方面的显著优势，日益成为我国广大农户获取农业技术信息的重要渠道。实际上，近年来关于互联网对农业生产影响的研究并不鲜见。但是，实证分析互联网技术信息获取对农户农药施用影响的研究仍然不多。本章采用 2016 年我国贵州、湖北、江苏和浙江 1113 个水稻种植户的随机抽样调查数据，实证分析了农户的互联网技术信息获取对其农药施用的影响，从农户农用化学品知识水平的角度揭示了其影响机制，并在此基础上提出了相关政策建议。

11.1 引　　言

我国是世界上最大的农药施用国之一。改革开放以来，为迅速恢复农业生产和满足工业化城镇化发展对粮食产量增长的需求，我国政府曾经一度采取鼓励农药施用的政策（王岳平，1998；黄少安，2018）。1990 年我国农药施用量（未按有效成分折百）为 77.64 万吨，此后呈持续上升趋势。尽管农药在挽回由病虫草害导致的粮食产量损失和节约劳动力方面发挥了重要作用（达马拉斯，2009），但农药过量施用导致的生产成本增加和生态环境污染等问题已成为农业可持续发展面临的重要挑战（魏后凯，2017；孙生阳等，

2019）。自党的十八大把生态文明建设纳入"五位一体"总体布局以来，中央政府将农药减量增效放在了推进农业绿色生产的重要位置（金书秦等，2020）。

为了探索降低农药施用强度的有效途径，学术界对农药施用的决定因素进行了大量研究，较多文献指出，在缺乏专业知识的条件下，信息不对称是导致农户过量施用农药的主要原因之一（孙生阳等，2021）。尽管有研究讨论了公益性服务部门和经营性服务部门提供的技术信息对农户农药施用强度的影响（陈欢等，2017），但鲜有研究关注互联网提供的技术信息对农药施用强度的影响。在新一轮科技革命和全面推进乡村振兴战略的背景下，各地的数字乡村建设取得快速发展，以网络化、信息化和数字化为特征的互联网在农业农村经济社会发展中得到广泛应用（程名望和张家平，2019；郑宏运等，2021）。第47次《中国互联网络发展状况统计报告》显示，2020年我国网民规模达9.89亿人，互联网普及率达70.4%，其中农村网民规模为3.09亿人，农村地区互联网普及率达55.9%。研究指出，互联网的广泛应用为农业农村快速发展提供了有效的科技支撑，显著提高了农户获取农业政策、农业技术和农产品市场需求信息的能力（万宝瑞，2015）。具体来说，互联网使用对农户家庭消费水平（张永丽和徐腊梅，2019）、农户创业绩效（苏岚岚和孔荣，2020）、技术效率（朱晓柯等，2021）以及土地转出和转入（刘子涵等，2021）等具有显著影响。

农药施用作为农业生产中技术性较强的环节之一，而且近年来越来越多农户开始通过互联网获取技术信息。那么，互联网技术信息获取是否能够显著影响农户的农药施用强度？其影响方向与程度如何？背后的内在机制是什么？目前对这方面的研究依然不足。因此，深入理解和科学评估互联网技术信息获取对农药施用强度的影响及其机制，对于推动农药减量增效、农业面源污染治理和乡村生态振兴具有十分重要的意义。

11.2　文献综述和研究假设

国内外学者围绕农药施用强度的决定因素展开了充分讨论。除了研究户主性别、年龄、受教育年限、家庭农业劳动力人口和风险偏好等个人与家庭特征因素对农药施用强度的影响外,也有研究指出农户的兼业行为和种植规模等也可能对农药施用强度产生显著影响(陈奕山等,2017;祝伟和王瑞梅,2021)。农药作为生产中技术性较强的投入要素,许多研究也开始关注技术采用或技术培训对农药施用强度的影响。从技术采用的角度看,维达斯基等(1998)的研究认为,作为农药的替代品,具有抗病虫害属性水稻品种的边际生产率明显高于农药的边际生产率,采用该类水稻品种能够在不降低产量的条件下有效降低农药施用强度。卡塔内奥等(2006)的研究提供了类似的证据,农户在转基因棉花生产中的农药施用强度显著偏低。从技术培训的角度看,高塔姆等(2017)通过对孟加拉国蔬菜农户的调查发现,技术培训可以显著减少农户的农药施用量、施用次数与混用品种。黄季焜等(2017)的研究进一步发现,农户每多参加一年的技术培训,其农药投入强度将显著降低4.7元/公顷。

由于农药施用具有明显的技术性特征,在农户缺乏专业知识的条件下,也有研究从信息不对称的角度考察农药施用强度的决定因素。相对于技术信息提供者来说,缺乏专业知识的农户在农药施用决策方面处于明显的信息不对称地位(孙生阳等,2021)。目前,政府农技员、农资零售店以及邻里信息交流是我国农户获取技术信息的主要来源。宋凤仙等(2018)的研究发现,分别有35%、14%和36%的农户选择从政府农技员、农资零售店和邻里交流方面获取技术信息。陈欢等(2017)实证考察了不同技术信息来源对农户农药施用强度的影响,发现与通过邻里交流获取技术信息的农户相比,政府农技员和农资零售店提供的技术信息能够显著降低农户的农药施用强度。金书秦等(2015)和孙生阳等(2020)的研究指出,政府农技员和农资零售店提供的技术信息会显著影响农户的农药施用强度。

自2019年《数字乡村发展战略纲要》颁布以来,互联网技术以快速的发展态势渗透到农村地区,越来越多的学者开始关注互联网在农业生产中的使用情况及效果。研究发现,互联网不但在减弱和消除信息传递的时间和空间壁垒方面发挥了积极作用,而且显著降低了技术信息的传递和搜寻成本。例如,张景娜和张雪凯(2020)通过对5 323个农户的研究发现,互联网农地流转平台在削弱信息不对称、降低交易费用和保护利益相关者合法权益方面发挥了重要作用,对农地转出起到了显著的正向影响。李欠男和李谷成(2020)通过采用2002~2016年31个省份的面板数据,发现互联网不仅有利于农业新知识、新技术的跨时空地传播，而且在促进知识与技术共享方面发挥了积极作用，从而提升了农业全要素生产率并促进了农业技术进步。郑宏运等（2021）和朱晓柯等（2021）对互联网使用对技术效率影响的研究也得到了类似的结论。值得注意的是，尽管也有研究关注到互联网使用对农药施用强度的影响，但尚未形成一致性结论。赵秋倩等（2021）通过对670个农户的调查发现，互联网使用能够有效降低农药施用强度，但马旺林和郑宏运（2022）的研究则发现互联网使用还存在导致农药施用强度增加的可能性。此外，田云等（2015）的研究指出，农户家中是否安装了互联网对农户的农药施用行为并未产生显著影响。导致上述研究结论不一致的原因可能与未将农户的自选择问题考虑在内有关，即可能存在某些不可观测的因素使得那些通过互联网获取技术信息的农户无论作出怎样的农药施用决策都会比其他农户的农药施用强度更低或者更高。因此，本章在解决农户的自选择问题的基础上，提出第一个研究假设：

假设11.1：互联网技术信息获取对农药施用强度存在显著的负向影响。

理论上，农户通过互联网分享或查询农业技术资料，能够以更低的信息获取成本提高自己的知识水平，从而促使农药施用强度的降低。研究发现，知识水平的提高会显著降低农户的农药施用强度。黄季焜等（2008）的研究发现，农户的知识得分每增加1分，单位面积农药施用强度将会降低1.95千克/公顷。陈瑞剑等（2013）的研究指出，农户农药知识测试的正确率每提高1%，其单位面积农药施用强度将会显著减少6.85%。互联网使用能够通过降低技术供给主体和需求主体之间的信息不对称来促进农户知识水平的提高（李谷成等，2021），特别在当前农业社会化服务发展尚不充分的条件下，互联网显著降低了技术信息的传递成本和搜寻成本。此外，互联网为农户提高知识水平提供了更多的选择渠道。尽管我国拥有世界上最大的政府农技推广体系，但乡级农技推广部门弱化等问题已成为限制农户获取新知识的重要原因，2014～2016年期间仅有25.2%的农户接受过政府农技推广部门的培训（孙生阳等，2018），且在满分为5分的情况下，农户的平均农药知识得分仅为2.1分（孙生阳等，2019）。但是，以互联网为媒介的各类网站平台降低了技术信息在时间和空间传播方面的束缚，提高了农户获取各类技术知识的可能性（李欠男和李谷成，2020）。因此，本章提出第二个研究假设：

假设 11.2：互联网技术信息获取通过提高农户的农用化学品知识水平对农药施用强度产生负向影响。

11.3　数据、变量和计量经济模型

11.3.1　数据来源

本章的研究数据来自 2016 年 10～11 月对贵州、湖北、江苏和浙江 4 省水稻种植户的调查。调查采取随机抽样的方式进行，具体抽样步骤为：第一，将每个省份的县按照人均国内生产总值分为高低两组，在每一组随机选取 2 个县；第二，按照类似方法在每个县选取 2 个乡镇；第三，在每个乡镇随机选取 2 个村；第四，根据村委会提供的农户花名册，采用等距抽样法在每个村随机选取 20 个左右水稻生产农户。

调查内容主要包括农户的个人和家庭特征、互联网技术信息获取和最大地块的水稻投入产出等信息。需要说明的是，农药施用强度是研究的重点，因此详细记录了农户的农药施用次数、农药有效成分及含量、施用量、价格以及目标防治对象等信息。剔除无效样本后，本章最终采用 1 113 个水稻种植户构成的有效样本。

11.3.2　变量选取

（1）被解释变量。农药施用强度即单位面积农药施用量是被解释变量，即农户在整个水稻生长期内的农药施用量除以地块面积。在稳健性检验中，农户的杀虫剂施用强度即单位面积杀虫剂施用量为被解释变量，这主要是考虑到虫害暴发对水稻产量造成的损失最为严重，且农户在水稻生产过程中施用杀虫剂的次数最多（孙生阳等，2019）。

（2）核心解释变量。互联网技术信息获取即农户是否经常使用互联网分享或查询农业技术资料是核心解释变量。本章定义互联网使用为一个虚拟变量，如果农户经常使用互联网分享或查询农业技术资料，则该虚拟变量等于

1；如果农户不使用互联网分享或查询农业技术资料，则该虚拟变量等于 0。

（3）控制变量。除了核心解释变量，本章选取一系列其他可能影响农户农药施用强度的变量作为控制变量。本章的控制变量主要包括四类。第一类是农户的个人和家庭特征，包括性别、年龄、受教育年限、家庭距县城距离和家庭劳动力数量。第二类是经济和技术培训因素，包括农药（杀虫剂）价格和是否接受过技术培训。第三类是水稻种植特征，包括水稻种植地块是否为平地、水稻种植总面积、是否为晚稻、是否采用直播技术以及是否采用杂交品种。第四类是省份虚拟变量，主要控制不同地区的不可观测因素对农户农药施用强度的影响。

（4）中介变量。农户的农用化学品知识水平是影响互联网使用与农药施用强度的中介变量。随机抽样调查时，每个农户都需要回答 10 个与农用化学品施用相关的测试问题，答对 1 个问题记 1 分，答错计 0 分，满分为 10 分。

（5）工具变量。参考朱晓柯等（2021）的研究，选择同村是否有其他农户通过互联网获取技术信息作为互联网技术信息获取的工具变量。以往关于农户邻里效应的研究表明，在农村熟人社会的条件下，农户行为会受到同村其他农户行为的显著影响（李立朋和李桦，2020）。如果同村有其他农户通过互联网获取技术信息，则该农户通过互联网获取技术信息的概率越高，从而在理论上满足工具变量的相关性条件。但是，同村其他农户是否通过互联网获取技术信息并不能直接影响农户的农药施用强度，从而在理论上满足工具变量的排他性约束。在互联网技术信息获取对农户农药施用强度影响的机制分析中，本章也考虑到农户的农用化学品知识水平可能与农药施用强度存在由互为因果关系导致的内生性问题，为此选取同村其他农户农用化学品知识平均分作为工具变量。从理论上看，由于邻里信息交流等因素的存在，同村其他农户农用化学品知识水平可能对农户的农用化学品知识水平存在显著影响，但是同村其他农户农用化学品知识水平并不能直接影响农户的农药施用强度。

表 11 - 1 汇报了主要变量描述性统计。

表 11 – 1　　　　　　　　　　　　主要变量的描述性统计

变量	农户数	均值	标准差
农药施用强度（千克/公顷）	1 113	4.53	7.31
杀虫剂施用强度（千克/公顷）	1 113	1.93	5.41
互联网技术信息获取（1＝是；0＝否）	1 113	0.14	0.34
男性（1＝是；0＝否）	1 113	0.90	0.29
年龄（岁）	1 113	57.06	9.66
受教育年限（年）	1 113	6.62	3.28
参加技术培训（1＝是；0＝否）	1 113	0.24	0.43
农药价格（元/千克）	1 113	134.92	128.14
杀虫剂价格（元/千克）	1 113	185.96	207.36
平地（1＝是；0＝否）	1 113	0.69	0.46
距县城距离（千米）	1 113	20.54	11.35
家庭劳动力数量（人）	1 113	3.00	1.25
种植总面积（公顷）	1 113	1.96	11.00
晚稻（1＝是；0＝否）	1 113	0.48	0.50
直播（1＝是；0＝否）	1 113	0.47	0.50
杂交稻品种（1＝是；0＝否）	1 113	0.48	0.50
农用化学品知识（分）	1 113	5.24	1.89
同村农户通过互联网获取技术信息（1＝是；0＝否）	1 113	0.81	0.40
同村农户农用化学品知识（分）	1 113	5.24	0.02

资料来源：笔者实地调查。

　　表 11 – 2 汇报了通过和不通过互联网获取技术信息的农户之间主要变量的均值差。通过互联网获取技术信息农户的平均农药施用强度为 3.15 千克/公顷，而不提供互联网获取技术信息农户的平均农药施用强度为 4.74 千克/公顷，两者相差 1.59 千克/公顷，而该均值差在 5% 的水平上显著。类似地，两组农户的杀虫剂施用强度均值差为 0.90 千克/公顷，在 10% 的水平上显著。这些都表明，通过互联网获取技术信息农户的农药和杀虫剂施用强度显著地低于不通过互联网获取技术信息农户的农药和杀虫剂施用强度。除此以

外，农户年龄、受教育年限、参加技术培训、农用化学品知识等变量的均值差都在不同的水平上显著。这些结果在一定程度上说明，是否通过互联网获取技术信息很可能是农户自主选择决策的结果。

表 11 - 2　　通过和不通过互联网获取技术信息农户的主要变量均值差

变量	通过互联网获取技术信息农户		不通过互联网获取技术信息农户		均值差
	均值	标准差	均值	标准差	
农药施用强度（千克/公顷）	3.15	3.18	4.74	7.74	-1.59 **
杀虫剂施用强度（千克/公顷）	1.15	1.50	2.05	5.78	-0.90 *
男性（1 = 是；0 = 否）	0.90	0.30	0.91	0.29	-0.00
年龄（岁）	49.66	9.23	58.22	9.21	-8.56 ***
受教育年限（年）	9.04	2.63	6.24	3.22	2.79 ***
参加技术培训（1 = 是；0 = 否）	0.57	0.50	0.19	0.39	0.38 ***
农药价格（元/千克）	166.72	151.01	129.93	123.51	36.79 ***
杀虫剂价格（元/千克）	240.48	291.19	177.41	189.68	63.07 ***
平地（1 = 是；0 = 否）	0.81	0.39	0.67	0.47	0.14 ***
距县城距离（千米）	20.47	10.20	20.56	11.53	-0.08
家庭劳动力数量（人）	2.91	1.18	3.01	1.26	-0.10
种植总面积（公顷）	7.95	27.60	1.02	3.81	6.93 ***
晚稻（1 = 是；0 = 否）	0.51	0.50	0.47	0.50	0.04
直播（1 = 是；0 = 否）	0.42	0.49	0.48	0.50	-0.06
杂交稻品种（1 = 是；0 = 否）	0.42	0.50	0.49	0.50	-0.07
农用化学品知识（分）	6.35	1.79	5.07	1.85	1.28 ***
同村农户通过互联网获取技术信息（1 = 是；0 = 否）	0.95	0.21	0.78	0.41	0.17 ***
同村农户农用化学品知识（分）	5.55	0.77	5.20	0.76	0.35 ***
农户数	151		962		

注：*** 、 ** 和 * 分别表示在1%、5%和10%的水平上显著。

资料来源：笔者实地调查。

11.3.3　计量经济模型

为了考察互联网技术信息获取对农药施用强度的影响，本章在互联网技术信息获取这一核心解释变量的基础上，还控制了其他可能影响农户农药施用强度的因素。因此，本章首先建立一个农户农药施用强度决定因素的计量经济模型如下：

$$Pesticide_i = \alpha Internet_i + X'_i\beta + u_i \tag{11.1}$$

其中，$Pesticide_i$ 是以单位面积农药施用量反映的农药施用强度，$Internet_i$ 是互联网技术信息获取的虚拟变量。X_i 是一组影响农户农药施用强度的控制变量。α 和 β 是待估系数；u_i 是随机误差项。

考虑农户的自选择问题，即存在不可观测的因素使得那些通过互联网获取技术信息的农户无论作出怎样的施药决策都会比其他农户的农药施用强度更低或者更高，在这种情况下，如果直接采用普通最小二乘法对式（11.1）进行估计将会导致估计结果的偏差。因此，本章采用马达拉（1983）提出的处理效应模型进行估计，并与采用普通最小二乘法的估计结果进行对比。

处理效应模型由两阶段组成。第一阶段为农户是否通过互联网获取技术信息的处理方程，采用二值选择模型估计农户通过互联网获取技术信息的决定因素；第二阶段为农药施用强度影响因素的产出方程，采用普通最小二乘法估计互联网技术信息获取和其他控制变量对农药施用强度的影响。借鉴王成立和刘同山（2021）的研究，估计处理效应模型需要为第一阶段的处理方程寻找一个有效的工具变量。因此，农户是否通过互联网获取技术信息的决定因素的模型如下：

$$Internet_i^* = \theta Z_i + X'_i\omega + \varepsilon_i, \quad Internet_i = \begin{cases} 1, & \text{若 } Internet_i^* > 0 \\ 0, & \text{若 } Internet_i^* \leq 0 \end{cases} \tag{11.2}$$

其中，$Internet_i^*$ 为不可观测的潜变量，即农户通过互联网获取技术信息的概率。Z_i 为工具变量。当 $Internet_i = 1$ 时，代表农户通过互联网获取技术信息；当 $Internet_i = 0$ 时，代表农户不通过互联网获取技术信息。θ 和 ω 是待估系数；ε_i 是随机误差项。

对于处理效应模型来说，通常假设两个方程的随机误差项（u_i，ε_i）均服从正态分布：

$$\begin{pmatrix} u_i \\ \varepsilon_i \end{pmatrix} \sim N\left[\begin{pmatrix} 0 \\ 0 \end{pmatrix}, \begin{pmatrix} \sigma_\mu^2 & \rho\sigma_\mu \\ \rho\sigma_\mu & 1 \end{pmatrix} \right] \tag{11.3}$$

其中，ρ 为随机误差项 u_i 和 ε_i 的相关系数，如果 $\rho \neq 0$，则表示误差项相关，即存在自选择问题；如果 $\rho = 0$，则表示随机误差项不相关，则不存在自选择问题，直接使用普通最小二乘法对式（11.1）进行估计即可。

需要说明的是，对于处理效应模型的估计可以采用两步法和极大似然估计法，但两步法的一个缺陷就是将第一步的估计误差代入到第二步中，可能导致模型估计效率的损失。因此，本章采用极大似然估计法对式（11.1）和式（11.2）进行联立估计。

结合研究假设，为研究互联网技术信息获取对农药施用强度的影响机制，检验农户农用化学品知识水平是否在互联网技术信息获取和农药施用强度之间存在中介效应，本章借鉴温忠麟等（2004）的中介效应模型，分别构建核心解释变量对被解释变量的计量经济模型、核心解释变量对中介变量的计量经济模型以及核心解释变量与中介变量对被解释变量的计量经济模型，具体形式如下：

$$Pesticide_i = \alpha_1 Internet_i + X'_i\alpha_2 + u_{i1} \tag{11.4}$$

$$Knowledge_i = \beta_1 Internet_i + X'_i\beta_2 + u_{i2} \tag{11.5}$$

$$Pesticide_i = \gamma_1 Internet_i + \gamma_2 Knowledge_i + X'_i\gamma_3 + u_{i3} \tag{11.6}$$

其中，$Knowledge_i$ 是农户的农用化学品知识水平，即中介变量。需要说明的是，农药施用强度可能与农用化学品知识水平存在互为因果关系从而导致内生性问题的产生。因此，本章进一步建立了农户农用化学品知识水平决定因素的计量经济模型：

$$Knowledge_i = \omega_1 Neikno_i + X'_i\omega_2 + u_{i4} \tag{11.7}$$

其中，$Neikno_i$ 是同村其他农户农用化学品知识水平。本章采用两阶段最小二乘法对式（11.6）和式（11.7）进行联立估计。

11.4　结果和讨论

11.4.1　互联网技术信息获取对农药施用强度的影响

表 11 - 3 汇报了互联网技术信息获取对农药施用强度影响的多元线性回归模型和处理效应模型估计结果。本章首先分析互联网技术信息获取是否存在内生性问题以及检验工具变量有效性。第一，相关系数在 5% 的水平上显著为正，拒绝了处理效应模型中处理方程和产出方程随机误差项不相关的原假设，表明存在正向的自选择性偏误。此外，独立方程检验的卡方统计量在 5% 的水平上显著等于 5. 780，表明两个模型的随机误差项存在相关性，即农户的互联网技术信息获取存在内生性问题。第二，在处理效应模型第一阶段估计结果中，同村其他农户通过互联网获取技术信息的估计系数等于 0. 671 且在 1% 的水平上显著，表明同村其他农户通过互联网获取技术信息和农户通过互联网获取技术信息之间存在显著的正向关系。采用两阶段最小二乘法检验弱工具变量发现，克雷伯根—帕普（Kleibergen - Paap）检验的沃德（Wald）统计量为 11. 457，大于 15% 水平上的临界值 8. 960，从而表明同村其他农户通过互联网获取技术信息不是弱工具变量。

表 11 - 3　　互联网技术信息获取对农药施用强度影响的估计结果

变量	普通最小二乘法	处理效应模型	
	农药施用强度	互联网技术信息获取	农药施用强度
互联网技术信息获取	- 0. 857 ** (0. 358)		- 2. 036 *** (0. 690)
男性	0. 165 (0. 578)	- 0. 195 (0. 200)	0. 129 (0. 571)
年龄	0. 002 (0. 022)	- 0. 037 *** (0. 007)	- 0. 006 (0. 023)

续表

变量	普通最小二乘法	处理效应模型	
	农药施用强度	互联网技术信息获取	农药施用强度
受教育年限	− 0.032 (0.073)	0.123 *** (0.022)	− 0.012 (0.071)
接受技术培训	− 0.860 ** (0.386)	0.690 *** (0.116)	− 0.671 * (0.388)
农药价格	− 0.012 *** (0.001)	0.001 (0.000)	− 0.012 *** (0.001)
平地	− 0.334 (0.441)	0.143 (0.178)	− 0.302 (0.446)
距县城距离	− 0.016 (0.013)	− 0.003 (0.005)	− 0.017 (0.013)
家庭劳动力数量	− 0.085 (0.178)	0.027 (0.049)	− 0.082 (0.177)
种植总面积	0.013 ** (0.006)	0.023 *** (0.008)	0.018 ** (0.008)
晚稻	0.484 (0.350)	0.122 (0.164)	0.510 (0.347)
直播	− 0.134 (0.578)	− 0.143 (0.139)	− 0.151 (0.571)
杂交稻品种	0.628 (0.618)	− 0.342 ** (0.173)	0.577 (0.602)
同村农户通过互联网获取技术信息		0.671 *** (0.229)	
常数项	8.316 *** (1.431)	− 0.944 * (0.512)	8.769 *** (1.463)
省份虚拟变量	已控制	已控制	已控制
相关系数		0.100 **	
独立方程检验（卡方统计量）		5.780 **	
克雷伯根—帕普检验（沃德统计量）		11.457	
农户数	1 113	1 113	

注：***、** 和 * 分别表示在1%、5% 和10% 的水平上显著。括号内为稳健标准误。

在处理效应模型第一阶段估计结果中，除了工具变量以外，农户的年龄、受教育年限、接受技术培训、种植总面积以及是否采用杂交稻品种对农户的互联网技术信息获取均具有显著影响（见表 11-3）。具体来说，农户的年龄越大，其通过互联网获取技术信息的概率越低；农户的受教育年限越高，其通过互联网获取技术信息的概率越高；与没有接受技术培训的农户相比，接受技术培训农户通过互联网获取技术信息的概率更高；农户种植总面积的增加会促使农户通过互联网获取技术信息的概率增加。这表明，在目前的生产条件下，对于老龄农户、教育水平较低的农户以及种植规模较小的农户来说，其在生产中并不经常使用互联网分享或查询农业技术资料。

在处理效应模型第二阶段估计结果中，互联网技术信息获取显著降低了农户的农药施用强度（见表 11-3）。具体来说，互联网技术信息获取的估计系数等于 -2.036，而且在 1% 的水平上显著。这意味着在其他因素不变的条件下，互联网技术信息获取能够显著促进农药施用强度降低 2.036 千克/公顷，这一结论也印证了本章的第一项研究假设。作为比较，表 11-3 也汇报了互联网技术信息获取对农药施用强度影响的多元线性回归模型估计结果，其中互联网技术信息获取的估计系数等于 -0.857 且在 5% 的水平上显著，意味着在其他因素不变的情况下，通过互联网获取技术信息农户的农药施用强度比不通过互联网获取技术信息农户的农药施用强度低 0.857 千克/公顷。尽管两种估计方法得到的互联网技术信息获取对农药施用强度的影响方向相同，但是估计得到的影响程度相差较大。这也再次表明，由于自选择问题的存在，采用多元线性回归模型将会严重低估互联网技术信息获取对农药施用强度的影响。这一结果也与马旺林和郑宏运（2022）的研究结论相一致，即鼓励农户通过使用互联网查询农业技术信息，将显著降低农业生产中的农药施用强度。

除互联网技术信息获取外，农药价格、接受技术培训以及种植总面积也对农药施用强度具有十分显著的影响（见表 11-3）。具体而言，农药价格的估计系数等于 -0.012，而且在 1% 的水平上显著。在控制其他因素不变的条件下，农药平均价格每提高 1 元，农药施用强度相应地降低 0.012 千克/公顷，孙生阳等（2020）的研究也得到了类似的结论。此外，接受技术培训的估计系数等于 -0.671 且在 10% 的水平上显著为负，意味着在控制其他因素不变的条件下，参加技术培训可以使农药施用强度降低 0.671 千克/公顷。值得注意的是，种植总面积的估计系数等于 0.018 且在 5% 的水平上显著，这意味着在控制其他因素不变的条件下，种植面积越大的农户，其农药施用强度越高。刘晓燕等（2020）对化肥的研究提供了类似证据，即规模农户同样存在农用化学品过量施用的问题。

11.4.2　稳健性检验

为了检验互联网技术信息获取对农药施用强度影响的结果是否稳健，本章进一步考察了互联网技术信息获取对杀虫剂施用强度的影响，结果见表 11-4。类似地，本章首先分析互联网技术信息获取是否存在内生性以及检验工具变量的有效性。第一，误差项相关系数在 5% 的水平上显著为正，再次表明互联网技术信息获取存在正向的选择性偏差。独立方程检验的卡方统计量在 5% 的水平上显著，表明互联网技术信息获取存在内生性问题。第二，弱工具变量的克雷伯根—帕普检验的沃德统计量为 11.517，大于 15% 水平上的临界值 8.960，表明同村其他农户通过互联网获取技术信息不是弱工具变量。因此，互联网技术信息获取对杀虫剂施用强度的影响存在内生性问题，且同村其他农户提供互联网获取技术信息是有效的工具变量。

表 11-4　　　互联网技术信息获取对杀虫剂施用强度影响的估计结果

变量	普通最小二乘法	处理效应模型	
	杀虫剂施用强度	互联网技术信息获取	杀虫剂施用强度
互联网技术信息获取	-0.553 *** (0.210)		-1.150 *** (0.418)
男性	0.235 (0.304)	-0.185 (0.199)	0.217 (0.299)
年龄	-0.008 (0.017)	-0.038 *** (0.007)	-0.012 (0.018)
受教育年限	0.017 (0.055)	0.121 *** (0.022)	0.027 (0.054)
接受技术培训	-0.584 ** (0.238)	0.694 *** (0.116)	-0.488 ** (0.219)

续表

变量	普通最小二乘法	处理效应模型	
	杀虫剂施用强度	互联网技术信息获取	杀虫剂施用强度
杀虫剂价格	−0.005 *** (0.001)	0.0003 (0.0002)	−0.005 *** (0.001)
平地	−0.134 (0.376)	0.140 (0.179)	−0.120 (0.378)
距县城距离	−0.011 (0.009)	−0.003 (0.005)	−0.011 (0.009)
家庭劳动力数量	−0.189 (0.119)	0.029 (0.050)	−0.187 (0.118)
种植总面积	0.003 (0.005)	0.023 *** (0.008)	0.005 (0.005)
晚稻	0.039 (0.205)	0.134 (0.164)	0.052 (0.203)
直播	−0.317 (0.369)	−0.144 (0.138)	−0.326 (0.364)
杂交稻品种	1.258 *** (0.461)	−0.348 ** (0.173)	1.231 *** (0.447)
同村农户通过互联网获取技术信息		0.654 *** (0.225)	
常数项	3.346 *** (1.028)	−0.886 * (0.510)	3.579 *** 1.033
省份虚拟变量	已控制	已控制	已控制
相关系数		0.067 **	
独立方程检验（卡方统计量）		5.190 **	
克雷伯根—帕普检验（沃德统计量）		11.517	
农户数	1 113	1 113	

注：***、** 和 * 分别表示在 1%、5% 和 10% 的水平上显著。括号内为稳健标准误。

从表 11 - 4 的估计结果可以发现，互联网技术信息获取在多元线性回归模型和处理效应模型中的系数均在 1% 的水平上显著，而且系数的符号和数值与表 11-3 的估计结果基本一致，表明估计结果比较稳健。具体来说，在处理效应模型第二阶段估计结果中，互联网技术信息获取的估计系数等于 -1.150，而且在 1% 的水平上显著。这意味着在其他因素不变的条件下，互联网技术信息获取能够显著促进农药施用强度降低 1.150 千克/公顷。此外，杀虫剂价格、接受技术培训和采用杂交稻品种也对杀虫剂施用强度具有显著影响。

11.4.3　机制分析

上述结果表明，互联网技术信息获取对农户的农药尤其是杀虫剂施用强度具有显著的负向影响。但是，这种负向影响如何产生需要进一步揭示，准确把握相关影响机制对于制定有针对性的政策措施具有重要作用。考虑到农户的农用化学品知识水平是影响其农用化学品施用的重要因素，本章进一步采用中介效应模型验证互联网技术信息获取是否通过影响农用化学品知识水平而促使农药施用强度降低。表 11-5 汇报了互联网技术信息获取对农药施用强度影响的机制分析结果。第 1 列和第 2 列分别汇报了互联网技术信息获取对农药施用强度和农用化学品知识的影响。第 1 列结果显示，互联网技术信息获取的估计系数为 -0.857 且在 5% 的水平上显著，表明互联网技术信息获取对农药施用强度具有显著的负向影响。第 2 列汇报了互联网技术信息获取对农用化学品知识的影响。结果发现，互联网技术信息获取的估计系数为 0.601 且在 1% 的显著性水平上显著，表明与不通过互联网获取技术信息的农户相比，通过互联网获取技术信息农户的农用化学品知识高出了 0.601 分。

表 11-5　　　　　互联网技术信息获取、农用化学品知识
对农药施用强度影响的估计结果

变量	普通最小二乘法		两阶段最小二乘法	
	农药施用强度	农用化学品知识	农用化学品知识	农药施用强度
互联网技术信息获取	-0.857 ** (0.358)	0.601 *** (0.161)	0.569 *** (0.162)	0.134 (0.581)

续表

变量	普通最小二乘法		两阶段最小二乘法	
	农药施用强度	农用化学品知识	农用化学品知识	农药施用强度
农用化学品知识				− 1.648 ** (0.737)
同村农户农用化学品知识			0.386 *** (0.083)	
控制变量	已控制	已控制		已控制
豪斯曼检验（卡方统计量）			3.81 *	
克雷伯根—帕普检验（沃德统计量）			21.626	
农户数	1 113	1 113		1 113

注：*** 、** 和 * 分别表示在 1%、5% 和 10% 的水平上显著。括号内为稳健标准误。

　　表 11 – 5 第 3 列和第 4 列在解决内生性问题基础上估计了加入中介变量后互联网技术信息获取、农户的农用化学品知识对农药施用强度的影响，采用两阶段最小二乘法对加入中介变量后的模型进行估计。豪斯曼检验结果显示，模型确实存在内生性问题。此外，克雷伯根—帕普检验的沃德统计量等于 21.626，表明不存在弱工具变量问题。因此，同村其他农户农用化学品知识的平均分是一个有效的工具变量。从估计结果来看，表 11 – 5 第 4 列中互联网技术信息获取的估计系数等于 0.134，但在统计上并不显著；同时农用化学品知识的估计系数等于 – 1.648 且在 5% 的水平上显著。这可能意味着农用化学品知识具有完全中介效应的显著影响。因此，互联网技术信息获取能够通过提高农户的农用化学品知识水平，促使农户在生产中农药施用强度的降低。

11.5　主要结论和政策建议

　　本章在理论分析互联网技术信息获取对农药施用强度影响的基础上，利用 2016 年对贵州、湖北、江苏和浙江 4 省 1 113 个水稻种植户的调查数据，采用处理效应模型和中介效应模型分析了互联网技术信息获取对农药施用强度的影响效果及其机制。结果发现，农户使用互联网分享或查询农业技术资料的比例较低。在 1 113 个水稻种植户中，仅有 14% 的农户在生产中使用互联网分享或查询农业技术资料。处理效应模型估计结果表明，互联网技术信息获取可以使得农户的农药施用强度显著降低 2.036 千克/顷。中介效应模型估计结果表明，互联网技术信息获取有利于提高农户的农用化学品知识水平，从而促使农户在生产中农药施用强度的降低。农户年龄、受教育程度、接受技术培训和种植规模等是影响农户通过互联网获取技术信息的关键因素。

基于上述研究结论，本章提出以下政策建议。第一，政府部门应进一步提升农村网络设施水平，加快推进数字乡村建设。研究表明，尽管目前有超过80%的农户所在村内有其他农户经常使用互联网分享或查询农业技术资料，但实际通过互联网获取技术信息的农户却不到五分之一。为此，政府部门应出台相关政策，在完善农村网络基础设施和推进互联网应用方面营造政府有为、市场紧跟和农户积极参与的氛围，加快农村互联网普及率的提升。第二，政府部门应鼓励农户通过互联网的方式获取农业技术信息，提高农户知识水平。研究表明，在当前农户农用化学品知识普遍偏低的条件下，互联网使用有助于提高农户农用化学品知识水平，进而促使农户在生产中农药施用强度的降低。鉴于当前政府农技员和农资零售店提供的技术信息并不能完全满足农户的技术需求（孙生阳等，2021），因此政府部门应支持农业社会化服务数字平台的建立，鼓励通过互联网的方式向农户提供充分无偏的技术信息，从而提高农户的农用化学品知识水平。第三，进一步加强对老龄农户和受教育程度较低农户的互联网培训工作，避免因农户年龄较大和受教育程度较低而在乡村内部出现"数字鸿沟"问题。研究表明，年龄较大和受教育程度较低农户使用互联网的概率显著偏低，在全面推进乡村振兴战略和共同富裕的大背景下，应引导社会资源向该类农户倾斜，推动互联网在农药减量增效工作中进一步发挥规模经济作用。

第五篇

结语

第12章

研究结论和政策展望

以农药减量增效为重要内容的农业绿色低碳转型正处于关键时期。农业绿色低碳转型和发展是我国生态文明建设的重要组成部分，也是践行新发展理念、推进农业供给侧结构性改革和建设农业强国的必然要求。但是，我国农业生产尚未完全从过去的产量导向转变为数量质量并重，农业生产方式粗放型特征未能根本扭转，因此农业生产导致的环境污染问题仍然突出。推进农药减量增效是农业绿色低碳转型和发展的重要内容，在加速农业绿色低碳转型和发展的背景下，大力推进农药减量增效是积极探索产出高效、产品安全、资源节约、环境友好的现代农业发展之路的关键环节。

农户是农药施用行为的关键主体，技术信息传递和获取是影响农户农药施用行为的关键因素。近年来，我国农户的技术信息来源多元化特征不断强化，这和农业技术信息传递主体类型日益丰富存在紧密的关系。不同类型主体的信息传递及其行为特征深刻影响农户的农药施用行为，但是农药施用技术信息传递和获取对农户农药施用行为的影响机制亟待厘清。

本书在国家自然科学基金、国家重点研发计划试点专项的资助下系统分析了农业绿色低碳转型视角下信息传递、信息获取和农户农药施用的关系。本书从宏观和微观视角对我国农药施用及其主要特征进行了剖析，同时深入研究了我国不同农药施用技术信息传递主体的信息传递特征、农户的信息获取行为以及两者对农户农药施用行为的影响。

12.1 主要研究结论

本书的各项研究取得了以下几个方面的研究结论：

第一，我国农药施用总量和单位面积农药施用量偏高，但是在不同阶段存在不同的变化特点，两者受到多元因素的影响。1991~2020年期间，我国不同阶段农药施用总量和单位播种面积农药施用量呈现出早期快速增长、中期缓慢增长、后期加速减少的演变格局。粮食作物和经济作物生产过程中农药费用及其变化趋势存在较大差异。计量经济估计结果表明，宏观层面上我国农药施用量和农药施用强度受到政府农技员人数（密度）、农作物播种面积、粮食作物播种面积比例、农产品生产价格指数、农药价格指数、农村居民人均可支配收入等因素的影响。微观层面上，我国不同农作物生产过程中农药施用量存在较大差异。我国农户的农药施用方式主要包括采用手动喷雾器施药、采用电动机动喷雾器施药以及采用有人飞机或无人机施药。

第二，信息获取成本是影响农户农药施用的关键因素，而信息获取成本受到多元因素的影响。本书从农户到村委会距离是否超过1公里、是否会使用微信、是否有农技员或农药店电话、是否能看懂农药瓶子上的信息以及是否有亲戚朋友提供农药施用建议五个维度测度了农户信息获取成本。总体而言，我国农户信息获取成本处于中下水平，且存在较大异质性。计量经济估计结果表明，社会资本、个人和家庭基本特征以及非农工作特征是影响农户信息获取成本的重要因素。信息获取成本和农户单位面积农药施用量之间存在显著的正向关系，即农户信息获取成本越高则其更倾向于增加单位面积农药施用量。

第三，我国政府农技推广体系是农户获取农药施用技术信息的最大来源，但是其发展和改革过程曲折，2006年逆商业化改革后的政府农技推广服务显著影响了农户的农药施用。农技推广是农业科技创新的"最后一公里"，在提高农业生产率、保障粮食安全和重要农产品供给、改善农户收入等各个方面起到了十分重要的作用。我国政府农技推广体系规模世界第一，其发展历程分为计划经济阶段、改革开放初期的恢复重建阶段、商业化改革阶段和逆商业化改革阶段四个阶段。政府农技推广体系的职能从技术推广扩大到技术服务和其他非技术性服务。2006 年以来，我国政府农技推广体系逆商业化改革取得了许多积极的成效，但是仍然产生了一些新老问题。计量经济估计结果表明，政府农技推广服务使得农户在水稻生产过程中的单位面积农药施用量、单位面积有效成分施用量以及单位面积农药费用分别显著减少。同时，农户参与政府农技推广服务活动决策受到农户年龄、受教育程度、村干部身份以及水稻种植面积等因素的显著影响。

第四，随着我国农业社会化服务体系的长足发展，农业社会化服务的信息传递职能日益突出。农户接受的农业技术服务的信息来源不仅包括农资零售店与农资企业，也包括科研单位、政府非农部门、媒体、村委会、农民合作组织等非政府性质的农业社会化技术服务组织，表明多元化的农业社会化技术服务体系已逐渐发展并开始为农户提供农业技术服务，农业社会化服务体系的形成和发展具有明显的市场化特征，且不同类型农业社会化服务组织对农户的技术服务多元化且存在着分工。计量经济估计结果表明，农药零售店的技术信息推荐会显著地提高农户的单位面积和单位产量农药施用量。这表明，具有农药销售者和农药施用技术信息提供者双重身份的农药零售店在追逐最大化利益的过程中，可能向农户推荐更大的农药施用量，从而导致农户的农药过量施用。同时，农户农药施用存在显著的邻里效应，同村其他农户平均农药施用量对农户农药施用量存在显著的正向影响。

第五，现代通信技术是农户获取农药施用技术的重要手段，显著影响了农户农药施用。当前，手机、电脑成为信息获取的主要渠道，扩宽了信息获取渠道，提升了信息获取速率，完善了农业技术信息服务体系，解决了农业信息服务"最后一公里"问题。概括而言，现代通信技术使得信息数据突破了时间和空间限制，有效地降低了农业生产过程中的信息搜寻和获取成本，缩短了农户信息获取的路径，改善了其长期处于信息不对称的劣势局面；使得农业信息服务体系得到不断完善，农户可以随时随地借助智能手机、电脑等，通过互联网获取技术或产品信息；提供了海量、多样化的信息内容并拓宽了信息获取渠道，有效改善了农户长期处于信息不对称弱势地位的局面。但是，细碎化、分散化的规模经营制约着现代通信技术的应用和推广。计量经济估计结果表明，互联网技术信息获取通过提高农户农用化学品知识水平而促使其显著降低农药施用强度，而农户年龄、受教育程度、接受技术培训和种植规模等是影响农户通过互联网获取技术信息的关键因素。

12.2　未来政策展望

基于以上研究结论，本书简要讨论未来改善信息传递和获取、促进农药减量增效、加速农业绿色低碳转型的有关政策展望：

第一，深入改革政府农技推广体系，加强政府农技推广组织的服务职能，为促进农药减量增效和加速农业绿色低碳转型提供坚实的技术支撑。这方面需要从四个方面进行改革和完善政策。一是强化政府公共信息服务能力。其中，重建县级农作物病虫害防治预测预报等公共信息服务系统刻不容缓，同时基层政府在食品安全、环境与生态等领域的公共信息服务能力也有待加强。二是建设一支稳定的基层政府农技推广队伍。关键在于重建一支稳定的专门从事农技推广服务的农技推广服务人员队伍，这对于保障国家粮食安全具有重要的现实意义。三是政府农技推广去行政化。目前一些地方的政府农技推广单位行政化改革已使农技推广服务的专业化降低，从而影响了政府农技推广服务的效率。应在建立一支稳定专业的政府农技推广队伍的同时，重建专业的政府农技推广服务队伍，改革现行体制，实行政府农技员的县级管理。改革现行的政府农技员管理机制，促使其主动做好农户的技术服务工作。更为重要的是改革线性农技推广模式，提高政府农技推广服务对广大农户尤其是老年农户的吸引力。四是改革现行人事管理制度。取消限制人员流动的人事制度，鼓励政府农技员的自由流动，在减少非专业人员的同时精简政府农技员队伍。同时，在保障政府农技员基本工资基础上，将服务工作量与政府农技员收入挂钩，允许政府农技员跨区域为农户提供农技推广服务。探索建立政府农技员"离职不离岗"制度，为农户提供更加广泛和更好的服务。

第二，大力发展和完善农业社会化服务，建立小农户和现代农业的有机衔接机制。一是分类施策，充分考虑不同技术服务组织的特点及其为农户提供技术服务方面扮演的角色，促进政府农技推广体系和多元化农业社会化服务组织的协调配合，提高农药技术信息传递的有效性和及时性。二是创新农业社会化服务模式和内容。不断扩大农业社会化服务的规模、加强其能力建设、拓宽其服务领域、提高其服务质量、加强对其的支持力度，引导各类农业社会化服务组织进一步提升服务能力和水平。关键在于坚持市场导向，发挥市场在资源配置中的决定性作用，优化农业社会化服务市场环境，把引领小农户进入现代农业发展轨道作为农业社会化服务的发展目标，以信息化和智能化为依托推动农业社会化服务内容、方式和手段创新。三是加强农业社会化服务体系的监督管理。例如，应加强对农资零售店与农资企业的科学引导、市场监管和激励措施，使其在向农户提供科学正确的化肥农药施用技术信息方面发挥更大更积极的作用，同时着力加强生产大户和农民合作组织在农业技术推广方面的作用并加快网络新媒体在农技推广方面的服务平台和载体建设。制定有针对性政策培训专业的农药销售人员，鼓励和引导其为农户提供正确有效的农药施用技术信息。四是充分认知和利用农户农药施用的邻里效应，重点引导专业大户、科技示范户和乡土人才在生产中科学适量施用农药，通过邻里效应来发挥其引导其他农户在水稻生产中降低农药施用量的作用。

第三，加强现代通信技术的信息传递功能，推动农业绿色低碳转型的信息化、数字化和智能化。政府部门应进一步提升农村网络设施水平，加快推进数字乡村建设，不仅要不断提高农村现代通信技术和数字农业基础设施等硬件建设，更要加强农户对于现代通信技术特别是数字技术使用的能力。尽管目前大量农户所在村内有其他农户经常使用互联网分享或查询农业技术资料，但实际通过互联网获取技术信息的农户却处于较低水平。政府部门应出台相关政策，在完善农村网络基础设施和推进互联网应用方面营造政府有为、市场紧跟和农户积极参与的氛围，加快农村互联网普及率的提升。同时，政府部门应鼓励农户通过互联网的方式获取农业技术信息，提高农户知识水平。进一步加强对老龄农户和受教育程度较低农户的互联网培训工作，避免因农户年龄较大和受教育程度较低而在乡村内部出现"数字鸿沟"问题。

参 考 文 献

［1］阿尔弗雷德·马歇尔．经济学原理［M］．北京：商务印书馆，2010．

［2］巴泽尔．产权的经济分析［M］．上海：上海三联书店，上海人民出版社，1997．

［3］财政部．中央财政支持农业生产社会化服务　加快推进小农户和现代农业发展有机衔接［EB/OL］．https：//www．gov．cn/xinwen/2020 - 09/17/content_5544114．htm．

［4］蔡键．风险偏好、外部信息失效与农药暴露行为［J］．中国人口·资源与环境，2014，24（9）：135 - 140．

［5］蔡键，左两军．组织特性与市场份额对零售商农药安全认知的影响——基于广东省7市农药零售店的实证分析［J］．中国农业大学学报，2018，23（3）：196 - 204．

［6］蔡荣，韩洪云．交易成本对农户垂直协作方式选择的影响——基于山东省苹果种植户的调查数据［J］．财贸经济，2011（7）：103 - 109．

［7］蔡荣，韩洪云．农民专业合作社对农户农药施用的影响及作用机制分析——基于山东省苹果种植户的调查数据［J］．中国农业大学学报，2012，1（5）：196 - 202．

［8］蔡荣，汪紫钰，钱龙，杜志雄．加入合作社促进了家庭农场选择环境友好型生产方式吗？——以化肥、农药减量施用为例［J］．中国农村观察，2019（1）：51 - 65．

［9］蔡书凯，李靖．水稻农药施用强度及其影响因素研究——基于粮食主产区农户调研数据［J］．中国农业科学，2011，44（11）：2403 - 2410．

［10］陈欢，周宏，孙顶强．信息传递对农户施药行为及水稻产量的影响——江西省水稻种植户的实证分析［J］．农业技术经济，2017（12）：23 - 31．

［11］陈嘉兴，黄军霞，王丹．现代通信技术导论（第 3 版）［M］．北京：北京邮电大学出版社，2022.

［12］陈俊红，龚晶，李芸，田有国，杜洪燕．我国农技推广体系的机制创新及经验研究［J］．科技管理研究，2019，39（4）：25 – 29.

［13］陈强．高级计量经济学及 Stata 应用（第二版）［M］．北京：高等教育出版社，2014.

［14］陈实，刘颖，刘大鹏．农技推广率、农业机械化与湖北省水稻生产［J］．农业技术经济，2019（6）：29 – 37.

［15］陈淑祥．我国农民合作组织发展突出问题分析［J］．经济纵横，2010（4）：79 – 82.

［16］陈义媛．中国农技推广体系变迁、农业转型与技术政治［J］．开放时代，2021（3）：60 – 74.

［17］陈奕山，钟甫宁，纪月清．农户兼业对水稻杀虫剂施用的影响［J］．湖南农业大学学报（社会科学版），2017，18（6）：1 – 6.

［18］陈源平，盛国成．提升我国农机装备信息化浅议［J］．农业机械，2014（9）：113 – 114.

［19］陈昭玖，谢秦华，杨宜婷．农户获取农业技术信息途径及信任度分析——基于江西省 1077 户种稻大户的调查［J］．农业经济与管理，2012（4）：18 – 23，37.

［20］程名望，张家平．互联网普及与城乡收入差距：理论与实证［J］．中国农村经济，2019（2）：19 – 41.

［21］戴奋奋，袁会珠．植保机械与施药技术规范化［M］．北京：中国农业科学技术出版社，2002.

［22］邓泰安，邓保国，俞湘珍．农技推广人员工作积极性影响因素实证研究——基于广东 1880 名农技推广人员问卷调查［J］．科技管理研究，2018，38（11）：139 – 146.

［23］邓元慧，王国强．通信技术的前世今生［J］．张江科技评论，2019（1）：72 – 77.

［24］刁留彦．我国农技推广体系考核机制的创新与完善［J］．农村经济，2013（4）：96 – 98.

［25］杜江，刘渝．中国农业增长与化学品投入的库兹涅茨假说及验证

[J]. 世界经济文汇，2009（3）：96－108.

[26] 杜三峡，罗小锋，黄炎忠，唐林，余威震. 风险感知、农业社会化服务与稻农生物农药技术采纳行为 [J]. 长江流域资源与环境，2021，30（7）：1768－1779.

[27] 范存会，黄季焜，胡瑞法，张彩萍. Bt 抗虫棉的种植对农药施用的影响 [J]. 中国农村观察，2002（5）：2－10，16.

[28] 高春雨. 县域农田 N_2O 排放量估算及其减排碳贸易案例研究 [M]. 北京：中国农业出版社，2011.

[29] 高晶晶，史清华. 农户生产性特征对农药施用的影响：机制与证据 [J]. 中国农村经济，2019（11）：83－99.

[30] 高启杰，董杲. 基层农技推广人员的组织公平感知对其组织公民行为的影响研究——以主观幸福感为中介变量 [J]. 中国农业大学学报（社会科学版），2016，33（2）：75－83.

[31] 高启杰. 农业推广学（第 4 版）[M]. 北京：中国农业大学出版社，2018.

[32] 高启杰. 我国农业推广投资现状与制度改革的研究 [J]. 农业经济问题，2002（8）：27－33.

[33] 高强，孔祥智. 我国农业社会化服务体系演进轨迹与政策匹配：1978～2013 年 [J]. 改革，2013（4）：5－18.

[34] 高天志，冯辉，陆迁. 数字农技推广服务促进了农户绿色生产技术选择吗？——基于黄河流域 3 省微观调查数据 [J]. 农业技术经济，2023（9）：23－38.

[35] 高杨，牛子恒. 风险厌恶、信息获取能力与农户绿色防控技术采纳行为分析 [J]. 中国农村经济，2019（8）：109－127.

[36] 工业和信息化部. 2022 年前三季度通信业经济运行情况 [EB/OL]. https：//www. miit. gov. cn/gxsj/tjfx/txy/art/2022/art _7d93778caddc4359b262ce6c0a9e0c4a. html.

[37] 龚道广. 农业社会化服务的一般理论及其对农户选择的应用分析 [J]. 中国农村观察，2000（6）：25－34，78.

[38] 顾庆康，林乐芬. 信息传递、家庭养老保险与农户农业规模经营参与决策分析——以农户农地股份合作社入股决策为例 [J]. 农业技术经济，

2021（3）：121 –131.

［39］桂学文，王中尧，桂恒，柳娜．我国农户信息需求与信息行为现状调查及分析［J］．情报科学，2016，34（3）：66 –70.

［40］郭建鑫，赵清华，赵继春．农民互联网应用采纳决策及应用强度影响因素研究——基于北京郊区 712 名农民的调查数据［J］．华中农业大学学报（社会科学版），2017（5）：56 –62.

［41］郭锦墉，徐磊，黄强．政府补贴、生产能力与合作社"农超对接"存续时间［J］．农业技术经济，2019（3）：87 –95.

［42］郭锦墉，徐磊．农民合作社"农超对接"参与意愿和参与程度的影响因素分析——基于江西省的抽样调查［J］．北京工商大学学报（社会科学版），2016，31（6）：17 –25，82.

［43］郭利京，王颖．我国水稻生产中农药过量施用研究：基于社会和私人利益最大化的视角［J］．生态与农村环境学报，2018，34（5）：401 –407.

［44］郭淑静，李路平，徐志刚．农户玉米品种技术需求及信息获取渠道分析［J］．中国农业科技导报，2012，14（1）：18 –24.

［45］国家发展和改革委员会．全国农产品成本收益资料汇编［M］．北京：中国物价出版社，2003.

［46］国家发展和改革委员会．全国农产品成本收益资料汇编［M］．北京：中国统计出版社，2004，2021.

［47］国家发展计划委员会．全国农产品成本收益资料汇编［M］．北京：中国物价出版社，1998 –2002.

［48］国家计划委员会．全国农产品成本收益资料汇编［M］．北京：中国物价出版社，1992 –1997.

［49］国家统计局．中国农村统计年鉴［M］．北京：中国统计出版社，1992 –2021.

［50］国家统计局．中国统计年鉴［M］．北京：中国统计出版社，1992 –2021.

［51］韩长赋．新中国农业发展 70 年——政策成就卷［M］．北京：中国农业出版社，2019.

［52］韩军辉，李艳军．农户获知种子信息主渠道以及采用行为分

析——以湖北省谷城县为例 [J]. 农业技术经济，2005（1）：31 – 35.

[53] 何得桂. 科技兴农中的基层农业科技推广服务模式创新——"农业试验示范站"的经验与反思 [J]. 生态经济，2013（2）：141 – 144.

[54] 洪名勇，何玉凤. 邻里效应及其对农地流转选择行为的影响机制研究——基于贵州省 540 户农户的调查 [J]. 农业技术经济，2020（9）：4 – 19.

[55] 侯建昀，霍学喜. 交易成本与农户农产品销售渠道选择——来自 7 省 124 村苹果种植户的经验证据 [J]. 山西财经大学学报，2013，35（7）：56 – 64.

[56] 侯建昀，刘军弟，霍学喜. 区域异质性视角下农户农药施用行为研究——基于非线性面板数据的实证分析 [J]. 华中农业大学学报（社会科学版），2014（4）：1 – 9.

[57] 胡伦，陆迁. 贫困地区农户互联网信息技术使用的增收效应 [J]. 改革，2019（2）：74 – 86.

[58] 胡瑞法，黄季焜，李立秋. 中国农技推广体系现状堪忧——来自 7 省 28 县的典型调查 [J]. 中国农技推广，2004（3）：6 – 8.

[59] 胡瑞法，黄季焜，李立秋. 中国农业技术推广：现状、问题及解决对策 [J]. 管理世界，2004（5）：50 – 57.

[60] 胡瑞法，黄季焜. 中国农业技术推广投资的现状及影响 [J]. 战略与管理，2001（3）：25 – 31.

[61] 胡瑞法，李立秋. 农业技术推广的国际比较 [J]. 科技导报，2004（1）：26 – 29.

[62] 胡瑞法，李立秋，张真和，石尚柏. 农户需求型技术推广机制示范研究 [J]. 农业经济问题，2006（11）：50 – 56.

[63] 胡瑞法，路延梅. 种子产业化与开放种子市场 [J]. 中国农村经济，1998（6）：59 – 67.

[64] 胡瑞法，孙顶强，董晓霞. 农技推广人员的下乡推广行为及其影响因素分析 [J]. 中国农村经济，2004（11）：29 – 35.

[65] 胡瑞法，孙艺夺. 农业技术推广体系的困境摆脱与策应 [J]. 改革，2018（2）：89 – 99.

[66] 胡瑞法，王润，孙艺夺，张超. 农业社会化技术服务与农户技术

信息来源——基于7省2293个农户的调查［J］. 科技管理研究，2019（22）：99 – 105.

［67］胡瑞法. 种子技术管理学概论［M］. 北京：科学出版社，1998.

［68］黄慈渊. 农药使用的负外部性问题及经济学分析［J］. 安徽农业科学，2005，33（1）：151 – 153.

［69］黄季焜. 共享经济在农业领域的发展［J］. 中国农村科技，2017（10）：24 – 27.

［70］黄季焜，胡瑞法，智华勇. 基层农业技术推广体系30年发展与改革：政策评估和建议［J］. 农业技术经济，2009（1）：4 – 10.

［71］黄季焜，齐亮，陈瑞剑. 技术信息知识、风险偏好与农民施用农药［J］. 管理世界，2008（5）：71 – 76.

［72］黄季焜，史鹏飞. 快速和包容的农村经济转型路径效果和驱动力［J］. 中国科学基金，2021，35（3）：394 – 401.

［73］黄季焜. 四十年中国农业发展改革和未来政策选择［J］. 农业技术经济，2018（3）：4 – 15.

［74］黄季焜，陶然，徐志刚，刘明兴，Rozelle S. 制度变迁和可持续发展——30年中国农业与农村［M］. 上海：格致出版社，2008.

［75］黄少安. 改革开放40年中国农村发展战略的阶段性演变及其理论总结［J］. 经济研究，2018，53（12）：4 – 19.

［76］黄炎忠，罗小锋，唐林，余威震. 市场信任对农户生物农药施用行为的影响——基于制度环境的调节效应分析［J］. 长江流域资源与环境，2020，29（11）：2488 – 2497.

［77］黄泽颖，郭燕枝，王小虎. 农户获取马铃薯主粮化的市场信息渠道研究——以甘肃省定西市为例［J］. 中国农业资源与区划，2019，40（11）：207 – 215.

［78］黄宗智. 华北的小农经济与社会变迁［M］. 北京：中华书局，1986.

［79］黄祖辉，张静，Chen, K. 交易费用与农户契约选择——来自浙冀两省15县30个村梨农调查的经验证据［J］. 管理世界，2008（9）：76 – 81.

［80］黄祖辉，钟颖琦，王晓莉. 不同政策对农户农药施用行为的影响［J］. 中国人口·资源与环境，2016，26（8）：148 – 155.

[81] 纪月清，刘亚洲，陈奕山．统防统治：农民兼业与农药施用 [J]．南京农业大学学报（社会科学版），2015，15（6）：61-67.

[82] 纪越峰．现代通信技术 [M]．北京：北京邮电大学出版社，2020.

[83] 贾晋．中国农技推广体系改革的政策模拟与优化——基于基层推广机构行为视角的分析 [J]．中国软科学，2009（9）：15-22，31.

[84] 贾善刚．金农工程与农业信息化 [J]．农业信息探索，2000（1）：5-10.

[85] 江树人．农药与环境安全国际会议论文集 [M]．北京：中国农业大学出版社，2005.

[86] 姜健，周静，孙若愚．菜农过量施用农药行为分析 [J]．农业技术经济，2017（11）：16-25.

[87] 姜太碧．农村生态环境建设中农户施肥行为影响因素分析 [J]．西南民族大学学报（人文社科版），2015，36（12）：157-161.

[88] 焦源，赵玉姝，高强，李宪宝．农户分化状态下农民技术获取路径研究 [J]．科技管理研究，2015，35（4）：97-101.

[89] 焦源，赵玉姝，高强．我国沿海地区农业技术推广效率及其制约因素 [J]．华南农业大学学报（社会科学版），2013，12（4）：12-18.

[90] 金季涛，师仰胜，冯克，王安民．农药标签混乱的原因分析及治理对策 [J]．农药科学与管理，2003，24（7）：33-34.

[91] 金书秦，方菁．农药的环境影响和健康危害：科学证据和减量控害建议 [J]．环境保护，2016，44（24）：34-38.

[92] 金书秦，牛坤玉，韩冬梅．农业绿色发展路径及其"十四五"取向 [J]．改革，2020（2）：30-39.

[93] 科斯．论生产的制度结构 [M]．上海：上海三联书店，1994.

[94] 孔祥智，徐珍源，史冰清．当前我国农业社会化服务体系的现状、问题和对策研究 [J]．江汉论坛，2009（5）：13-18.

[95] 李冬梅，陈超，刘智，吴海春．乡镇农技人员推广效率影响因素分析——基于四川省水稻主产区 238 户农户调查 [J]．农业技术经济，2009（4）：34-41.

[96] 李谷成，蔡慕宁，叶锋．互联网、人力资本和农业全要素生产率增长 [J]．湖南农业大学学报（社会科学版），2021，22（4）：16-23.

［97］李昊，李世平，南灵．农药施用技术培训减少农药过量施用了吗？
［J］．中国农村经济，2017（10）：80-96．

［98］李浩，李登旺．规模经营背景下农户参与农业技术培训的影响因素研究——基于全国4省数据的实证分析［J］．中国农业资源与区划，2021，42（5）：228-236．

［99］李桦，彭思喜，黄蝶君．中国南方地区植保无人机补贴体系的政策效应及优化策略［J］．中国农业大学学报，2022，27（1）：287-296．

［100］李君甫．论中国农民在生产经营中的信息弱势地位［J］．西北农林科技大学学报（社会科学版），2003，3（5）：39-41，44．

［101］李莉，刘刚．基于蓝牙技术的温室环境监测系统设计［J］．农业机械学报，2006（10）：97-100．

［102］李立朋，李桦．农户施药量选择的邻里效应——基于外部技术获得、经验资本的调节作用分析［J］．长江流域资源与环境，2020，29（11）：2508-2518．

［103］李明月，罗小锋，余威震，黄炎忠．代际效应与邻里效应对农户采纳绿色生产技术的影响分析［J］．中国农业大学学报，2020（1）：206-215．

［104］李欠男，李谷成．互联网发展对农业全要素生产率增长的影响［J］．华中农业大学学报（社会科学版），2020（4）：71-78．

［105］李俏，李久维．农村意见领袖参与农技推广机制创新研究［J］．中国科技论坛，2015（6）：148-153．

［106］李世杰，朱雪兰，洪潇伟，韦开蕾．农户认知、农药补贴与农户安全农产品生产用药意愿——基于对海南省冬季瓜菜种植农户的问卷调查［J］．中国农村观察，2013（5）：55-69．

［107］李小丽，王绯．农户获取科技信息渠道及影响因素分析——以湘鄂渝黔边区为例［J］．图书馆学研究，2011（17）：52-56．

［108］李晓静，陈哲，刘斐，夏显力．参与电商会促进猕猴桃种植户绿色生产技术采纳吗？——基于倾向得分匹配的反事实估计［J］．中国农村经济，2020（3）：118-135．

［109］李艳军．公益性农技推广的市场化营运：必要性与路径选择［J］．农业技术经济，2004（5）：42-45．

　　[110] 李忠鞠，张超，胡瑞法，陈志钢. 化肥农药经销店对农户的技术服务及其效果研究 [J]. 中国软科学，2021 (11)：36 -44.

　　[111] 连雪君，毛雁冰，王红丽. 细碎化土地产权、交易成本与农业生产——来自内蒙古中部平原地区乌村的经验调查 [J]. 中国人口·资源与环境，2014，24 (4)：86 -92.

　　[112] 廖文梅，袁若兰，黄华金，高雪萍. 交易成本、资源禀赋差异对农户生产环节外包行为的影响 [J]. 中国农业资源与区划，2021，42 (9)：198 -206.

　　[113] 林乐芬，顾庆康. 农民专业合作社对农地经营权抵押贷款潜在需求及影响因素分析 [J]. 中国土地科学，2017，31 (7)：28 -36.

　　[114] 林锐，周力，周曙东. 规模分化视角下农户农药施用行为的邻里效应分析——以花生种植户为例 [J]. 福建农业学报，2018，33 (11)：1224 -1230.

　　[115] 林少丽，方平平. 浅析多媒体网络与农业技术推广信息化的发展 [J]. 台湾农业探索，2010 (3)：46 -49.

　　[116] 刘凤芹. 不完全合约与履约障碍——以订单农业为例 [J]. 经济研究，2003 (4)：22 -30.

　　[117] 刘可，齐振宏，杨彩艳，叶孙红，刘玉孝. 邻里效应与农技推广对农户稻虾共养技术采纳的影响分析——互补效应与替代效应 [J]. 长江流域资源与环境，2020，29 (2)：401 -411.

　　[118] 刘威. 农户使用互联网获取市场信息的行为分析——基于种粮农户的实地调查 [J]. 西北农林科技大学学报 (社会科学版)，2013，13 (1)：46 -53.

　　[119] 刘晓鸥，邸元. 订单农业对农户农业生产的影响——基于三省 (区) 1041 个农户调查数据的分析 [J]. 中国农村经济，2013 (4)：48 -59.

　　[120] 刘晓燕，章丹，徐志刚. 粮食规模经营户化肥施用也"过量"吗——基于规模户和普通户异质性的实证 [J]. 农业技术经济，2020 (9)：117 -129.

　　[121] 刘新智，李奕. 政府购买农业技术推广服务存在的问题及对策 [J]. 经济纵横，2016 (5)：79 -83.

　　[122] 刘子涵，辛贤，吕之望. 互联网农业信息获取促进了农户土地流

转吗 [J]. 农业技术经济, 2021 (2): 100-111.

[123] 芦千文. 中国农业生产性服务业: 70年发展回顾、演变逻辑与未来展望 [J]. 经济学家, 2019 (11): 5-13.

[124] 罗华伟, 干胜道, 屈迪. 乡镇农技推广机构的资源配置效率与改进研究 [J]. 农村经济, 2012 (7): 84-88.

[125] 罗锡文, 廖娟, 邹湘军, 张智刚, 周志艳, 臧英, 胡炼. 信息技术提升农业机械化水平 [J]. 农业工程学报, 2016, 32 (20): 1-14.

[126] 罗小锋, 杜三峡, 黄炎忠, 唐林, 余威震. 种植规模、市场规制与稻农生物农药施用行为 [J]. 农业技术经济, 2020 (6): 71-80.

[127] 罗小娟, 冯淑怡, 黄信灶. 信息传播主体对农户施肥行为的影响研究——基于长江中下游平原690户种粮大户的空间计量分析 [J]. 中国人口·资源与环境, 2019, 29 (4): 104-115.

[128] 罗重谱, 高强. 乡村振兴战略背景下新型订单农业的运作模式及其高质量发展路径 [J]. 宏观经济研究, 2022 (5): 94-103, 110.

[129] 马九杰, 赵永华, 徐雪高. 农户传媒使用与信息获取渠道选择倾向研究 [J]. 国际新闻界, 2008 (2): 58-62.

[130] 马俊龙, 宁光杰. 互联网与中国农村劳动力非农就业 [J]. 财经科学, 2017 (7): 50-63.

[131] 满明俊, 李同昇. 农户采用新技术的行为差异、决策依据、获取途径分析——基于陕西、甘肃、宁夏的调查 [J]. 科技进步与对策, 2010, 27 (15): 58-63.

[132] 毛飞, 孔祥智. 农户销售信息获取行为分析 [J]. 农村经济, 2011 (12): 8-12.

[133] 米建伟, 黄季焜, 陈瑞剑, Liu E. M. 风险规避与中国棉农的农药施用行为 [J]. 中国农村经济, 2012 (7): 60-71.

[134] 穆娜娜, 钟真. 中国农业社会化服务体系构建的政策演化与发展趋势 [J]. 政治经济学评论, 2022, 13 (5): 87-112.

[135] 牛桂芹. 论转型期的农村科技传播模式——以"农资店"的科技传播功能为例 [J]. 自然辩证法研究, 2014, 30 (8): 86-92.

[136] 牛亚丽, 周静. 交易成本、农户认知及参与"农超对接"行为——基于辽宁省梨农的调查数据 [J]. 农业技术经济, 2014 (9): 89-96.

［137］农业部 . 2007 中国农业科技推广发展报告［M］. 北京：中国农业出版社，2007.

［138］农业部 . 2008 中国农业科技推广发展报告［M］. 北京：中国农业出版社，2008.

［139］农业部 . 2009 中国农业科技推广发展报告［M］. 北京：中国农业出版社，2010.

［140］农业部 . 2010 中国农业科技推广发展报告［M］. 北京：中国农业出版社，2011.

［141］农业部 . 2011 中国农业科技推广发展报告［M］. 北京：中国农业出版社，2012.

［142］农业部 . 2012 中国农业科技推广发展报告［M］. 北京：中国农业出版社，2013.

［143］农业部 . 2013 中国农业科技推广发展报告［M］. 北京：中国农业出版社，2014.

［144］农业部 . 2016 年中国农业技术推广发展报告［M］. 北京：中国农业出版社，2018.

［145］农业部科技教育司 . 中国农业科学技术 50 年［M］. 北京：中国农业出版社，1999.

［146］农业部科学技术委员会，农业部科学技术司 . 中国农业科技工作四十年［M］. 北京：中国科学技术出版社，1989.

［147］农业部农村经济研究中心课题组 . 我国农业技术推广体系调查与改革思路［J］. 中国农村经济，2005（2）：46 – 54.

［148］农业农村部信息中心，中国国际电子商务中心 . 2021 年全国县域数字农业农村电子商务发展报告［EB/OL］. https：//www. gov. cn/xinwen/2021 – 09/11/5636759/files/55ff71aa99934732ad1e285adc65ec42. pdf.

［149］潘丹 . 农业技术培训对农村居民收入的影响：基于倾向得分匹配法的研究［J］. 南京农业大学学报（社会科学版），2014，14（5）：62 – 69.

［150］潘丹，杨佳莹，钟海燕，郭巧苓 . 中国主要粮食作物农药过量使用程度的时空分析［J］. 经济研究参考，2018（33）：16 – 23.

［151］恰亚·诺夫 . 农民经济组织［M］. 北京：中央编译出版社，1996.

［152］乔方彬，张林秀，胡瑞法 . 农业技术推广人员的推广行为分析

[J]. 农业技术经济, 1999 (3): 12 - 15.

[153] 秦诗乐, 吕新业. 市场主体参与能否减少稻农的农药过量施用? [J]. 华中农业大学学报 (社会科学版), 2020 (4): 61 - 70.

[154] 仇焕广, 栾昊, 李瑾, 汪阳洁. 风险规避对农户化肥过量施用行为的影响 [J]. 中国农村经济, 2014 (3): 85 - 96.

[155] 屈小博, 霍学喜. 交易成本对农户农产品销售行为的影响——基于陕西省 6 个县 27 个村果农调查数据的分析 [J]. 中国农村经济, 2007 (8): 35 - 46.

[156] 全国农业技术推广服务中心. 国外农业技术推广 [M]. 北京: 中国农业出版社, 2001.

[157] 桑贤策, 罗小锋. 新媒体使用对农户生物农药采纳行为的影响研究 [J]. 华中农业大学学报 (社会科学版), 2021 (6): 90 - 100.

[158] 申红芳, 廖西元, 陈超, 王磊. 基层农技推广的人力资源管理机制及其对推广行为的影响 [J]. 农业技术经济, 2012 (9): 19 - 27.

[159] 申红芳, 廖西元, 王志刚, 王磊. 基层农技推广人员的收入分配与推广绩效——基于全国 14 省 (区、市) 44 县数据的实证 [J]. 中国农村经济, 2010 (2): 57 - 67, 78.

[160] 申红芳, 王志刚, 王磊. 基层农业技术推广人员的考核激励机制与其推广行为和推广绩效——基于全国 14 个省 42 个县的数据 [J]. 中国农村观察, 2012 (1): 65 - 79.

[161] 沈能, 王艳. 中国农业增长与污染排放的 EKC 曲线检验: 以农药投入为例 [J]. 数理统计与管理, 2016, 35 (4): 614 - 622.

[162] 宋凤仙, 齐文娥, 黎璇. 农户获取农业信息渠道行为及其影响因素分析——基于广东、广西、海南三省区荔枝种植户的实证分析 [J]. 广东农业科学, 2018, 45 (12): 137 - 142.

[163] 宋洪远. 新型农业社会化服务体系建设研究 [J]. 中国流通经济, 2010, 24 (6): 35 - 38.

[164] 宋金田, 祁春节. 交易成本对农户农产品销售方式选择的影响——基于对柑橘种植农户的调查 [J]. 中国农村观察, 2011 (5): 33 - 44.

[165] 宋金田, 祁春节. 农户农业技术需求影响因素分析——基于契约视角 [J]. 中国农村观察, 2013 (6): 52 - 59.

[166] 宋林，何洋.互联网使用对中国农村劳动力就业选择的影响 [J].中国人口科学，2020 (3)：61 – 74.

[167] 宋学清，王双.信息工作概论 [M].西安：西安地图出版社，2008.

[168] 苏岚岚，孔荣.互联网使用促进农业创业增益了吗？——基于内生转换回归模型的实证分析 [J].中国农村经济，2020 (2)：62 – 80.

[169] 苏群，陈杰.农民专业合作社对稻农增收效果分析——以江苏省海安县水稻合作社为例 [J].农业技术经济，2014 (8)：93 – 99.

[170] 孙生阳，胡瑞法，张超.技术信息来源对水稻农户过量和不足施用农药行为的影响 [J].世界农业，2021 (8)：97 – 109.

[171] 孙生阳，胡瑞法，张超.信息通信技术使用能提高农业劳动生产率吗？——基于 4 省 1122 个农户的证据 [J].世界农业，2022 (12)：95 – 106.

[172] 孙生阳，李忠鞠，张超，胡瑞法.技术信息来源对水稻农户病虫草害防治行为的影响 [J].农业现代化研究，2021，42 (5)：900 – 908.

[173] 孙生阳，孙艺夺，胡瑞法，张超，蔡金阳.中国农技推广体系的现状、问题及政策研究 [J].中国软科学，2018 (6)：25 – 34.

[174] 孙振玉.农业技术推广研究 [M].北京：中国科学技术出版社，1993.

[175] 孙忠富，曹洪太，李洪亮，杜克明，王迎春，苏晓峰，蔡田芳，刘爽，褚金翔.基于 GPRS 和 WEB 的温室环境信息采集系统的实现 [J].农业工程学报，2006 (6)：131 – 134.

[176] 谭英，蒋建科，陈洪.不同信息传播渠道传播农业政策的效果及农户接受程度分析 [J].农业经济问题，2005 (9)：64 – 67.

[177] 谭英，王德海，谢咏才.贫困地区农户信息获取渠道与倾向性研究——中西部地区不同类型农户媒介接触行为调查报告 [J].农业技术经济，2004 (2)：28 – 33.

[178] 谭英，张峥，王悠悠，杨小兰，凌莲莲.农民市场信息获取与发布的不对称性分析与对策 [J].农业经济问题，2008 (6)：68 – 72.

[179] 唐丽霞，左停.中国农村污染状况调查与分析——来自全国 141 个村的数据 [J].中国农村观察，2008 (1)：31 – 38.

[180] 田云，张俊彪，何可，丰军辉. 农户农业低碳生产行为及其影响因素分析——以化肥施用和农药使用为例 [J]. 中国农村观察，2015 (4)：61 – 70.

[181] 仝志辉，侯宏伟. 农业社会化服务体系：对象选择与构建策略 [J]. 改革，2015 (1)：132 – 139.

[182] 佟大建，黄武. 社会经济地位差异、推广服务获取与农业技术扩散 [J]. 中国农村经济，2018 (11)：128 – 143.

[183] 佟大建，黄武，应瑞瑶. 基层公共农技推广对农户技术采纳的影响——以水稻科技示范为例 [J]. 中国农村观察，2018 (4)：59 – 73.

[184] 佟屏亚. 中国玉米科技史 [M]. 北京：中国农业科技出版社，2000.

[185] 童霞，吴林海，山丽杰. 影响农药施用行为的农户特征研究 [J]. 农业技术经济，2011 (11)：71 – 83.

[186] 屠豫钦. 农药使用技术标准化 [M]. 北京：中国标准出版社，2001.

[187] 万宝瑞. 我国农村又将面临一次重大变革——"互联网 + 三农"调研与思考 [J]. 农业经济问题，2015 (8)：4 – 7.

[188] 汪发元，刘在洲. 新型农业经营主体背景下基层多元化农技推广体系构建 [J]. 农村经济，2015 (9)：85 – 90.

[189] 王常伟，顾海英. 市场 VS 政府，什么力量影响了我国菜农农药用量的选择？[J]. 管理世界，2013 (11)：50 – 66.

[190] 王成利，刘同山. 农地退出意愿对化肥、农药使用强度的影响——基于鲁、苏、皖三省农户的实证分析 [J]. 中国人口·资源与环境，2021，31 (3)：184 – 192.

[191] 王海洋，潘宗瑾，孙健雄，裴云鹏，施建军，杨华，陈应江，秦光蔚，王为，刘兴华. 物联网技术在特粮特经作物生产中的应用 [J]. 大麦与谷类科学，2021，38 (4)：1 – 5.

[192] 王家年. "以钱养事"：农村公共财政体制改革的新探索 [J]. 农村经济，2008 (3)：74 – 76.

[193] 王甲云，陈诗波. "以钱养事"农技推广体系改革成效分析——基于湖北江夏、襄阳和曾都三地的实地调研 [J]. 农业经济问题，2013，34

（10）：97 – 103.

[194] 王建华，马玉婷，王晓莉. 农产品安全生产：农户农药施用知识与技能培训 [J]. 中国人口·资源与环境，2014，24（4）：54 – 63.

[195] 王建明，周宁，张蕾. 我国农技推广行为评价机制创新研究——基于16县759位农技员的调查 [J]. 农业经济问题，2011，32（5）：28 – 32.

[196] 王静，霍学喜. 交易成本对农户要素稀缺诱致性技术选择行为影响分析——基于全国七个苹果主产省的调查数据 [J]. 中国农村经济，2014（2）：20 – 32，55.

[197] 王曙光. 中国农民合作组织历史演进：一个基于契约—产权视角的分析 [J]. 农业经济问题，2010（11）：21 – 27.

[198] 王文玺. 世界农业推广之研究 [M]. 北京：中国农业科技出版社，1994.

[199] 王永强，朱玉春. 启发式偏向、认知与农民不安全农药购买决策——以苹果种植户为例 [J]. 农业技术经济，2012（7）：48 – 55.

[200] 王宇，左停. 农业科技推广机构职能弱化现象研究 [J]. 中国科技论坛，2015（9）：127 – 132.

[201] 王岳平. 面向农村市场的工业结构调整 [J]. 管理世界，1998（5）：92 – 101.

[202] 王志章，杨志红. 劳动力非农就业抑制了农户参与专业合作社吗——基于西部地区10省85村1154户的微观调查数据 [J]. 农业技术经济，2021（6）：115 – 129.

[203] 魏后凯. 中国农业发展的结构性矛盾及其政策转型 [J]. 中国农村经济，2017（5）：2 – 17.

[204] 魏立国. 农业技术推广中专业合作社的作用分析 [J]. 农业科技与信息，2016（1）：17 – 18.

[205] 魏启文，刘绍仁，孙艳萍，杨锚. 我国农药市场监管的成效、问题与对策 [J]. 农产品质量与安全，2013（1）：10 – 13.

[206] 魏欣，李世平. 蔬菜种植户农药使用行为及其影响因素研究 [J]. 统计与决策，2012（24）：116 – 118.

[207] 温亚平，冯亮明，刘伟平. 交易成本对农户林业生产分工行为的

影响 [J]. 农林经济管理学报, 2021, 20 (3): 346 – 355.

[208] 温忠麟, 张雷, 侯杰泰, 刘红云. 中介效应检验程序及其应用 [J]. 心理学报, 2004 (5): 614 – 620.

[209] 武守忠, 高灵旺, 施大钊, 苏洪田, 梁建平. 基于 PDA 的草原鼠害数据采集系统的开发 [J]. 草地学报, 2007 (6): 550 – 555.

[210] 西蒙·赫金. 通信系统 [M]. 北京: 电子工业出版社, 2003.

[211] 夏蓓, 蒋乃华. 种粮大户需要农业社会化服务吗——基于江苏省扬州地区 264 个样本农户的调查 [J]. 农业技术经济, 2016 (8): 15 – 24.

[212] 肖开红. 种粮农户采用互联网的行为特征及其影响因素研究——基于河南省种粮农户调查的实证研究 [J]. 经济经纬, 2012 (6): 32 – 36.

[213] 谢贤鑫, 陈美球. 务农年限、邻里交流与农户生态耕种采纳度——基于江西省的数据验证 [J]. 长江流域资源与环境, 2020, 29 (4): 1016 – 1026.

[214] 熊鹰. 农户对农业社会化服务需求的实证分析——基于成都市 176 个样本农户的调查 [J]. 农村经济, 2020 (3): 93 – 96.

[215] 闫阿倩, 罗小锋, 黄炎忠. 社会化服务对农户农药减量行为的影响研究 [J]. 干旱区资源与环境, 2021, 35 (10): 91 – 97.

[216] 闫贝贝, 张强强, 刘天军. 手机使用能促进农户采用 IPM 技术吗? [J]. 农业技术经济, 2020 (5): 45 – 59.

[217] 闫迪, 郑少锋. 互联网使用能提高农户生产效率吗?——以陕冀鲁三省蔬菜种植户为例 [J]. 南京农业大学学报 (社会科学版), 2021, 21 (1): 155 – 166.

[218] 杨汇泉, 朱启臻. 新中国成立 60 年来农业社会化服务体系组织建构回顾及研究述评 [J]. 华南农业大学学报 (社会科学版), 2010, 9 (1): 21 – 27.

[219] 杨柠泽, 周静, 马丽霞, 唐立强. 信息获取媒介对农村居民生计选择的影响研究——基于 CGSS2013 调查数据的实证分析 [J]. 农业技术经济, 2018 (5): 52 – 65.

[220] 杨唯一, 鞠晓峰. 基于博弈模型的农户技术采纳行为分析 [J]. 中国软科学, 2014 (11): 42 – 49.

[221] 杨钰蓉, 何玉成, 闫桂权. 不同激励方式对农户绿色生产行为的

影响——以生物农药施用为例 [J]. 世界农业，2021 (4)：53 - 64.

[222] 姚瑞卿，姜太碧. 农户行为与"邻里效应"的影响机制 [J]. 农村经济，2015 (4)：40 - 44.

[223] 叶飞，蔡子功. "公司 + 农户"型订单农业供应链"双向补贴"机制研究 [J]. 运筹与管理，2018，27 (5)：186 - 193.

[224] 应瑞瑶，朱勇. 农业技术培训对减少农业面源污染的效果评估 [J]. 统计与信息论坛，2016，31 (1)：100 - 105.

[225] 应瑞瑶，朱勇. 农业技术培训方式对农户农业化学投入品使用行为的影响 [J]. 中国农村观察，2015 (1)：50 - 58，83.

[226] 于彩虹，李春燕，林荣华，宗伏霖，姜辉，瞿唯钢. 农药对陆生生物的生态毒性及风险评估 [J]. 生态毒理学报，2015，10 (6)：21 - 28.

[227] 袁伟民，陶佩君. 我国政府公益性农技推广组织架构优化分析 [J]. 科技管理研究，2017，37 (22)：109 - 115.

[228] 袁舟航，闵师，项诚. 农村小学同伴效应对学习成绩的影响：近朱者赤乎？[J]. 教育与经济，2018，34 (1)：65 - 73.

[229] 苑鹏. 中国农村市场化进程中的农民合作组织研究 [J]. 中国社会科学，2001 (6)：63 - 73.

[230] 展进涛，张慧仪，陈超. 果农施用农药的效率测度与减少错配的驱动力量——基于中国桃主产县 524 个种植户的实证分析 [J]. 南京农业大学学报（社会科学版），2020，20 (6)：148 - 156.

[231] 张超，孙艺夺，胡瑞法. 外出务工劳动力回流会提高农业生产效率吗——以长江流域 1122 个水稻农户为例 [J]. 农业技术经济，2023 (1)：60 - 77.

[232] 张超，孙艺夺，李钟华，胡瑞法，蔡金阳. 农药暴露对人体健康损害研究的文献计量分析 [J]. 农药学学报，2016，18 (1)：1 - 11.

[233] 张超，孙艺夺，孙生阳，胡瑞法. 城乡收入差距是否提高了农业化学品投入？——以农药施用为例 [J]. 中国农村经济，2019 (1)：96 - 111.

[234] 张超，孙艺夺，王润，胡瑞法，蔡金阳. 返乡农户与长期农户的农业生产差异：生产规模与技术培训参与 [J]. 科技管理研究，2020 (15)：163 - 168.

［235］张贵兰，王健，王剑，赵华．农户信息渠道选择及其影响因素的探索性研究——以河北省南宫市大寺王村村民为例［J］．现代情报，2016，36（5）：88－93.

［236］张景娜，张雪凯．互联网使用对农地转出决策的影响及机制研究——来自CFPS的微观证据［J］．中国农村经济，2020（3）：57－77.

［237］张凯，陈彦宾，张昭，冯推紫，杨礼胜．"十三五"化学农药减施增效综合技术研发成效与标志性成果［J］．植物保护，2021，47（1）：1－7.

［238］张兰，李炜，刘子铭，冯淑怡．农地股份合作社治理机制对社员收入和满意度的影响研究［J］．中国土地科学，2020，34（10）：108－116.

［239］张蕾，陈超，展进涛．农户农业技术信息的获取渠道与需求状况分析——基于13个粮食主产省份411个县的抽样调查［J］．农业经济问题，2009，31（11）：78－84.

［240］张蕾，陈超，朱建军．基层农技员推广行为与推广绩效的实证研究——基于农户视角的调查［J］．南京农业大学学报（社会科学版），2010，10（1）：14－20.

［241］张蕾．牧民畜牧业技术需求状况与获取渠道分析——以内蒙古锡林郭勒盟为例［J］．中国畜牧杂志，2013，49（16）：17－22.

［242］张蒙萌，李艳军．农户"被动信任"农资零售商的缘由：社会网络嵌入视角的案例研究［J］．中国农村观察，2014（5）：25－37.

［243］张明月，薛兴利，郑军．合作社参与"农超对接"满意度及其影响因素分析——基于15省580家合作社的问卷调查［J］．中国农村观察，2017（3）：87－101.

［244］张谋贵．三种主粮生产中化肥、农药的经济用量探析［J］．江淮论坛，2019（3）：10－15.

［245］张强强，霍学喜，刘军弟．合作社农技服务社员满意度及其影响因素分析——基于299户果农社员的调查［J］．湖南农业大学学报（社会科学版），2017，18（4）：8－15.

［246］张三峰，杨德才．基于农民异质性的土地流转、专业合作社与农业技术推广研究——以江苏泗阳县×镇为例［J］．财贸研究，2010，21（2）：52－57.

［247］张卫东，卜偲琦，彭旭辉．互联网技能、信息优势与农民工非农

就业 [J]. 财经科学, 2021 (1): 118 - 132.

[248] 张五常. 交易费用的范式 [J]. 社会科学战线, 1999 (1): 1 - 9.

[249] 张永丽, 徐腊梅. 互联网使用对西部贫困地区农户家庭生活消费的影响——基于甘肃省 1735 个农户的调查 [J]. 中国农村经济, 2019 (2): 42 - 59.

[250] 赵春江, 杨信廷, 李斌, 李明, 闫华. 中国农业信息技术发展回顾及展望 [J]. 农学学报, 2018, 8 (1): 172 - 178.

[251] 赵佳佳, 刘天军, 田祥宇. 合作意向、能力、程度与 "农超对接" 组织效率——以 "农户 + 合作社 + 超市" 为例 [J]. 农业技术经济, 2014 (7): 105 - 113.

[252] 赵玲, 滕应, 骆永明. 中国农田土壤农药污染现状和防控对策 [J]. 土壤, 2017, 49 (3): 417 - 427.

[253] 赵梦平, 符刚. 信息成本对农产品销售影响的理论分析 [J]. 农村经济, 2009 (12): 50 - 52.

[254] 赵秋倩, 夏显力. 社会规范何以影响农户农药减量化施用——基于道德责任感中介效应与社会经济地位差异的调节效应分析 [J]. 农业技术经济, 2020 (10): 61 - 73.

[255] 郑纪刚, 张日新. 外包服务有助于减少农药过量施用吗——基于经营规模调节作用的分析 [J]. 农业技术经济, 2022 (2): 16 - 27.

[256] 郑淋议, 钱文荣, 刘琦, 郭小琳. 新一轮农地确权对耕地生态保护的影响——以化肥、农药施用为例 [J]. 中国农村经济, 2021 (6): 76 - 93.

[257] 郑小玉, 刘冬梅, 曹智. 农业科技社会化服务体系：内涵、构成与发展 [J]. 中国软科学, 2020 (10): 56 - 64.

[258] 郑义, 洪流浩, 刘燕娜. 农民专业合作社参与农业技术推广的优势、制约与建议 [J]. 内蒙古农业大学学报 (社会科学版), 2012, 14 (3): 33 - 34, 44.

[259] 智华勇, 黄季焜, 张德亮. 不同管理体制下政府投入对基层农技推广人员从事公益性技术推广工作的影响 [J]. 管理世界, 2007 (7): 66 - 74.

[260] 中共中央文献研究室编辑委员会. 周恩来选集 (下卷) [M]. 北京：人民出版社, 1984.

[261] 中国农业科学院农业经济研究所. 农业经济与科技发展研究

［M］. 北京：中国农业出版社，1998.

［262］中华人民共和国中央人民政府. 关于积极发展现代农业扎实推进社会主义新农村建设的若干意见［EB/OL］. https：//www. gov. cn/gongbao/content/2007/content_548921. htm.

［263］中华人民共和国中央人民政府. 关于加大改革创新力度加快农业现代化建设的若干意见［EB/OL］. https：//www. gov. cn/zhengce/2015 – 02/01/content_2813034. htm.

［264］中华人民共和国中央人民政府. 关于加快推进农业科技创新持续增强农产品供给保障能力的若干意见［EB/OL］. https：//www. gov. cn/gong-bao/content/2012/content_2068256. htm.

［265］中华人民共和国中央人民政府. 关于坚持农业农村优先发展做好"三农"工作的若干意见［EB/OL］. https：//www. gov. cn/gongbao/content/2019/content_5370837. htm.

［266］中华人民共和国中央人民政府. 关于落实发展理念加快农业现代化实现全面小康目标的若干意见［EB/OL］. https：//www. gov. cn/gongbao/content/2016/content_5045927. htm.

［267］中华人民共和国中央人民政府. 关于全面深化农村改革加快推进农业现代化的若干意见［EB/OL］. https：//www. gov. cn/zhengce/2014 – 01/19/content_2640103. htm.

［268］中华人民共和国中央人民政府. 关于全面推进乡村振兴加快农业农村现代化的若干意见［EB/OL］. https：//www. gov. cn/zhengce/2021 – 02/21/content_5588098. htm.

［269］中华人民共和国中央人民政府. 关于深入推进农业供给侧结构性改革加快培育农业农村发展新动能的若干意见［EB/OL］. https：//www. gov. cn/zhengce/2017 – 02/05/content_5165626. htm.

［270］中华人民共和国中央人民政府. 关于实施乡村振兴战略的若干意见［EB/OL］. https：//www. gov. cn/zhengce/2018 – 02/04/content _5263807. htm？ tdsourcetag = s_pctim_aiomsg.

［271］中华人民共和国中央人民政府. 关于推进社会主义新农村建设的若干意见［EB/OL］. https：//www. gov. cn/govweb/gongbao/content/2006/content_254151. htm.

[272] 中华人民共和国中央人民政府. 关于抓好"三农"领域重点工作确保如期实现全面小康的若干意见 [EB/OL]. https：//www. gov. cn/zhengce/2020 – 02/05/content_5474884. htm.

[273] 中华人民共和国中央人民政府. 关于做好2022年全面推进乡村振兴重点工作的若干意见 [EB/OL]. https：//www. gov. cn/zhengce/2022 – 02/22/content_5675035. htm.

[274] 钟真, 蒋维扬, 李丁. 社会化服务能推动农业高质量发展吗？——来自第三次全国农业普查中粮食生产的证据 [J]. 中国农村经济, 2021 (12)：109 – 130.

[275] 周绍东. "互联网＋"推动的农业生产方式变革——基于马克思主义政治经济学视角的探究 [J]. 中国农村观察, 2016 (6)：75 – 85.

[276] 周曙东, 张宗毅. 农户农药施药效率测算、影响因素及其与农药生产率关系研究——对农药损失控制生产函数的改进 [J]. 农业技术经济, 2013 (3)：4 – 14.

[277] 周水平, 徐新峰. 农民合作社禀赋对其"农超对接"参与意愿和参与程度的影响分析——基于江西的抽样调查 [J]. 江西社会科学, 2019, 39 (1)：227 – 232.

[278] 朱淀, 孔霞, 顾建平. 农户过量施用农药的非理性均衡：来自中国苏南地区农户的证据 [J]. 中国农村经济, 2014 (8)：17 – 29, 41.

[279] 朱红根, 宋成校. 互联网使用对家庭农场劳动力资源配置的影响 [J]. 农业技术经济, 2020 (8)：40 – 53.

[280] 朱红根, 姚莉萍. 信息来源对鄱阳湖区农户湿地功能认知及保护态度的影响效应分析 [J]. 农林经济管理学报, 2016, 15 (3)：307 – 315.

[281] 朱秋博, 白军飞, 彭超, 朱晨. 信息化提升了农业生产率吗？ [J]. 中国农村经济, 2019 (4)：22 – 40.

[282] 朱希刚. 市场化与我国农业科研体制改革 [M]. 农业经济问题, 1994 (2)：50 – 54.

[283] 朱岩, 田金强, 刘宝平, 于志慧. 数字农业：农业现代化发展的必由之路 [M]. 北京：知识产权出版社, 2020.

[284] 朱英, 章琰, 宁云. 现代化农业技术推广中的"能人效应" [J]. 中国科技论坛, 2021 (8)：120 – 125.

［285］祝伟，祁丽霞，王瑞梅．城镇化对农药、化肥施用强度的影响——基于中介效应的分析［J］．中国农业资源与区划，2022，43（5）：21－30．

［286］祝仲坤．互联网技能会带来农村居民的消费升级吗？——基于 CSS2015 数据的实证分析［J］．统计研究，2020，37（9）：68－81．

［287］庄天慧，刘成，张海霞．农业补贴抑制了农药施用行为吗？［J］．农村经济，2021（7）：120－128．

［288］左两军，牛刚，何鸿雁．种植业农户农药信息获取渠道分析及启示——基于广东蔬菜种植户的抽样调查［J］．调研世界，2013（8）：41－44．

［289］Abebaw D., Haile M. G. The impact of cooperatives on agricultural technology adoption：Empirical evidence from Ethiopia［J］. *Food Policy*, 2013, 38：82－91.

［290］Abedullah, Kouser S., Qaim M. Bt cotton, pesticide use and environmental efficiency in Pakistan［J］. *Journal of Agricultural Economics*, 2015, 66（1）：66－86.

［291］Agricultural Research Service, U. S. Department of Agriculture. About ARS［EB/OL］. https：//www. ars. usda. gov/about－ars/.

［292］Aida, T. Neighbourhood effects in pesticide use：Evidence from the rural Philippines［J］. *Journal of Agricultural Economics*, 2018, 69（1）：163－181.

［293］Aker J. C. Dial "A" for agriculture：A review of information and communication technologies for agricultural extension in developing countries［J］. *Agricultural Economics*, 2011, 42：631－647.

［294］Aker J. C., Ksoll C. Can mobile phones improve agricultural outcomes? Evidence from a randomized experiment in Niger［J］. *Food Policy*, 2016, 60：44－51.

［295］Akerlof G. The market for lemons：Quality uncertainty and the market mechanism［J］. *Quarterly Journal of Economics*, 1970, 84（3）：488－500.

［296］Alan S. A., Wolff H. Do pesticide sellers make farmers sick? Health, information, and adoption of technology in Bangladesh［J］. *Journal of Agricultural and Resource Economics*, 2016, 41（1）：62－80.

［297］Alavanja M. C. , Hoppin J. A. , Kamel, F. Health effects of chronic pesticide exposure: Cancer and neurotoxicity ［J］. *Annual Review of Public Health*, 2004, 25（1）: 155 – 197.

［298］Albrecht H. Extension research: Needs and uses. In G. E. Jones, ed. *Investing in Rural Extension: Strategies and Goals* ［M］. London: Elsevier Applied Science Publishers, 1986.

［299］Alex G. , Zijp W. , Byerlee, D. Rural Extension and Advisory Services: New Directions ［R］. Rural Development Strategy Background Paper 9. Washington, D. C. : World Bank, 2002.

［300］Ali J. Farmers' perspectives on quality of agricultural information delivery: A comparison between public and private sources ［J］. *Journal of Agricultural Science and Technology*, 2013, 15: 685 – 696.

［301］Al – Sharafat A. , Altarawneh M. , Altahat E. Effectiveness of agricultural extension activities ［J］. *American Journal of Agricultural and Biological Sciences*, 2012, 7（2）: 194 – 200.

［302］Antholt C. H. Getting Ready for the Twenty – First Century: Technical Change and Institutional Modernization in Agriculture ［R］. World Bank Technical Paper 217. Washington, D. C. : World Bank, 1994.

［303］Arrow K. J. The Organization of Economic Activity: Issues Pertinent to the Choice of Market versus Non – Market Allocations ［R］. Washington D. C. : Joint Economic Committee of Congress, 1969.

［304］Babcock B. A. , Lichtenberg E. , Zilberman D. Impact of damage control and quality of output: Estimating pest control effectiveness ［J］. *American Journal of Agricultural Economics*, 1992, 74（1）: 163 – 172.

［305］Babu S. C. , Huang J. , Venkatesh P. , Zhang Y. A comparative analysis of agricultural research and extension reforms in China and India ［J］. *China Agricultural Economic Review*, 2015, 7（4）: 541 – 572.

［306］Bagheri A. , Emami N. , Damalas C. A. , Allahyari M. S. Farmers' knowledge, attitudes, and perceptions of pesticide use in apple farms of northern Iran: Impact on safety behavior ［J］. *Environmental Science and Pollution Research*, 2019, 26: 9343 – 9351.

［307］ Baiyegunhi L. J. S. , Majokweni Z. P. , Ferrer S. R. D. Impact of out-sourced agricultural extension program on smallholder farmers' net farm income in Msinga, KwaZulu – Natal, South Africa ［J］. *Technology in Society*, 2019, 57: 1 – 7.

［308］ Bayramoglu B. , Chakir R. The impact of high crop prices on the use of agro-chemical inputs in France: A structural econometric analysis ［J］. *Land Use Policy*, 2016, 55: 204 – 211.

［309］ Beltran J. C. , White B. , Burton M. , Doole, G. J. , Pannell, D. J. Determinants of herbicide use in rice production in the Philippines ［J］. *Agricultural Economics*, 2013, 44 (1): 45 – 55.

［310］ Benson A. , Jafry T. The state of agricultural extension: An overview and new caveats for the future ［J］. *Journal of Agricultural Education and Extension*, 2013, 19 (4): 381 – 393.

［311］ Birkhaeuser D. , Evenson R. E. , Feder, G. The economic impact of agricultural extension: A review ［J］. *Economic Development and Cultural Change*, 1991, 39 (3): 607 – 650.

［312］ Blackwell M. , Pagoulatos A. The econometrics of damage control ［J］. *American Journal of Agricultural Economics*, 1992, 74 (4): 1040 – 1044.

［313］ Bonye S. Z. , Alfred K. B. , Jasaw, G. S. Promoting community-based agricultural extension agents as an alternative approach to formal agricultural extension service delivery in Northern Ghana ［J］. *Asian Journal of Agricultural Development*, 2012, 2 (1): 76 – 95.

［314］ Buadi D. K. , Anaman K. A. , Kwarteng J. A. Farmers' perceptions of the quality of extension services provided by non-governmental organisations in two municipalities in the Central Region of Ghana ［J］. *Agricultural Systems*, 2013, 120: 20 – 26.

［315］ Bunting A. H. Extension and technical change in agriculture. In G. E. Jones, ed. *Investing in Rural Extension: Strategies and Goals* ［M］. London: Elsevier Applied Science Publsihers, 1986.

［316］ Cai J. , Jia Y. , Hu R. , Zhang C. Four decades of China's agricultural extension reform and its impact on agents' time allocation ［J］. *Australian Journal of Agricultural and Resource Economics*, 2020, 64 (1): 104 – 125.

[317] Cai J. , Xiong J. , Hong Y. , Hu R. Pesticide overuse in apple production and its socioeconomic determinants: Evidence from Shaanxi and Shandong provinces, China [J]. *Journal of Cleaner Production*, 2021, 315: 128 – 179.

[318] Carpentier A. , Weaver R. D. Damage control productivity: Why econometrics matters [J]. *American Journal of Agricultural Economics*, 1997, 79: 47 – 61.

[319] Carrosco – Tauber C. , Moffit L. J. Damage control econometrics: Functional specification and pesticide productivity [J]. *American Journal of Agricultural Economics*, 1992, 74 (1): 158 – 162.

[320] Cattaneo M. G. , Yafuso C. , Schmidt C. , Huang C. , Rahman M. , Olson C. , Ellers – Kirk C. , Orr B. J. , Marsh S. E. , Antilla L. , Dutilleul P. , Carrière Y. Farm-scale evaluation of the impacts of transgenic cotton on biodiversity, pesticide use, and yield [J]. *Proceedings of the National Academy of Sciences of the United States of America*, 2006, 103 (20): 7571 – 7576.

[321] Chambers R. G. , Karagiannis G. , Tzouvelekas V. Another look at pesticide productivity and pest damage [J]. *American Journal of Agricultural Economics*, 2010, 92 (5): 1401 – 1419.

[322] Chang H. H. , Just D. R. Internet access and farm household income—Empirical evidence using a semi-parametric assessment in Taiwan [J]. *Journal of Agricultural Economics*, 2009, 60 (2): 348 – 366.

[323] Chen C. C. , McCarl B. A. An investigation of the relationship between pesticide usage and climate change [J]. *Climate Change*, 2001, 50: 475 – 487.

[324] Chen Q. , Zhang C. , Hu R. , Sun S. Can information from the Internet improve grain technical efficiency? New evidence from rice production in China [J]. *Agriculture*, 2022, 12: 2086.

[325] Chen R. , Huang J. , Qiao F. Farmers' knowledge on pest management and pesticide use in Bt cotton production in China [J]. *China Economic Review*, 2013, 27 (C): 15 – 24.

[326] Cheung S. N. S. The contractual nature of the firm [J]. *Journal of Law and Economics*, 1983, 26 (1): 1 – 21.

［327］ Coase R. H. The nature of the firm ［J］. *Economica*, 1937, 16 (4): 386 – 405.

［328］ Coase R. H. The problem of social cost ［J］. *Journal of Law and Economics*, 1960, 25 (3): 1 – 44.

［329］ Damalas C. A. Understanding benefits and risks of pesticide use ［J］. *Scientific Research and Essays*, 2009, 4 (10): 945 – 949.

［330］ Davis K. E. , Babu S. C. , Ragasa C. *Agricultural Extension: Global Status and Performance in Selected Countries* ［M］. Washington, D. C. : International Food Policy Research Institute, 2020.

［331］ Davis K. , Heemskerk W. Investment in Extension and Advisory Services as Part of Agricultural Innovation Systems. *Module* 3 *of Agricultural Innovation Systems: An Investment Sourcebook* ［M］. Washington, D. C. : World Bank, 2012.

［332］ Delcour I. , Spanoghe P. , Uyttendaele M. Literature review: Impact of climate change on pesticide use ［J］. *Food Research International*, 2015, 68: 7 – 15.

［333］ Deng X. , Xu D. , Zeng M. , Qi Y. Does Internet use help reduce rural cropland abandonment? Evidence from China ［J］. *Land Use Policy*, 2019, 89: 104243.

［334］ Ekepu D. , Tirivanhu P. , Nampala P. Assessing farmer involvement in collective action for enhancing the sorghum value chain in Soroti, Uganda ［J］. *South African Journal of Agricultural Extension*, 2017, 45 (1): 118 – 130.

［335］ Emmanuel D. , Owusu – Sekyere E. , Owusu V. , Jordaan H. Impact of agriculturalextension service on adoption of chemical fertilizer: Implications for rice productivity and development in Ghana ［J］. *NJAS – Wageningen Journal of Life Sciences*, 2016, 79: 41 – 49.

［336］ Evenson R. E. The economics of extension. In G. E. Jones, ed. *Investing in Rural Extension: Strategies and Goals* ［M］. London: Elsevier Applied Science Publishers, 1986.

［337］ Faure G. , Desjeux Y. , Gasselin P. New challenges in agricultural advisory services from a research perspective: A literature review, synthesis and research agenda ［J］. *Journal of Agricultural Education and Extension*, 2012, 18

（5）：461 – 492.

［338］Feder G. Pesticides, information, and pest management under uncertainty ［J］. *American Journal of Agricultural Economics*, 1979, 61 （1）：97 – 103.

［339］Feder G. , Willett A. , Zijp W. Agricultural Extension：Generic Challenges and the Ingredients for Solutions ［R］. Policy Research Working Paper 2129. Washington, D. C. : World Bank, 1999.

［340］Feldman A. M. *Welfare Economics and Social Choice Theory* ［M］. Boston：Kluwer Nijhoff Publishing, 1980.

［341］Food and Agriculture Organization of the United Nations. Food and agricultural data ［EB/OL］. https：//www. fao. org/faostat/en/#home.

［342］Fox G. , Weersink A. Damage control and increasing returns ［J］. *American Journal of Agricultural Economics*, 1995, 77：33 – 39.

［343］Gao Y. , Zhao D. , Yu L. , Yang H. Influence of a new agricultural technology extension mode on farmers' technology adoption behavior in China ［J］. *Journal of Rural Studies*, 2020, 76：173 – 183.

［344］Gautam S. , Schreinemachers P. , Uddin M. N. , Srinivasan R. Impact of training vegetable farmers in Bangladesh in integrated pest management （IPM） ［J］. *Crop Protection*, 2017, 102：161 – 169.

［345］Gebrehiwot K. G. The impact of agricultural extension on households' welfare in Ethiopia ［J］. *International Journal of Social Economics*, 2015, 42 （8）：733 – 748.

［346］Gong Y. , Baylis K. , Kozak R. , Bull G. Farmers' risk preferences and pesticide use decisions：Evidence from field experiments in China ［J］. *Agricultural Economics*, 2016, 47：411 – 421.

［347］Goodhue R. E. , Klonsky K. , Mohapatra S. Can an education program be a substitute fora regulatory program that bans pesticides? Evidence from a panel selection model ［J］. *American Journal of Agricultural Economics*, 2010, 92 （4）：956 – 971.

［348］Gronroos C. Relationship approach to marketing in service contexts：The marketing and organizational behavior interface ［J］. *Journal of Business Research*, 1990, 20 （1）：3 – 11.

［349］ Grovermann C. , Schreinemachers P. , Berger T. Quantifying pesticide overuse from farmer and societal points of view: An application to Thailand ［J］. *Crop Protection*, 2013, 53: 161 – 168.

［350］ Guan Z. , Lansink A. O. , Wossink A. , Huirne R. Damage control inputs: A comparison of conventional and organic farming systems ［J］. *European Review of Agricultural Economics*, 2005, 32 (2): 167 – 189.

［351］ Guo L. , Cao A. , Huang M. , Li H. Effects of haze pollution on pesticide use by rice farmers: Fresh evidence from rural areas of China ［J］. *Environmental Science and Pollution Research*, 2021, 28: 62755 – 62770.

［352］ Gustafson D. J. The challenge of connecting priorities to performance: One state's response to the forces for change in U. S. extension. In W. M. Rivera, D. J. Gustafson, eds. *Agricultural Extension: Worldwide Institutional Innovation and Forces for Change* ［M］. New York: Elsevier Applied Science Publishers, 1991.

［353］ Hao J. , Bijman J. , Gardebroek C. , Heerink N. , Heijma W. , Huo X. Cooperative membership and farmers' choice of marketing channels—Evidence from apple farmers in Shaanxi and Shandong Provinces, China ［J］. *Food Policy*, 2018, 74: 53 – 64.

［354］ Hayami Y. , Ruttan V. W. *Agriculture Development: An International Perspective* ［M］. Baltimore and London: Johns Hopkins University Press, 1985.

［355］ Hellin J. Agricultural extension, collective action and innovation systems: Lessons on network brokering from Peru and Mexico ［J］. *Journal of Agricultural Education and Extension*, 2012, 18 (2): 141 – 159.

［356］ Hennessy D. A. Damage control and increasing returns: Further results ［J］. *American Journal of Agricultural Economics*, 1997, 79 (3): 786 – 791.

［357］ He X. K. , Bonds J. , Herbst A. , Langenakens J. Recent development of unmanned aerial vehicle for plant protection in East Asia ［J］. *International Journal of Agricultural & Biological Engineering*, 2017, 10 (2): 18 – 30.

［358］ Hofs J. L. , Fok M. , Vaissayre M. Impact of Bt cotton adoption on pesticide use by smallholders: A 2 – year survey in Makhatini Flats (South Africa) ［J］. *Crop Protection*, 2006, 25: 984 – 988.

［359］ Hou J. , Huo X. , Yin R. Does computer usage change farmers' production and consumption? Evidence from China [J]. *China Agricultural Economic Review*, 2019, 11 (2): 387 –410.

[360] Hou L., Huang J., Wang X., Hu R., Xue C. Farmer's knowledge on GM technology and pesticide use: Evidence from papaya production in China [J]. *Journal of Integrative Agriculture*, 2012, 11 (12): 2107 –2115.

[361] Hou L., Liu P., Huang J., Deng X. The influence of risk preferences, knowledge, land consolidation, and landscape diversification on pesticide use [J]. *Agricultural Economics*, 2020, 51: 759 –775.

[362] Huang J., Chen R., Qiao F., Wu K. Biosafety management and pesticide use in China's Bt cotton production [J]. *China Economic Review*, 2015, 33: 67 –75.

[363] Huang J., Hu R., Pray C., Qiao F., Rozelle S. Biotechnology as an alternative to chemical pesticides: A case study of Bt cotton in China [J]. *Agricultural Economics*, 2003, 29 (1): 55 –67.

[364] Huang J., Hu R., Rozelle S., Pray C. Genetically modified rice, yields, and pesticides: Assessing farm-level productivity effects in China [J]. *Economic Development and Cultural Change*, 2008, 56 (2): 241 –263.

[365] Huang J., Hu R., Rozelle S., Pray C. Insect-resistant GM rice in farmers' fields: Assessing productivity and health effects in China [J]. *Science*, 2005, 308: 688 –690.

[366] Huang J., Hu R., Rozelle S., Qiao F., Pray C. Transgenic varieties and productivity of smallholder cotton farmers in China [J]. *Australian Journal of Agricultural and Resource Economics*, 2002, 46 (3): 367 –387.

[367] Huang J., Qiao F., Zhang L., Rozelle, S. Farm Pesticide, Rice Production, and Human Health in China [R]. EEPSEA Research Report 2001 – RR3. Ottawa: International Development Research Center, 2001.

[368] Huang J., Rozelle S. Technological change: Re-discovering the engine of productivity growth in China's rural economy [J]. *Journal of Development Economics*, 1996, 49 (2): 337 –369.

[369] Huang J., Wang S., Xiao Z. Rising herbicide use and its driving forces in China [J]. *European Journal of Development Research*, 2017, 29 (3):

614 – 627.

［370］Huang J. , Zhou K. , Zhang W. , Deng X. , van der Werf W. , Lu Y. , Wu K. , Rosegrant M. W. Uncovering the economic value of natural enemies and true costs of chemical insecticides to cotton farmers in China ［J］. *Environmental Research Letters*, 2018, 13: 064027.

［371］Huang Y. , Luo X. , Tang L. , Yu W. The power of habit: Does production experience lead to pesticide overuse? ［J］. *Environmental Science and Pollution Research*, 2020, 27: 25287 – 25296.

［372］Hu R. , Cai Y. , Chen K. Z. , Huang J. Effects of inclusive public agricultural extension service: Results from a policy reform experiment in western China ［J］. *China Economic Review*, 2012, 23 （4）: 962 – 974.

［373］Hu R. , Cao J. , et al. Farmer participatory testing of standard and modified site-specific nitrogen management for irrigated rice in China ［J］. *Agricultural Systems*, 2007, 94 （2）: 331 – 340.

［374］Hu R. , Yang Z. , Kelly P. , Huang J. Agricultural extension system reform and agent time allocation in China ［J］. *China Economic Review*, 2009, 20 （2）: 303 – 315.

［375］Ito J. , Bao Z. , Su Q. Distributional effects of agricultural cooperatives in China: Exclusion of smallholders and potential gains on participation ［J］. *Food Policy*, 2012, 37: 700 – 709.

［376］Jacquet F. , Butault J. P. , Guichard L. An economic analysis of the possibility of reducing pesticides in French field crops ［J］. *Ecological Economics*, 2011, 70 （9）: 1638 – 1648.

［377］Jallow M. F. A. , Awadh D. G. , Albaho M. , Devi V. Y. , Thomas B. M. Pesticide risk behaviors and factors influencing pesticide use among farmers in Kuwait ［J］. *Science of the Total Environment*, 2017, 574: 490 – 498.

［378］Ji C. , Jin S. , Wang H. , Ye C. Estimating effects of cooperative membership on farmers' safe production behaviors: Evidence from pig sector in China ［J］. *Food Policy*, 2019, 83: 231 – 245.

［379］Jin J. , Wang W. , He R. , Gong H. Pesticide use and risk perceptions among small-scalefarmers in Anqiu County, China ［J］. *International Journal of Environmental Research and Public Health*, 2016, 14: 29.

[380] Jin S. , Bluemling B. , Mol A. P. J. Information, trust and pesticide overuse: Interactions between retailers and cotton farmers in China [J]. *NJAS - Wageningen Journal of Life Sciences*, 2015, 72 - 73: 23 - 32.

[381] Kaila H. , Tarp F. Can the Internet improve agricultural production? Evidence from Viet Nam [J]. *Agricultural Economics*, 2019, 50: 675 - 691.

[382] Kamel F. , Hoppin, J. A. Association of pesticide exposure with neurologic dysfunction and disease [J]. *Environmental Health Perspectives*, 2004, 112 (9): 950 - 958.

[383] Kang S. , Ullah A. , Jiao X. , Zheng S. Information and communication technology impact on vegetable farmers' transaction costs: Evidence from China [J]. *Ciência Rural, Santa Maria*, 2022, 52 (11): e20210392.

[384] Kessides C. Institutional options of the provision of infrastructure [R]. World Bank Discussion Paper 212. Washington, D. C. : World Bank, 1993.

[385] Khan M. , Mahmood H. Z. , Damalas C. A. Pesticide use and risk perceptions among farmers in the cotton belt of Punjab, Pakistan [J]. *Crop Protection*, 2015, 67 (1): 184 - 190.

[386] Khan M. , Nawab K. , Ullah J. , Khatam A. , Qasim M. , Ayub G. , Nawaz N. Communication gap and training needs of Pakistan's agricultural extension agents in horticulture [J]. *Sarhad Journal of Agriculture*, 2012, 28 (1): 129 - 135.

[387] Knight F. H. Risk, Uncertainty and Profit [M]. *Lowa City: Houghton Mifflin Company*, 1921.

[388] Kountios G. , Ragkos A. , Bournaris T. , Papadavid G. , Michailidis A. Educational needs and perceptions of the sustainability of precision agriculture: Survey evidence from Greece [J]. *Precision Agriculture*, 2018, 19 (3): 537 - 554.

[389] Kouser S. , Qaim M. Bt cotton, damage control and optimal levels of pesticide use in Pakistan [J]. *Environment and Development Economics*, 2014, 19 (6): 704 - 723.

[390] Kuhfuss L. , Subervie J. Do European agri-environment measures help

reduce herbicide use? Evidence from viticulture in France [J]. *Ecological Economics*, 2018, 149: 202 – 211.

[391] Kuosmanen T. , Pemsl D. , Wesseler J. Specification and estimation of production function involving damage control inputs: A two-stage, semiparametric approach [J]. *American Journal of Agricultural Economics*, 2006, 88 (2): 499 – 511.

[392] Lai W. Pesticide use and health outcomes: Evidence from agricultural water pollution in China [J]. *Journal of Environmental Economics and Management*, 2017, 86: 93 – 120.

[393] Lansink A. O. , Carpentier A. Damage control productivity: An input damage abatement approach [J]. *Journal of Agricultural Economics*, 2001, 52: 11 – 22.

[394] Lechenet M. , Dessaint F. , Py G. , Makowski D. , Munier – Jolain N. Reducing pesticide use while preserving crop productivity and profitability on arable farms [J]. *Nature Plants*, 2017, 3: 17008.

[395] Leng C. , Ma W. , Tang J. , Zhu Z. ICT adoption and income diversification among rural households in China [J]. *Applied Economics*, 2020, 52 (33): 3614 – 3628.

[396] Lewbel A. Endogenous selection or treatment model estimation [J]. *Journal of Econometrics*, 2007, 141 (2): 777 – 806.

[397] Liang Q. , Hendrikse G. , Huang Z. , Xu X. Governance structure of Chinese farmer cooperatives: Evidence from Zhejiang Province [J]. *Agribusiness*, 2015, 31 (2): 198 – 214.

[398] Lichtenberg E. , Zilberman D. The econometrics of damage control: Why specification matters [J]. *American Journal of Agricultural Economics*, 1986, 68: 261 – 273.

[399] Lin B. , Wang X. , Jin S. , Yang W. , Li H. Impacts of cooperative membership on rice productivity: Evidence from China [J]. *World Development*, 2022, 150: 105669.

[400] Liu E. M. , Huang J. Risk preferences and pesticide use by cotton farmers in China [J]. *Journal of Development Economics*, 2013, 103 (4): 202 – 215.

［401］Liu Z., Rommel J., Feng S., Hanisch M. Can land transfer through land cooperatives foster off-farm employment in China? ［J］. *China Economic Review*, 2017, 45: 35 – 44.

［402］Li X., Guo H., Jin S., Ma W., Zeng Y. Do farmers gain internet dividends from E – commerce adoption? Evidence from China ［J］. *Food Policy*, 2021, 101: 102024.

［403］Li X., Ito J. An empirical study of land rental development in rural Gansu, China: The role of agricultural cooperatives and transaction costs ［J］. *Land Use Policy*, 2021, 109: 105621.

［404］Li Z., Hu R., Zhang C., Xiong Y., Chen K. Governmental regulation induced pesticide retailers to provide more accurate advice on pesticide use to farmers in China ［J］. *Pest Management Science*, 2022, 78 (1): 184 – 192.

［405］Maddala G. S. *Limited – Dependent and Qualitative Variables in Econometrics* ［M］. Cambridge: Cambridge University Press, 1983.

［406］Manda J., Khonje M. G., Alene A. D., Tufa A. H., Abdoulaye, T., Mutenie, M., Setimela, P., Manyong, V. Does cooperative membership increase and accelerate agricultural technology adoption? Empirical evidence from Zambia ［J］. *Technological Forecasting and Social Change*, 2020, 158: 120160.

［407］Maponya P., Mpandeli S. The role of extension services in climate change adaptation in Limpopo province, South Africa ［J］. *Journal of Agricultural Extension and Rural Development*, 2013, 5 (7): 137 – 142.

［408］Ma W., Abdulai A. Does cooperative membership improve household welfare? Evidence from apple farmers in China ［J］. *Food Policy*, 2016, 58: 94 – 102.

［409］Ma W., Abdulai A. IPM adoption, cooperative membership and farm economic performance: Insights from apple farmers in China ［J］. *China Agricultural Economic Review*, 2019, 11 (2): 218 – 236.

［410］Ma W., Abdulai A., Ma C. The effects of off-farm work on fertilizer and pesticide expenditures in China ［J］. *Review of Development Economics*, 2018, 22: 573 – 591.

［411］Ma W., Abdulai A. The economic impacts of agricultural cooperatives on smallholder farmers in rural China [J]. *Agribusiness*, 2017, 33: 537 - 551.

[412] Ma W. , Nie P. , Zhang P. , Renwick A. Impact of Internet use on economic well-being of rural households: Evidence from China [J]. *Review of Development Economics*, 2020, 24 (2): 503 - 523.

[413] Ma W. , Renwick A. , Nie P. , Tang J. , Cai R. Off-farm work, smartphone use and household income: Evidence from rural China [J]. *China Economic Review*, 2018, 52: 80 - 94.

[414] Ma W. , Renwick A. , Yuan P. , Ratna N. Agricultural cooperative membership and technical efficiency of apple farmers in China: An analysis accounting for selectivity bias [J]. *Food Policy*, 2018, 81: 122 - 132.

[415] Ma W. , Wang X. Internet use, sustainable agricultural practices and rural incomes: Evidence from China [J]. *Australian Journal of Agricultural and Resource Economics*, 2020, 64: 1087 - 1112.

[416] Ma W. , Zheng H. Heterogeneous impacts of information technology adoption on pesticide and fertilizer expenditures: Evidence from wheat farmers in China [J]. *Australian Journal of Agricultural and Resource Economics*, 2022, 66: 72 - 92.

[417] Ma W. , Zheng H. , Yuan P. Impacts of cooperative membership on banana yield and risk exposure: Insights from China [J]. *Journal of Agricultural Economics*, 2022, 73 (2): 564 - 579.

[418] Ma W. , Zhou X. , Liu M. What drives farmers' willingness to adopt e-commerce in rural China? The role of Internet use [J]. *Agribusiness*, 2020, 36: 159 - 163.

[419] Metcalf R. L. Changing role of insecticides in crop protection [J]. *Annual Review of Entomology*, 1980, 25 (1): 219 - 256.

[420] Möhring N. , Dalhaus T. , Enjolras G. , Finger, R. Crop insurance and pesticide use in European agriculture [J]. *Agricultural Systems*, 2020, 184: 102902.

[421] Möhring N. , Ingold K. , Kudsk P. , Laurent F. M. , Niggli U. , Siegrist M. , Studer B. , Walter A. , Finger R. Pathways for advancing pesticide policies [J]. *Nature Food*, 2020, 1: 535 - 540.

[422] Migheli M. Land ownership and use of pesticides. Evidence from the Mekong Delta [J]. *Journal of Cleaner Production*, 2017, 145: 188 – 198.

[423] Min S. , Liu M. , Huang J. Does the application of ICTs facilitate rural economic transformation in China? Empirical evidence from the use of smartphones among farmers [J]. *Journal of Asian Economics*, 2020, 70: 101219.

[424] Moyo R. , Salawu A. A survey of communication effectiveness by agricultural extension in the Gweru district of Zimbabwe [J]. *Journal of Rural Studies*, 2018, 60: 32 – 42.

[425] Musgrave R. A. *The Theory of Public Finance* [M] . New York: McGraw – Hill, 1959.

[426] Mustapha S. B. , Mustapha A. A. , Reuben A. B. , Obetta N. C. , Alkali M. A. Assessment of extension service delivery on fish farming in Maiduguri Metropolis, Borno State, Nigeria [J]. *International Academic Journal of Innovative Research*, 2016, 3 (9): 9 – 14.

[427] Nkamleu G. B. , Adesina A. A. Determinants of chemical input use in peri-urban lowland systems: Bivariate probit analysis in Cameroon [J]. *Agricultural Systems*, 2000, 63 (2): 111 – 121.

[428] Ntow W. J. , Gijzen H. J. , Kelderman P. , Drechsel P. Farmer perceptions and pesticide usepractices in vegetable production in Ghana [J]. *Pest Management Science*, 2006, 62 (4): 356 – 365.

[429] Ochieng J. , Knerr B. , Owuor G. , Ouma E. Strengthening collective action to improve marketing performance: Evidence from farmer groups in Central Africa [J] . *Journal of Agricultural Education and Extension*, 2018, 24 (2): 169 – 189.

[430] Oerke E. C. Crop losses to pests [J]. *Journal of Agricultural Sciences*, 2006, 144 (1): 31 – 43.

[431] Ogutu S. O. , Okello J. J. , Otieno D. J. Impact of information and communication technology-based market information services on smallholder farm input use and productivity: The case of Kenya [J]. *World Development*, 2014, 64: 311 – 321.

[432] Oluwole O. , Cheke R. A. Health and environmental impacts of pesti-

cide use practices: A case study of farmers in Ekiti State, Nigeria [J]. *International Journal of Agricultural Sustainability*, 2009, 7 (3): 153 – 163.

[433] Pan D., He M., Kong F. Risk attitude, risk perception, and farmers' pesticide application behavior in China: A moderation and mediation model [J]. *Journal of Cleaner Production*, 2020, 276: 124241.

[434] Pan D., Kong F., Zhang N., Ying R. Knowledge training and the change of fertilizer use intensity: Evidence from wheat farmers in China [J]. *Journal of Environment Management*, 2017, 197: 130 – 139.

[435] Pan D., Zhang N., Kong F. Does it matter who gives information? The impact of information sources on farmers' pesticide use in China [J]. *Journal of Asian Economics*, 2021, 76: 101345.

[436] Parlasca M. C., Mußhoff O., Qaim M. Can mobile phones improve nutrition among pastoral communities? Panel data evidence from Northern Kenya [J]. *Agricultural Economics*, 2020, 51: 475 – 488.

[437] Pemsl D., Waibel H., Gutierrez A. P. Why do some Bt-cotton farmers in China continue to use high levels of pesticide? [J]. *International Journal of Agricultural Sustainability*, 2005, 3 (1): 1 – 13.

[438] Perry E. D., Ciliberto F. C., Hennessy D. A., Moschini G. Genetically engineered crops and pesticide use in U. S. maize and soybeans [J]. *Science Advance*, 2016, 2: e1600850.

[439] Pigou A. C. *The Economics of Welfare* [M]. London: Macmillan, 1920.

[440] Polanyi K., Arensberg C. M., Pearson H. W. *Trade and Market in the Early Empires. Economies in History and Theory* [M]. New York: The Free Press, 1957.

[441] Popkin S. L. *The Rational Peasant: The Political Economy of Rural Society in Vietnam* [M]. Berkley: University of California Press, 1979.

[442] Purcell D. L., Anderson J. R. Agricultural Extension and Research: Achievements and Problems in National Systems [R]. World Bank Operations Evaluation Study. Washington, D. C.: World Bank, 1997.

［443］Qaim M. , de Janvry A. Bt cotton and pesticide use in Argentina: Economic and environmental effects ［J］. *Environment and Development Economics*, 2005, 10 (2): 179 – 200.

［444］Qiao F. , Huang J. , Wang S. , Li Q. The impact of Bt cotton adoption on the stability of pesticide use ［J］. *Journal of Integrative Agriculture*, 2017, 16 (10): 2346 – 2356.

［445］Qiao F. , Huang J. , Wang X. Fifteen years of Bt cotton in China: Results from household surveys ［J］. *World Development*, 2017, 98: 351 – 359.

［446］Ragasa C. , Mazunda J. The impact of agricultural extension services in the context of a heavily subsidized input system: The case of Malawi ［J］. *World Development*, 2018, 105: 25 – 47.

［447］Rahman S. Agroecological, climatic, land elevation and socio-economic determinants of pesticide use at the farm level in Bangladesh ［J］. *Agriculture, Ecosystems & Environment*, 2015, 212: 187 – 197.

［448］Rahman S. Farm-level pesticide use in Bangladesh: Determinants and awareness ［J］. *Agriculture, Ecosystems and Environment*, 2003, 95 (1): 241 – 252.

［449］Rahman S. Pesticide consumption and productivity and the potential of IPM in Bangladesh ［J］. *Science of the Total Environment*, 2013, 445 – 446: 48 – 56.

［450］Röling N. Extension and the development of human resources: The other tradition in extension education. In G. E. Jones, ed. *Investing in Rural Extension: Strategies and Goals* ［M］. London: Elsevier Applied Science Publishers, 1986.

［451］Rogers E. M. *Diffusion of Innovation* ［M］. New York: The Free Press, 1962.

［452］Rothschild M. , Stiglitz J. E. Equilibrium in competitive insurance market ［J］. *Quarterly Journal of Economics*, 1976, 90 (4): 629 – 649.

［453］Ruan J. , Hu X. , Huo X. , Yan S. , Chan F. T. S. , Wang X. , Manogaran G. , Mastorakis G. , Mavromoustakis C. X. , Zhao X. An IoT – based E – business model of intelligent vegetable greenhouses and its key operations management issues [J]. *Neural Computing and Applications*, 2020, 32 (19): 15341 – 15356.

[454] Russell J. F. A. Extension strategies involving local groups and their participation, and the role of this approach in facilitating local development. In G. E. Jones, ed. *Investing in Rural Extension: Strategies and Goals* [M]. London: Elsevier Applied Science Publishers, 1986.

[455] Saha A., Shumway C. R., Havenner, A. The economics and econometrics of damage control [J]. *American Journal of Agricultural Economics*, 1997, 79 (3): 773 – 785.

[456] Samuelson P. A. The pure theory of public expenditures [J]. *Review of Economics and Statistics*, 1954, 36 (4): 387 – 389.

[457] Schreinemachers P., Schad I., Tipraqsa O., Williams P. M., Neef A., Riwthong S., Sangchan W., Grovermann C. Can public GAP standards reduce agricultural pesticide use? The case of fruit and vegetable farming in northern Thailand [J]. *Agriculture & Human Values*, 2012, 29: 519 – 529.

[458] Schreinemachers P., Wu M., Uddin M. N., Ahmad S., Hanson P. Farmer training in off-season vegetables: Effects on income and pesticide use in Bangladesh [J]. *Food Policy*, 2016, 61: 132 – 140.

[459] Schultz T. W. *Transforming Traditional Agriculture* [M]. New Haven: Yale University Press, 1964.

[460] Scott J. C. *The Moral Economy of the Peasant: Rebellion and Subsistence in Southeast Asia* [M]. New Haven: Yale University Press, 1976.

[461] Shankar B., Thirtle C. Pesticide productivity and transgenic cotton technology: The South African Smallholder case [J]. *Journal of Agricultural Economics*, 2005, 56 (1): 97 – 116.

[462] Sheahan M., Barrett C. B., Goldvale, C. Human health and pesticide use in Sub – Saharan Africa [J]. *Agricultural Economics*, 2017, 48: 27 – 41.

[463] Shepherd A. W. *Approaches to Linking Producers to Markets: A Review of Experiences to Date* [M]. Rome: United Nations Food and Agriculture Organization, 2007.

[464] Shimamoto D., Yamada H., Gummert M. Mobile phones and market

information: Evidence from rural Cambodia [J]. *Food Policy*, 2015, 57 (11): 135 – 141.

[465] Skevas T., Stefanou S. E., Lansink A. O. Can Economic incentives encourage actualreductions in pesticide use and environmental spillovers? [J]. *Agricultural Economics*, 2012, 43 (3): 267 – 276.

[466] Snelder D. J., Masipiqueña M. D., De Snoo G. R. Risk assessment of pesticide usage by smallholder farmers in the Cagayan Valley (Philippines) [J]. *Crop Protection*, 2008, 27 (3 – 5): 747 – 762.

[467] Sun S., Hu R., Zhang C. Pest control practices, information sources, and correct pesticide use: Evidence from rice production in China [J]. *Ecological indicators*, 2021, 129: 107895.

[468] Sun S., Hu R., Zhang C., Shi, G. Do farmers misuse pesticides in crop production in China? Evidence from a farm household survey [J]. *Pest Management Science*, 2019, 75: 2133 – 2141.

[469] Sun S., Zhang C., Hu R. Determinants and overuse of pesticides in grain production: A comparison of rice, maize and wheat in China [J]. *China Agricultural Economic Review*, 2020, 12 (2): 367 – 379.

[470] Sun Y., Hu R., Zhang C. Does the adoption of complex fertilizers contribute to fertilizer overuse? Evidence from rice production in China [J]. *Journal of Cleaner Production*, 2019b, 219: 677 – 685.

[471] Sutherland L. A., Gabriel D., Hathaway – Jenkins L., Pascual U., Schmutz U., Rigby D., Godwin R., Sait S. M., Sakrabani R., Kunin W. E., Benton T. G., Stagl S. The 'Neighbourhood Effect': A multidisciplinary assessment of the case for farmer co-ordination in agri-environmental programmes [J]. *Land Use Policy*, 2012, 29 (3): 502 – 512.

[472] Swanson B. E. *Agricultural Extension: A Reference Manual* (2nd edition) [M]. Rome: United Nations Food and Agriculture Organization, 1984.

[473] Swanson B. E. Extension strategies for poverty alleviation: Lessons from China and India [J]. *Journal of Agricultural Education and Extension*, 2006, 12 (4): 285 – 299.

[474] Swanson B. E. *Global Review of Good Agricultural Extension and Adviso-*

ry Service Practices [M]. Rome: United Nations Food and Agriculture Organization, 2008.

[475] Swanson B. E. , Rajalahti R. *Strengthening Agricultural and Advisory Systems: Procedures for Assessing, Transforming, and Evaluating Extension Systems* [M]. Washington, D. C. : World Bank, 2010.

[476] Tabashnik B. E. , Gassmann A. J. , Crowder D. W. , Carriére Y. Insect resistance to Bt crops: Evidence versus theory [J]. *Nature Biotechnology*, 2008, 26 (2): 199 – 202.

[477] Tadesse G. , Bahiigwa G. Mobile phones and farmers' marketing decisions in Ethiopia [J]. *World Development*, 2015, 68: 296 – 307.

[478] Tambo J. A. , Romney D. , Mugambi I. , Mbugua F. , Bundi M. , Uzayisenga B. , Matimelo M. , Ndhlovu M. Can plant clinics enhance judicious use of pesticides? Evidence from Rwanda and Zambia [J]. *Food Policy*, 2021, 101: 102073.

[479] Tjornhom J. D. , Norton G. W. , Gapud V. Impacts of Price and exchange rate policies on pesticide use in the Philippines [J]. *Agricultural Economics*, 1998, 18 (2): 167 – 175.

[480] Umali D. L. , Schwartz L. Public and Private Agricultural Extension: Beyond Traditional Frontiers [R]. World Bank Discussion Paper 236. Washington, D. C. : World Bank, 1994.

[481] Van den Ban, A. W. , Hawkins, H. S. *Agricultural Extension* (2nd edition) [M]. Oxford: Blackwell Science, 1996.

[482] Verger P. J. P. , Boobis, A. R. Global food supply. Reevaluate pesticides for food security and safety [J]. *Science*, 2013, 341 (6147): 717 – 718.

[483] Wang C. W. , Liu W. Farmers' attitude vs. government supervision: Which one has a more significant impact on farmers' pesticide use in China? [J]. *International Journal of Agricultural Sustainability*, 2021, 19 (2): 213 – 226.

[484] Wang W. , Jin J. , He R. , Gong H. Gender differences in pesticide use knowledge, risk awareness and practices in Chinese farmers [J]. *Science of the Total Environment*, 2017, 590 – 591: 22 – 28.

[485] Watts D. J. , Strogatz S. H. Collective dynamics of "small-world" net-

works [J]. *Nature*, 1998, 393: 440 – 442.

[486] Widawsky D. , Rozelle S. , Jin S. , Huang J. Pesticide productivity, host-plant resistance and productivity in China [J]. *Agricultural Economics*, 1998, 19 (1 – 2): 203 – 217.

[487] Williamson O. E. *The Economic Institutions of Capitalism: Firms, Markets and Relational Contracting* [M]. New York: The Free Press, 1985.

[488] Winter – Nelson A. , Temu A. Impacts of prices and transactions costs on input usage in a liberalizing economy: Evidence from Tanzanian coffee growers [J]. *Agricultural Economics*, 2005, 33: 243 – 253.

[489] World Bank. Agricultural Extension: The Next Step [R]. Policy and Research Series No. 13. Washington, D. C. : World Bank, 1990.

[490] World Bank. *Agricultural Innovation Systems: An Investment Sourcebook* [M]. Washington, D. C. : World Bank, 2012.

[491] World Bank. *World Development Report* 2008: *Agriculture for Development* [M]. Washington, D. C. : World Bank, 2008.

[492] Wu Y. , Xi X. , Tang X. , Luo D. , Gu B. , Lam S. K. , Vitousek P. M. , Chen D. Policy distortions, farm size, and the overuse of agricultural chemicals in China [J]. *Proceedings of the National Academy of Sciences of the United States of America*, 2018, 115 (27): 7010 – 7015.

[493] Xiao K. , Xiao D. , Luo X. Smart water-saving irrigation system in precision agriculture based on wireless sensor network [J]. *Transactions of the Chinese Society of Agricultural Engineering*, 2010, 26 (11): 170 – 175.

[494] Yang D. , Liu Z. Study on the Chinese farmer cooperative economy organizations and agricultural specialization [J]. *Agricultural Economics*, 2012, 58 (3): 135 – 146.

[495] Yang M. , Zhao X. , Meng T. What are the driving factors of pesticide overuse in vegetable production? Evidence from Chinese farmers [J]. *China Agricultural Economic Review*, 2019, 11 (4): 672 – 687.

[496] Yang P. , Liu W. , Shan X. , Li, P. , Zhou J. , Lu J. , Li Y. Effects of training on acquisition of pest management knowledge and skills by small vegetable farmers [J]. *Crop Protection*, 2008, 27 (12): 1504 – 1510.

[497] Yang X. M. , Wang F. , Meng L. , Zhang W. , Fan L. , Geissen V. , Ritsema C. J. Farmer and retailer knowledge and awareness of the risks from pesticide use: A case study in the Wei River catchment, China [J]. *Science of the Total Environment*, 2014, 497 – 498: 172 – 179.

[498] Zadjali S. A. , Morse S. , Chenoweth J. , Deadman M. Factors determining pesticide use practices by farmers in the Sultanate of Oman [J]. *Science of the Total Environment*, 2014, 476 – 477: 505 – 512.

[499] Zakowski E. , Mace K. Cosmetic pesticide use: Quantifying use and its policy implications in California, USA [J]. *International Journal of Agricultural Sustainability*, 2022, 20 (4): 423 – 437.

[500] Zanello G. Mobile phones and radios: effects on transactions costs and marketparticipation for households in northern Ghana [J]. *Journal of Agricultural Economics*, 2012, 63 (3): 694 – 714.

[501] Zhang C. , Hu R. , Shi G. , Jin Y. , Robson M. , Huang X. Overuse or underuse? An observation of pesticide use in China [J]. *Science of the Total Environment*, 2015, 538: 1 – 6.

[502] Zhang C. , Shi G. , Shen J. , Hu R. Productivity effect and overuse of pesticide in crop production in China [J]. *Journal of Integrative Agriculture*, 2015, 14 (9): 1903 – 1910.

[503] Zhang C. , Sun Y. , Hu R. , Yang F. , Shen X. The impact of rural-urban migration experience on fertilizer use: Evidence from rice production in China [J]. *Journal of Cleaner Production*, 2021, 280: 124429.

[504] Zhang W. , Cao G. , Li X. , Zhang H. , Wang C. , Liu Q. , Chen X. , Cui Z. , Shen J. , Jiang R. , Mi G. , Miao Y. , Zhang F. , Dou Z. Closing yield gaps in China by empowering smallholder farmers [J]. *Nature*, 2016, 537: 671 – 674.

[505] Zhang Y. W. , McCarl B. A. , Luan Y. Climate change effects on pesticide usage reduction efforts: A case study in China [J]. *Mitigation and Adaptation Strategies for Global Change*, 2018, 23: 685 – 701.

[506] Zhao L. , Wang C. , Gu H. , Yue C. Market incentive, government regulation and the behavior of pesticide application of vegetable farmers in China

［J］. *Food Control*, 2018, 85: 308 – 317.

［507］Zhao Q., Pan Y., Xia X. Internet can do help in the reduction of pesticide use by farmers: Evidence from rural China ［J］. *Environmental Science and Pollution Research*, 2021, 28: 2063 – 2073.

［508］Zheng H., Ma W., Wang F., Li G. Does internet use improve technical efficiency of banana production in China? Evidence from a selectivity-corrected analysis ［J］. *Food Policy*, 2021, 102: 102044.

［509］Zheng S., Wang Z., Awokuse T. O. Determinants of producers' participation in agricultural cooperatives: Evidence from northern China ［J］. *Applied Economic Perspectives and Policy*, 2012, 34 (1): 167 – 186.

［510］Zheng W., Luo B., Hu X. The determinants of farmers' fertilizers and pesticides use behavior in China: An explanation based on label effect ［J］. *Journal of Cleaner Produdction*, 2020, 272: 123054.

［511］Zhou L., Zhang F., Zhou S., Turvey C. G. The peer effect of training on farmers' pesticides application: A spatial econometric approach ［J］. *China Agricultural Economic Review*, 2020, 12 (3): 481 – 505.

［512］Zhou X., Cui Y., Zhang S. Internet use and rural residents' income growth ［J］. *China Agricultural Economic Review*, 2020, 12 (2): 315 – 327.

［513］Zhu W., Wang R. Impact of farm size on intensity of pesticide use: Evidence from China ［J］. *Science of the Total Environment*, 2021, 753: 141696.

［514］Zhu X., Hu R., Zhang C., Shi G. Does Internet use improve technical efficiency? Evidence from apple production in China ［J］. *Technological Forecasting and Social Change*, 2021, 166: 120662.

［515］Zhu Z., Ma W., Sousa – Poze A., Leng C. The effect of internet usage on perceptions of social fairness: Evidence from rural China ［J］. *China Economic Review*, 2020, 62: 101508.

［516］Zijp W. Unleashing the Potential: Changing the Way We Think About and Support Extension ［R］. Working Paper. Washington, D. C.: World Bank, 1998.

［517］Zilberman D., Millock K. Financial incentives and pesticide use ［J］. *Food Policy*, 1997, 22 (2): 133 – 144.

后　记

　　2012 年以来，我在国家杰出青年基金获得者胡瑞法教授的指导下开展农业绿色低碳转型研究，重点围绕农药施用行为及其健康影响、驱动因素等问题进行实证分析。2016 年获得博士学位后，我进入北京理工大学人文与社会科学学院从事教学研究工作，在前期研究基础上继续这一领域的研究。在推进高质量发展和乡村振兴的历史背景下，我从事的研究面向国家战略需求，也是"把论文写在祖国大地上"的具体表现。

　　2018 年，我成功获批国家自然科学基金青年科学基金项目"信息获取、信息提供与我国农民的农药施用行为研究：以水稻生产为例"（批准号：71803010）。此外，我承担或参与的多个科研项目也与此相关，包括负责的北京理工大学科技创新计划基础研究基金项目、"北理智库"推进计划应急专项，以及参与的国家重点研发计划项目、国家自然科学基金组织间合作研究项目、国家社会科学基金重大项目。在这些项目支持下，我围绕本书研究主题开展了一些有价值的研究，在 *Ecological Economics*，*Technological Forecasting and Social Change*，*Pest Management Science*，*Ecological Indicators*，*International Journal of Agricultural Sustainability*，*China Agricultural Economic Review*，《中国农村经济》《农业技术经济》等国内外权威期刊发表论文近 30 篇，其中 SCI/SSCI/CSSCI 收录 20 篇以上，出版学术著作 2 部。

　　我在科研道路上取得的进展特别是本书的成功出版，离不开各方面专家、同行和同门的提携、支持和帮助。感谢我的博士生导师胡瑞法教授、美国威斯康星大学麦迪逊分校施冠明教授、北京大学黄季焜教授、浙江大学陈志钢教授的学术支持和指导！感谢李健院长、娄秀红书记、贾利军副院长、张峰副院长、侯成琪副院长、许欣副院长、孙硕副书记以及学院机关、经济系各位同事对我教学研究工作的关心和帮助！感谢孙生阳博士、林洋博士、李忠鞠博士、孙艺夺博士以及陈倩倩、李珊珊、王润、刘坚、朱晓柯、张雨勤、郑嘉丁、赵润楠、赵巧萌、蒋松奇等硕博研究生在农户调研、数据清理过程中付出的大量心血！感谢全国农业技术推广服务中心、中国农业科学院植物保护研究所、湖北省农业科学院植保土肥研究所、山东省农业科学院农业资源与环境研究所、扬州市耕地质量保护站、西北农林科技大学、贵州大学、华南农业大学为农户调查提供的协助！感谢学院对本书出版的资金支持！感谢经济科学出版社撒晓宇老师的细心编辑！本书参考了国内外诸多同行的研究成果，一并致谢！

最后，感谢我的家人特别是我的妻子胡佩珊女士！

谨以此书献给大家！

2023 年 10 月·北京理工大学文萃楼